"十三五"国家重点图书出版规划项目

本丛书成果受中国人民大学科学研究基金项目（批准号：18XNQ016）支持

本丛书得到中国人民大学中共党史党建学科建设基金支持

中国改革开放40年丛书

中国人民大学中共党史党建研究院 组织编写

靳诺 杨凤城 主编

改革开放40年的中国文化

耿化敏 夏璐 著

中共党史出版社

图书在版编目（CIP）数据

改革开放 40 年的中国文化 / 耿化敏 , 夏璐著 .— 北京：
中共党史出版社 , 2018.7（2019.1 重印）
ISBN 978-7-5098-4612-4

Ⅰ . ①改… Ⅱ . ①耿… ②夏… Ⅲ . ①文化事业—建设—
成就—中国 Ⅳ . ① G12

中国版本图书馆 CIP 数据核字 (2018) 第 055368 号

出版发行：**中共党史出版社**
领衔编辑：王鸽子
责任编辑：王鸽子
复　　审：姚建萍
终　　审：汪晓军
责任校对：龚秀华
责任印制：谷智宇
责任监制：贺冬英
社　　址：北京市海淀区芙蓉里南街 6 号院 1 号楼
邮　　编：100080
网　　址：www.dscbs.com
经　　销：新华书店
印　　刷：北京盛通印刷股份有限公司
开　　本：170mm×240mm　1/16
字　　数：173 千字
印　　张：14.75
印　　数：13116—18135 册
版　　次：2018 年 7 月第 1 版
印　　次：2019 年 1 月第 4 次印刷
　　　　ISBN 978-7-5098-4612-4
定　　价：33.00 元

此书如有印制质量问题，请与中共党史出版社出版业务部联系
电话：010-82517197

总　序

改革开放与中国特色社会主义进入新时代

杨凤城

习近平总书记指出："只有社会主义才能救中国，只有改革开放才能发展中国、发展社会主义、发展马克思主义。"[①]"改革开放是当代中国最鲜明的特色，是我们党在新的历史时期最鲜明的旗帜。改革开放是决定当代中国命运的关键抉择，是党和人民事业大踏步赶上时代的重要法宝。"[②]

从1978年十一届三中全会到2018年，改革开放已经走过40年的历程。40年可谓"其作始也简，其将毕也必巨"。期间既有筚路蓝缕、"一山放过一山拦"的艰辛，也有柳暗花明、"堂堂溪水出前村"的欣喜，既有大刀阔斧、激情澎湃的乐章，也有彷徨困惑、如履薄冰的凝重。然而，不经风雨怎能见彩虹！中国经济的壮美腾飞，中国国家实力和民众生活水平迅速而大幅度的提升，中国经济实力、科技实力、国防实力和由此构成的综合国力迈入世界前列，中华民族已经迎来从站起来、富起来到强起来的伟大历史性飞跃，这就是中国改革开放在风雨如磐、狂飙突进后

---

①　习近平：《决胜全面建成小康社会，夺取新时代中国特色社会主义伟大胜利——在中国共产党第十九次全国代表大会上的报告》，《人民日报》2017年10月28日。

②　习近平：《在庆祝中国共产党成立95周年大会上的讲话》，《人民日报》2016年7月2日。

见到的绚烂彩虹、展现的光明前景。

一

40年改革开放的最大成就是开创和发展了中国特色社会主义。换言之，改革开放是中国特色社会主义的历史和逻辑起点。没有改革开放，就不可能有中国特色社会主义。

在国际共产主义运动史上，究竟什么是社会主义或者更准确地说什么是科学社会主义，长期以来困扰着各国共产党和工人党。无疑，马克思和恩格斯对未来社会主义的描绘或设想，构成了科学社会主义的基本原则。然而，他们的设想主要是在经济方面，这和他们的唯物史观是一致的。例如，提出由社会占有生产资料、实行按劳分配等。需要指出的是，马克思主义创始人对未来社会主义的原则设想，是作为对他们所生活的那个时代也就是19世纪资本主义的制度缺陷的校正物提出的。实际上，马克思和恩格斯在世时就一再强调，他们的理论是活的行动理论而不是一成不变的教条，不是先验的一劳永逸的有关未来社会的详细蓝图。正如邓小平所言："绝不能要求马克思为解决他去世之后上百年、几百年所产生的问题提供现成答案。……真正的马克思列宁主义者必须根据现在的情况，认识、继承和发展马克思列宁主义。"[1]

列宁领导建立了第一个社会主义国家，但没有形成社会主义建设的系统理论，只提出过一些原则设想，如"苏维埃政权+普鲁士的铁路秩序+美国的技术和托拉斯组织+美国的国民教育等等等等=总和=社会主义"。[2]列宁去世后，在斯大林的领导下，逐步形成了我们日常所讲的苏联社会主义模式或曰传统社会主义模式或曰"斯大林模式"。这个

---

① 邓小平：《结束过去，开辟未来》（1989年5月16日），《邓小平文选》第3卷，人民出版社1993年版，第291页。
② 列宁：《〈苏维埃政权的当前任务〉一文的几个提纲》（1918年3月—4月），《列宁全集》第34卷，人民出版社1985年版，第520页。

模式的构成要件是：单一公有制、指令性计划经济体制、单一按劳分配制度等。

客观地讲，改革开放前的30年，中国基本上遵循的就是苏联社会主义模式。当然，这并不意味着以毛泽东为代表的那一代共产党人在一切方面均步苏联后尘，照抄照搬。事实上，毛泽东在1956年就提出以苏联为借鉴，实现马克思主义与中国实际的第二次结合。中国共产党第八次全国代表大会、毛泽东《论十大关系》的报告、《关于正确处理人民内部矛盾的问题》的讲话等，便集中地体现着这种探索。从为中国特色社会主义提供理论起点的角度回看，这一探索主要包括：（1）中国进入社会主义后，国内主要矛盾已经是人民对于建立先进的工业国的要求同落后的农业国现实之间的矛盾，已经是人民对于经济文化迅速发展的需要同当前经济文化不能满足人民需要的状况之间的矛盾。由此，党和国家的主要任务就是尽快把我国从落后的农业国变为先进的工业国。（2）在经济体制方面，国家经营和集体经营是工商业的主体，但附有一定数量的个体经营作补充；计划生产是工农业生产的主体，按照市场变化而在国家计划许可范围内的自由生产作补充；国家市场是主体，但附有一定范围内国家领导的自由市场作补充。毛泽东甚至设想"消灭了资本主义，可以再搞资本主义"。（3）社会主义要发展商品生产，尊重价值规律的作用。不能把商品生产与资本主义混为一谈。（4）在社会主义社会，疾风骤雨式的大规模的阶级斗争已经基本结束，社会矛盾大量的是属于人民内部非对抗性的矛盾，正确处理人民内部矛盾成为国家政治生活的主题。要发扬社会主义民主、建立健全社会主义法制，学会用法制保障国家建设。（5）坚持马克思主义在思想文化领域的指导地位，同时实行"百花齐放，百家争鸣"的方针，发扬学术艺术民主，尊重学术艺术自由，活跃精神文化生活。上述探索，放在20世纪五六十年代的背景下，其深刻性和创新性不能低估。虽然，这些探索在当年并未得到完全落实甚至相当长的时间内反其道而行之。但是，20年后，这些探索开始发挥作用，这就是为改革开放、为中国特色社会主义开局提供最初的也是最为珍贵的合法性支持和理论起点。回想20世纪70年末80年代初的历史情境，在传统社会主义观念根深蒂固的情况下，在极左思想依然高强度地束缚着人们头脑的情况下，没有上述探索，改革开放的破冰之旅就会更为艰难。

经过改革开放前的30年，中国社会主义基本制度得以确立和巩固，从而为日后的一切发展奠定了制度基础，同时，经过30年的努力，中国建立了一个比较完整的工业体系和国民经济体系，没有这样一个体系和基础，中国日后的改革开放和国民经济的快速发展就会大打折扣甚至失去必要的前提。1949年中华人民共和国成立，结束了近代中国半殖民地的屈辱地位，这是自鸦片战争以来中华民族接续奋斗尤其是中国共产党成立后领导中国人民奋斗的结果。就一个民族国家而言，国家实力和国防实力，是站起来并屹立不倒的基础和保障，为此，必须实现工业化、现代化。1955年10月，毛泽东谈道："我国是个大国，但不是富国，也不是强国。飞机也不能造，大炮也不能造，坦克也不能造，汽车也不能造，精密机器也不能造，许多东西我们都不能造，现在才开始学习制造。我们还是一个农业国。在农业国的基础上，是谈不上什么强的，也谈不上什么富的。""所以，全国各界……都要努力，把我国建设成为一个富强的国家……我们一定要争这一口气。"[①]经过30年的努力，到改革开放之际，中国已经建立了一个独立的比较完整的工业体系，特别是拥有了旧中国所极度缺乏的重工业，而没有重工业就不可能有巩固的国防，没有巩固的国防"站起来"就缺乏保障。不仅如此，国防科技领域内取得的以"两弹一星"为标志的一系列骄人成就更奠定了中国的大国地位，中国终于以一个有尊严的形象矗立于世界民族之林。

---

① 毛泽东：《在资本主义工商业社会主义改造问题座谈会上的讲话》（1955年10月29日），《毛泽东文集》第6卷，第495、500页。

二

在充分肯定改革开放前30年成就的同时，必须承认，改革开放启动之初的中国依然是一个贫穷落后的国家，尤其是民众生活水平比较低。这里有一个历史的阶段性发展问题。中华人民共和国成立之际，近代以来遭受西方列强欺辱的历史刚刚画上句号，国家强大对于中国共产党而言具有压倒一切的目标优先性。在战后东西方冷战和局部热战的背景下，在中国贫困落后、实力有限的情况下，中国共产党需要做一个有先有后的战略安排。这个战略安排，就是优先发展重工业，为此不断倡导民众要"勒紧裤腰带过苦日子"，也就是说，将生产发展的剩余不是先用于改善生活而是贡献给国家发展重工业。这就导致民众生活在中华人民共和国成立后提高慢甚至在许多农村地区没有提高。改革开放之初，农村大约2.5亿人口不能满足温饱的现实证明了这一点。改革开放以来7亿人先后脱贫的伟业也是很好的说明。

贫穷拷问着社会主义、拷问着中国，由此，邓小平启动了改革开放的伟大进程，希望找到一条尽快摆脱贫穷的新路，这就是后来逐步形成的中国特色社会主义道路。1978年12月召开的中共十一届三中全会，标志着中国社会主义建设事业一个新时期的开启。这个新时期最鲜明的特色就是改革开放，最大成果就是开辟了中国特色社会主义道路。

回看历史，邓小平作为改革开放总设计师先是改变人们长期以来形成的"宁要贫穷的社会主义和共产主义，不要富裕的资本主义"[1]等错误观念，在70年代末80年代初反复强调：社会主义制度优越性的根本表现，是社会生产力的发展和人民生活水平的不断提高，"这是压倒一切的标准。"[2]贫穷不是社会主义，"社会主义最大的优越性就是共同

---

[1] 邓小平：《社会主义必须摆脱贫穷》（1987年4月26日），《邓小平文选》第3卷，人民出版社1993年版，第223页。

[1] 邓小平：《社会主义必须摆脱贫穷》（1987年4月26日），《邓小平文选》第3卷，人民出版社1993年版，第223页。

[2] 邓小平：《社会主义首先要发展生产力》（1980年4月—5月），《邓小平文选》第2卷，人民出版社1994年版，第314页。

富裕。"①而要实现富裕必须集中精力发展生产力。社会主义几十年的实践表明，生产力要获得迅速发展必须对传统社会主义体制进行改革。于是，大体上从1984年到1987年期间，邓小平开始频繁地提出"什么叫社会主义，什么叫马克思主义"②"什么是社会主义和怎样建设社会主义"③等问题。及至1987年中共十三大则对中国特色社会主义探索作了理论上的总结和阐述，尤其是社会主义初级阶段和"一个中心两个基本点"的基本路线的概括，"什么是社会主义、怎样建设社会主义"因此有了初步但却是基本的解答。及至1992年南方谈话，邓小平明确概括道："社会主义的本质，是解放生产力，发展生产力，消灭剥削，消除两极分化，最终达到共同富裕。"④

在逐步明确社会主义的本质是解放和发展生产力，走向共同富裕等重要认识的基础上，中国共产党紧紧抓住经济建设这个中心，把发展首先是经济发展作为执政兴国的第一要务。为了实现更快更好的发展，必须建立社会主义市场经济体制，必须确立公有制为主体多种所有制经济共同发展的基本经济制度、按劳分配为主体多种分配方式共同存在的基本分配制度；必须在党的领导、人民当家作主和依法治国三者有机统一的基础上发展社会主义民主政治；必须在坚持马克思主义指导地位的前提下实行"百花齐放、百家争鸣"的方针，通过文化体制改革解放和发展文化生产力，促进中华文化的大繁荣大发展；必须以保障和改善民生为出发点和落脚点，创新社会管理体制机制，构建民主法制、公平正

---

① 邓小平：《善于利用时机解决发展问题》（1990年12月24日），《邓小平文选》第3卷，人民出版社1993年版，第363页。

② 邓小平：《建设有中国特色的社会主义》（1984年6月30日），《邓小平文选》第3卷，人民出版社1993年版，第63页。

③ 邓小平：《政治上发展民主，经济上实行改革》（1985年4月15日），《邓小平文选》第3卷，人民出版社1993年版，第116页。

④ 邓小平：《在武昌、深圳、珠海、上海等地的谈话要点》（1992年1月18日—2月21日），《邓小平文选》第3卷，人民出版社1993年版，第373页。

义、诚信友爱、充满活力、安定有序、经济与社会协调发展、人与自然和谐共处的社会主义和谐社会；必须正确地判断国际形势，牢牢把握和平与发展的两大时代主题，坚定不移地实行独立自主的和平外交方针，为中国社会主义建设营造良好的国际环境，等等。围绕上述主题而展开的思考和阐述，构成了邓小平理论、"三个代表"重要思想和科学发展观的丰富内容。中国国家实力的迅速提升，中国人民生活水平的迅速提高，已经无可辩驳地证明了中国特色社会主义理论和实践的成功。2010年中国超过日本成为世界第二大经济体。国际货币基金组织公布的数据显示，2010年中国人均GDP超过4300美元，排在世界200多个国家和地区的100位左右。显然，与改革开放之初相比，中国已经富起来了。按照党中央的设想，到2020年要实现在2010年基础上翻一番的目标，这也就意味着，届时中国人均GDP将达到1万美元左右，稳步进入中高收入国家行列（依据国际货币基金组织的数据，中国在2016年人均GDP已经超过8000美元）。这就是改革开放的成绩单，这就是中国特色社会主义优越性的证明。

党的十八大以来，中国经济已由高速增长阶段转向高质量发展阶段，建设现代化经济体系，建设科技强国、航天强国、网络强国、交通强国、海洋强国、数字中国、智慧社会等，已经成为直接的奋斗目标。数字经济等新兴产业蓬勃发展，"天宫""蛟龙""天眼""悟空""墨子"等重大科技成果相继问世，高铁、大飞机、运载火箭、空间、卫星、激光等技术迅速发展。中国经济在党的十八大后一直保持中高速增长，国内生产总值从54万亿元增长到80万亿元，稳居世界第二，对世界经济增长贡献率达到30%以上，超过美国、欧元区和日本贡献率的总和，居世界第一位。这意味着中国比任何时候都更接近也更有能力和信心实现社会主义现代化强国的民族复兴伟大梦想。

新时代的另一个重要内涵和表征，是中国社会主要矛盾已经转化为人民日益增长的美好生活需要和不平衡不充分的发展之间的矛盾。1981

年党的十一届六中全会通过的《关于建国以来党的若干历史问题的决议》明确提出，我国社会的主要矛盾"是人民日益增长的物质文化需要同落后的社会生产之间的矛盾。"①党和国家的主要任务是发展生产力。之后，直至党的十八大，每次党代表大会都要重申这一判断。这一判断的精神实质就是通过发展生产力，尽快摆脱中国穷困落后的面貌。然而，党的十八大之后，在物质财富迅速增长、产能日趋过剩的背景下，随着转变经济发展方式、调整产业结构步伐的加快，随着去产能、实施供给侧改革等决策的出台，随着脱贫攻坚战决胜阶段的来临，党内外有识之士越来越深刻地认识到，从国家整体发展而言，中国社会主要矛盾已经悄然发生了变化，民众不仅对物质文化生活提出了更高要求，而且在民主、法治、公平、正义、安全、环境等方面的要求也日益增长。同时，我国社会生产力水平总体上显著提高，社会生产能力在很多方面进入世界前列，更加突出的问题是发展不平衡不充分，这已经成为满足人民日益增长的美好生活需要的主要制约因素。社会主要矛盾的变化是关系全局的历史性变化，是时代发展进入新阶段的重要标志和内容。

新的时代需要新的指导思想，而习近平新时代中国特色社会主义思想正是对十八大以来国内外形势变化和我国各项事业发展提出的时代课题的回答，它从理论和实践结合上系统阐述了新时代坚持和发展什么样的中国特色社会主义、怎样坚持和发展中国特色社会主义。这一思想是对马克思列宁主义、毛泽东思想、邓小平理论、"三个代表"重要思想和科学发展观的继承和发展，是马克思主义中国化最新成果，是中国特色社会主义理论体系的重要组成部分。以这个最新成果指导改革开放和中国特色社会主义建设既符合历史逻辑、实践逻辑，也符合理论逻辑。

---

① 《中国共产党中央委员会关于建国以来党的若干历史问题的决议》（1981年6月27日中国共产党第十一届中央委员会第六次全体会议一致通过），《三中全会以来重要文献选编》（下），人民出版社1982年版，第785—786页。

三

十九大报告指出，中国特色社会主义进入新时代，"意味着科学社会主义在二十一世纪的中国焕发出强大生机活力，在世界上高高举起了中国特色社会主义伟大旗帜；意味着中国特色社会主义道路、理论、制度、文化不断发展，拓展了发展中国家走向现代化的途径，给世界上那些既希望加快发展又希望保持自身独立性的国家和民族提供了全新选择，为解决人类问题贡献了中国智慧和中国方案。"[①]这一结论放在新中国历史中审视更能见其意义。从毛泽东时代的"世界革命"情怀与力不从心的困局，到邓小平韬光养晦、先办好中国自己的事情，再到今天中国正前所未有地走近世界舞台中央、推动构建人类命运共同体，沧海桑田，彰显着时代的不同、也彰显着改革开放给中国国际地位带来的巨大变化。

按照经典马克思主义理论，全球化是资本主义发展的一大趋势和特征，从这个意义上讲，取代资本主义的社会主义自然也是全球性的。列宁的帝国主义论认为，19世纪末20世纪初自由资本主义进入垄断资本主义阶段；全球殖民地已经瓜分完毕，新的垄断资本要改变已有的殖民体系只有通过战争；战争引起革命，革命消灭战争。这一理论和逻辑为毛泽东为代表的一代共产党人所熟谙所信奉。在本国革命取得胜利后，尽一己之力，推动国际共产主义运动，成为新中国建立后执政的中国共产党人的重要信条。这也是为什么学界以"政治外交""革命外交"概括毛泽东时代外交特点的深层原因。然而，我们看到毛泽东也因此饱受困扰，周恩来、王稼祥等老革命家曾不同程度地感到了对外援助的力不从心、捉襟见肘。

改革开放后，以邓小平为核心的中央领导集体深刻研判时代特点，

[①] 习近平：《决胜全面建成小康社会，夺取新时代中国特色社会主义伟大胜利——在中国共产党第十九次全国代表大会上的报告》，《人民日报》2017年10月28日。

得出和平与发展成为时代主题的新认识。另一方面，吸收以往"革命外交""政治外交"的经验教训，形成了新的外交理念外交战略。其一，以经济建设为中心、埋头苦干，先办好中国自己的事情。邓小平明确指出："我们在国际事务中起的作用的大小，要看我们自己经济建设成就的大小。"[①]因而，"我们的对外政策，就本国来说，是要寻求一个和平环境来实现四个现代化。"[②]其二，坚持独立自主的和平外交政策、不以社会制度和意识形态的异同划线和界定国家关系的远近疏亲，对国际问题要"冷静观察、稳住阵脚、沉着应付、韬光养晦、善于守拙、决不当头、有所作为"，这著名的二十八字方针核心是"韬光养晦，有所作为"。沿着邓小平奠定的外交理念和战略，以江泽民为核心的中央领导集体直面苏联解体后国际格局的巨变，提出多样性是世界存在的本质特征，主张各国"尊重世界的多样性"，在求同存异中共同发展。进入21世纪后，以胡锦涛为总书记的中央领导集体提出了以"坚持和平发展道路"和"建设和谐世界"为核心的新思想新理念。很清楚，在邓小平身后，无论是江泽民还是胡锦涛，"韬光养晦，有所作为"的外交理念始终得到贯彻，总体上是一种守势为主的外交。

随着中国特色社会主义成就的持续铸就，中国的国际地位悄然变化。十八大以后，一方面是世界尤其是发展中国家对中国奇迹愈来愈浓厚的兴趣；另一方面是中国外交理念和战略的调整，中国特色的大国外交呈现具有实质意义的变化。在西方发达国家时常泛起的"中国崩溃论"已经没有市场，无论是对中国发展的欣赏，还是出于复杂心态的低评甚至干扰、围堵，一个不争的事实是中国正在迅速崛起。对于发展中国家而言，中国经验中国道路更具意义。来自非洲、拉美的政府考察团在学习在研究中国改革开放、发展经济、治国理政的经验。中国的专家学者

---

① 邓小平：《目前的形势和任务》（1980年1月16日），《邓小平文选》第2卷，第240页。
② 邓小平：《目前的形势和任务》（1980年1月16日），《邓小平文选》第2卷，第241页。

和官员也经常走出国门介绍中国经验。十九大期间，外国媒体对会议议题的广泛和持续关注；十九大闭幕后，十九大精神宣介团奔赴世界各地所引起的反响，都是鲜活的例证。

中国日益走近世界舞台中央已经是不争的事实。中共十八大以来的五年间，"中国特色大国外交"最亮丽的两道风景线——"领袖外交""主场外交"硕果累累、影响巨大。作为中国共产党和中国政府最高领导人的习近平个人出访，已经超过30次逾60个国家，参加双边或多边的国际会议近百场；中国举办了近30场重要的国际峰会，有数百人次的外国国家元首、政府首脑、议会领袖、政党领袖来中国访问。中国的"一带一路"倡议更获得国际社会的广泛响应。在这些国际交往的背后，中国提出构建人类命运共同体的价值理念，中国的国际话语权在迅速增强，在诸多领域引领着国际治理体系变革，中国作为一个负责任大国的形象日趋彰显。所有这一切都是中国所不曾有的，也是从国际视野看中国特色社会主义进入新时代的重要依凭。

与中国日益走近世界舞台中央相伴，党的十八大以来，中国共产党看待中国特色社会主义的视野也发生了具有重要意义的变化，那就是由中国本位到全球视野的变化。

2013年1月5日，习近平总书记提出了社会主义五百年的概念，强调要通过学习了解社会主义发展史，更加坚定理想信念、坚定中国特色社会主义信心。这个讲话标志着中国共产党看中国特色社会主义视野和高度的重要变化。无论是理论界还是领导人，以往谈社会主义一般是讲几十年或者不到一百年的历史，而讲社会主义五百年，那就不仅包括了社会主义实践史，而且包括了社会主义理论史；不仅包括科学社会主义，而且包括了空想社会主义。视野空前宏阔，历史空前延长。这样的视野、这样的历史叙述，就是要说明社会主义是人类文明大道、是人类主流文明，而中国特色社会主义就源于这悠久的历史。这一点，到2016年习近平总书记"七一"讲话就更清楚了，讲话指出，中国特色社会主义"使具有

500年历史的社会主义主张在世界上人口最多的国家成功开辟出具有高度现实性和可行性的正确道路，让科学社会主义在21世纪焕发出新的蓬勃生机"①，历史没有也不可能被终结。在这里，观点更为鲜明也更具针对性。从人类历史的漫漫长河看，人类探索理想社会制度的脚步也不会因此停歇，而中国特色社会主义便是源于这一世界性的对人类美好制度的探索。

2017年7月6日，习近平总书记在中央党校的讲话进一步指出，中国特色社会主义不断取得的重大成就，意味着社会主义在中国焕发出强大生机活力并不断开辟发展新境界，意味着中国特色社会主义拓展了发展中国家走向现代化的途径，为解决人类问题贡献了中国智慧、提供了中国方案。十九大报告重申了这一思想。改革开放40年中国创造的发展奇迹，令世界对中国特色社会主义刮目相看。二战后一度风起云涌、20世纪90年代初则跌入谷底的社会主义运动因为中国而呈现新的生机，从而给世界特别是发展中国家以新的希望。中国特色社会主义对于世界的贡献就在于为世界各民族走向富裕发达的样板库里增添了中国样板、中国道路，中国成为振兴社会主义的中流砥柱。正因为此，十九大报告讲，中国特色社会主义进入新时代，在世界社会主义发展史上、人类社会发展史上也具有重大意义。

四

中国特色社会主义进入新时代完全可以说是改革开放持续推动的结果，没有改革开放新时期就没有中国特色社会主义新时代。从这个意义上讲，改革开放也是决定当代中国命运的关键选择。中国的改革在十八大前后已经进入攻坚期、深水区，全面深化改革，继续全方位对外开放任重而道远。仅就改革本身的进程而言，十八大之前30余年的改革

---

① 习近平：《在庆祝中国共产党成立95周年大会上的讲话》，《人民日报》2016年7月2日。

和十八大之后的全面深化改革，无论从动力、指导思想还是实际样态而言，都发生了重大变化，从而也标示着时代的不同。

就改革的动力而言，改变贫穷，实现富裕，是邓小平启动改革开放的原初动力，这一动力延续了30年。而十八大以后不断提升国家治理体系与治理能力的现代化，实现经济与社会的协调发展、人与自然的和谐共生，成为全面深化改革的新动力。一言以蔽之，富起来与强起来是十八大前后之改革动力的显著不同。

就改革的指导思想而言，解放思想、与时俱进是十八大之前改革的最强音。"摸着石头过河"，大胆闯、大胆试，不争论，"不管黑猫黄猫，捉住老鼠就是好猫"等，成为邓小平启动改革开放的号角。"文化大革命"结束后，邓小平面对的党情国情是思想僵化，是对传统社会主义模式的固守，因此邓小平高倡解放思想。中国的改革事业没有现成经验可以借鉴，所以需要大胆实验、试错。虽然，改革的指导思想在逐渐变化，但是明确化并成为日益遵循的方针无疑是在十八大以后。党的十八届三中全会讨论通过的关于全面深化改革的决议，明确提出改革需要顶层设计，要充分考虑改革的系统性、整体性、协调性。这一思想习近平总书记后来在不同场合均加以重申。原因很清楚，中国改革走过30多年后，已经形成了经济、政治、文教、科技、社会、生态等各方面改革共存共构的复杂体系，牵一发而动全身。更重要的是中国已经成为世界第二大经济体，不再是改革开放之初"坛坛罐罐打烂无碍大局"的情势了，中国改革不能犯颠覆性错误。虽然，在具体问题上依然可以"摸着石头过河"，但是从改革全局而言，指导思想变了。它并不意味着对之前指导思想的否定，而是与时俱进的调整。时代不同，没有一劳永逸的答案，此中道理无须赘言。

就改革的实际样态而言，十八大前后亦发生了显著变化。2014年2月7日，习近平总书记曾在索契接受俄罗斯电视台专访，其中谈道：中国改革经过30多年，已进入深水区，可以说，容易的、皆大欢喜的改革已经完成了，好吃的肉都吃掉了，剩下的都是难啃的硬骨头。这就要求我们胆子要大、步子要稳。胆子要大，就是改革再难也要向前推进，敢于担当，敢于啃硬骨头，敢于涉险滩。步子要稳，就是方向一定要准，行驶一定要稳，尤其是不能犯颠覆性错误。[①]习近平总书记的这一番话其实也形象而深刻地揭示了中国改革在十八大前后的变化。简政放权是政府的自我革命，国有企业改革涉及复杂的经济与政治纠结，教育与医疗领域的改革、生态领域的管理治理改革等，触碰的都是实实在在的且是在以往改革进程中形成的日益固化的利益或利益集团，于是，攻坚克难成为全面深化改革的实态。改革已经发生悄悄的确是具有实质意义的变化。十八大之后，共有1500多项改革举措出台，改革全面发力、多点突破、纵深推进，重要领域和关键环节改革取得突破性进展，主要领域改革主体框架基本确立，一个改革的新时代降临了。

中国改革事业是和开放联系在一起的。从开放这一角度看，十八大前后亦发生了显著变化。开放主要表现为"引进来"、开放倒逼改革，是前30年改革的重要特征。"文化大革命"结束后，国门逐渐打开。首先是经济领域，接着是借鉴发达国家的一些做法和经验进行科技、教育等领域的改革，即使在政治领域，民主法治方面的一些改革尤其是政府职能转变等，也不乏开放的倒逼作用和借鉴发达国家的具体做法。进入21世纪后，随着中国正式加入WTO，中国在继续"引进来"的同时步伐越来越大越来越快地"走出去"。十八大之后有了明显变化，"一带一路"等倡议带来了中国开放的新理念新思想新顶层设计，也带来了中国开放的新特征新面貌，一方面"引进来"继续向纵深拓展，这主要表现在放宽市场准入，尤其金融业、服务业等领域的扩大开放；另一方面，"走出去"——全方位走向全球、走向高端成为最亮丽的风景线，中国标准中国规则的主导性、国际化期待正在变为现实，尤其在贸易保护主义抬头

---

① 《习近平接受俄罗斯电视台专访》，《人民日报》2014年2月9日。

的背景下,中国开放对于构建开放型世界经济的作用弥足珍贵。

纵观改革开放40年的历程,可谓波澜壮阔、绚丽多彩。记录这一华彩乐章,展示其伟大进程,是历史学者的责任。出于此,我们组织撰写了这套"中国改革开放40年"丛书,力图全方位展示改革开放在经济、政治、文化、社会、生态、外交和党的建设等领域的次第展开及其带来的巨大变化和成就。依据这一设想,本套丛书共分为经济、政治、文化、社会、生态、外交和党建,共七卷。虽然,本套丛书作者均为中共党史和中华人民共和国史研究领域的专业人士,有的还是颇有成就和影响的专家,但由于成书时间要求紧,题材重大,把握难度大,加之水平所限,难免疏漏甚至错误,敬请读者批评指正。

记于中国人民大学人文楼

2018年3月29日

目录

导　言

　　文化是塑造一个国家、一个民族的灵魂,也是关系一个政党兴衰的重要力量。中国共产党从成立之日起,就是中华优秀传统文化的忠实传承者和弘扬者,同时也是中国先进文化的积极倡导者和发展者。党历来高度重视运用文化引领前进方向、凝聚奋斗力量,团结带领全国各族人民不断以思想文化新觉醒、理论创造新成果、文化建设新成就推动党和国家事业向前发展。

　　文化立党,文化兴国。中国共产党近百年的历史是一部丰富的历史教科书,领导中国文化的建设与发展是其中的重要篇章。中国共产党在新文化运动的激荡中产生,永葆党的先进性和纯洁性的强大精神动力就在于传承和发展文明、弘扬和繁荣文化。中国共产党不仅继承和弘扬了五千多年文明孕育的中华优秀传统文化,而且在党的伟大斗争中创造了革命文化和社会主义先进文化,并以中国特色社会主义文化为旗帜,加快建设社会主义文化强国,为实现"两个一百年"奋斗目标和中华民族伟大复兴中国梦提供坚强支撑。

　　在革命和建设的征程中,以毛泽东为代表的中国共产党人建设新民主主义文化,锻造了革命文化,取得文化建设巨大成就。改革开放以来,中国共产党开展文化领域的拨乱反正,文化在全面改革和对外开放中走向大发展大繁荣的康庄大道。以邓小平为代表的中国共产党人提出建

设高度的社会主义精神文明，构建了社会主义建设的物质文明、精神文明"两翼"布局。以江泽民为代表的中国共产党人提出建设中国特色社会主义文化、发展社会主义先进文化，构建了社会主义经济、政治、文化三大建设"品字形"布局。以胡锦涛为代表的中国共产党人提出建设社会主义文化强国目标，构建了社会主义经济、政治、文化、社会、生态文明"五位一体"建设布局。以习近平为核心的新时代中国共产党人提出"文化自信"，构建了中国特色社会主义道路、理论、制度、文化"四个自信"表述体系，为实现社会主义文化强国目标和中华民族伟大复兴中国梦提供了根本遵循。改革开放40年，实现了中国文化的巨大变革。

本卷回顾和总结改革开放40年中国共产党领导的文化建设。根据目前党史国史学界关于改革开放史的主流分期，参照当代中国文化发展的内在脉动，本卷在结构上分为当代中国文化的拨乱反正（1976—1982）、社会主义文化建设新局面的开创（1982—1992）、中国特色社会主义文化的发展（1992—2002）、社会主义文化强国的建设（2002—2012）、新时代文化发展的启航（2012—2017）共五章。各章力图较为全面系统地梳理和总结每一阶段文化发展的基本历程与主要成就，着力把握执政党文化建设的理论政策方针与文化建设实践的结合。

历史是一面镜子，文化从历史中走来，可以更好地凝聚力量、增强自信。历史是一位智者，文化同历史对话，可以更好地把握过去、当下和未来。追寻改革开放40年来中国文化发展的脉络和轨迹，体察中国共产党不忘初心、坚守正道的文化复兴追求，方能更深刻理解"文化"二字的分量。

第一章

当代中国文化的拨乱反正

（1976～1982）

　　"文化大革命"结束后,伴随党和国家的伟大历史转折,中国共产党调整文化政策方针,开展当代中国文化的拨乱反正,不仅批判纠正了文化领域的"左"倾错误,推动文化事业的恢复,而且提出文化发展的"二为"方向,形成尊重知识、尊重人才的社会氛围,为改革开放新时期的文化发展奠定了基础。

第一节　执政党文化政策的调整

一、文艺"二为"方向的确立

　　文艺是文化发展的晴雨表,对时代的变迁最为敏感。在文化领域的拨乱反正中,文艺走在了思想解放的前列。

　　文艺拨乱反正的首要问题是推翻"文艺黑线专政论"①。1977年,

---

① 　"文艺黑线专政论"来自1966年2月江青在上海主持召开的部队文艺工作座谈会,会后中共中央批发的《林彪同志委托江青同志召开的部队文艺工作座谈会纪要》认为文艺界在新中国成立后基本上没有执行"毛主席的文艺路线",而是"被一条与毛主席思想相对立的反党反社会主义的黑线专了我们的政"。这个观点违背了事实,否定了新中国成立以来的文艺成就,成为文艺界沉重的一道精神枷锁,对文艺事业造成灾难性的后果。

文艺界发表文章、举行座谈会,批判和否定了"文艺黑线专政论",肯定了中华人民共和国成立后17年文艺工作的成就是主流。1978年5月,中国文联完成组织上的拨乱反正。1979年5月3日,中共中央撤销《林彪同志委托江青同志召开的部队文艺工作座谈会纪要》,对受其影响被错误批判、处理的人员和文艺作品进行平反。

　　文艺拨乱反正的重心是否定"文艺为政治服务"的口号。从1978年到1979年,《人民文学》《文艺报》《文学评论》等刊物发表文章,批评"文艺为政治服务"的口号,呼吁发扬文艺民主,尊重人民群众的文艺主人地位。在思想解放的形势下,1980年1月16日邓小平明确否定了"文艺从属于政治"的口号,同时强调"文艺是不可能脱离政治的"。①邓小平的上述看法,成为全党处理文艺与政治关系的基本原则。

　　文艺拨乱反正的关键是调整文艺政策方针。1978年6月13日,《人民日报》发表《认真调整党的文艺政策》,使用"文艺为工农兵服务"的提法,而舍弃了"文艺为政治服务"的提法。1979年10月30日,邓小平在第四次全国文代会的祝辞中,提出"党对文艺工作的领导,不是发号施令"②,而是尊重文艺的特征和规律,繁荣发展文艺事业,要求"文艺为最广大的人民群众、首先为工农兵服务的方向"③,把社会主义现代化作为衡量文艺工作的是非标准。1980年1月26日,《人民日报》发表社论《文艺为人民服务、为社会主义服务》,正式把"文艺为人民服务、为社会主义服务"确立为新时期文艺工作的指导方针。

　　与此同时,党恢复了"百花齐放、百家争鸣"方针。"双百"方针是1956年毛泽东和中共中央提出的繁荣发展社会主义科学文化艺术的基

---

① 邓小平:《目前的形势和任务》(1980年1月16日),《邓小平文选》第2卷,人民出版社1994年版,第255—256页。

② 邓小平:《在中国文学艺术工作者第四次代表大会上的祝词》(1979年10月30日),《邓小平文选》第2卷,人民出版社1994年版,第213页。

③ 邓小平:《在中国文学艺术工作者第四次代表大会上的祝词》(1979年10月30日),《邓小平文选》第2卷,人民出版社1994年版,第210页。

本方针，1957年反右运动后因受到"左"的干扰难以贯彻，"文化大革命"期间更是几乎不再提及。1977年8月，邓小平在《关于科学和教育工作的几点意见》中，明确提倡"百家争鸣"的方针。1978年3月，邓小平《在全国科学大会开幕式上的讲话》中，进一步强调"对于学术上的不同意见，必须坚持百家争鸣的方针，展开自由的讨论。"[①]1979年10月，他在第四次全国文代会上，提出坚持毛泽东的"百花齐放、推陈出新、洋为中用、古为今用的方针"[②]。"双百"方针的恢复，为文化领域的拨乱反正扫清了政策障碍，吹响了文艺界思想解放运动的号角。

总的来看，"二为"方向的确立和"双百"方针的恢复，以及后来在此基础上形成的一系列新的具体的文艺政策方针，总结了中华人民共和国成立以来文艺工作的经验教训，解决了文艺发展中的重大问题，构成改革开放时期执政党文艺政策的基本框架，为文艺工作的恢复和发展奠定了基础。

二、教育科技政策的纠正

教育领域的拨乱反正，首先是推翻"两个估计"。"文化大革命"期间，极左理论指导下的"教育革命"给教育事业造成严重破坏。1971年由姚文元修改、张春桥定稿的《全国教育工作会议纪要》作出"两个估计"，即"文化大革命"前17年教育战线是资产阶级专了无产阶级的政，是"黑线专政"；知识分子的大多数世界观基本上是资产阶级的，是资产阶级知识分子。它否定了中华人民共和国成立以来教育事业的成就，是不符合事实的。1977年8月，邓小平在科学和教育工作座谈会上否定了"两个估计"，认为新中国头17年教育战线的"主导方面是红线"，肯定

---

① 邓小平：《在全国科学大会开幕式上的讲话》（1978年3月18日），《邓小平文选》第2卷，人民出版社1994年版，第98页。

② 邓小平：《在中国文学艺术工作者第四次代表大会上的祝词》（1979年10月30日），《邓小平文选》第2卷，人民出版社1994年版，第210页。

绝大多数知识分子"取得了很大的成绩"；"世界观的重要表现是为谁服务"，知识分子的绝大多数是"自觉自愿地为社会主义服务的"。[①]9月19日，邓小平在同教育部主要负责人的谈话中，针对《纪要》更明确提出"'两个估计'是不符合实际的"[②]。邓小平对"两个估计"的表态，为教育领域的拨乱反正打开了缺口。《人民日报》《红旗》等报纸杂志发表了一批批判"两个估计""教育革命"的文章，促进了教育领域思想解放、突破禁区的勇气。

高考制度的恢复，是教育领域拨乱反正的重大举措。"文化大革命"爆发后，高考作为"修正主义教育制度"被废除，高校自1966年7月起停止按计划招生。自1970年起，高校招收工农兵学员，由于废除升学考试制度，没有采取从高中直接升入大学的做法，人才培养质量并不高。1977年5月24日，邓小平同王震、邓力群谈论科学、教育、知识和人才问题，最早酝酿恢复高校招生考试制度。[③]8月8日，邓小平在科学和教育工作座谈会上，进一步提出高校从高中直接招生是"早出人才、早出成果的一个好办法"[④]。8月13日—9月25日，第二次全国高等学校招生工作会议正式提出了恢复高考制度的意见。会议制定的《关于1977年高等学校招生工作的意见》和《关于高等学校招收研究生的意见》规定：新的招生制度，实行德、智、体全面衡量，择优录取的原则；采取自愿报名，统一考试，地、市初选，学校录取，省、市、自治区批准的办法。10月5日，中共中央政治局对文件进行了讨论。10月12日，国务院批转了这两个文件。10月21日，《人民日报》发表社论《搞好大学招生是全国人民的希

---

① 邓小平：《关于科学和教育工作的几点意见》（1977年8月8日），《邓小平文选》第2卷，人民出版社1994年版，第49页。

② 邓小平：《教育战线的拨乱反正问题》（1977年9月19日），《邓小平文选》第2卷，人民出版社1994年版，第67、71页。

③ 冷溶、汪作玲主编：《邓小平年谱（1975—1997）》（上），中央文献出版社2004年版，第160页。

④ 冷溶、汪作玲主编：《邓小平年谱（1975—1997）》（上），中央文献出版社2004年版，第179页。

望》，正式宣布恢复高考制度。

恢复高考制度的意义是重大而深远的。它是教育领域拨乱反正的一声春雷，重新确立了选拔人才的公平、公正和平等竞争的原则，成为鼓励全民学习科学文化、提高教育质量的有效措施，掀起了10多年来从未有过的读书热潮。1977年，全国有570万青年报考，高校共招收27.3万人（包含1978年第一季度增招的新生6.2万多人）。[①]据统计，1977年和1978年两年，中国实际报考人数为1160万人，实际招生67.4万人，入学率为5.8%。到1982年，全国高校招生31.5万人，毕业45.7万人。可以说，恢复高考制度，挽救了中国的高等教育，为改革开放事业的发展提供了人才保障。

"文化大革命"结束后，促进科学技术的发展已是拨乱反正的迫切要求。1977年5月12日，邓小平针对科教战线的落后局面，提出"整个国家赶超世界先进水平，科学研究是先行官。"[②]5月30日，中央政治局根据华国锋的提议，决定召开全国科学大会，正确估计"文化大革命"前17年的科学工作，统一全党认识。8月，党的十一大召开，发出"向科学技术现代化进军"的号召。

1978年3月18—31日，全国科学大会在北京召开，成为科技战线拨乱反正的重要节点。来自全国各条战线的826个先进集体、1192名先进科技工作者和将近6000名代表参加会议。这是新中国历史上首次由中共中央召开的动员全党、军队、全国各族人民向科学技术现代化进军的盛会。邓小平在开幕式上强调了实现"四个现代化"的关键是实现科学技术现代化，阐述了科学技术是生产力的观点，呼吁发现、选拔和培养更多的科学技术人才。大会制定了《1978—1985年全国科学技术发展规划

---

① 中央教育科学研究所编：《中华人民共和国教育大事记（1949—1982）》，第499页。

② 冷溶、汪作玲主编：《邓小平年谱（1975—1997）》（上），中央文献出版社2004年版，第159页。

纲要（草案）》，提出了科学技术工作的8年奋斗目标，全面安排了自然资源、农业、工业、国防、交通运输、海洋、环境保护、医药、财贸、文教等27个领域和基础科学、技术科学两大门类的科技任务。中国科学院院长郭沫若在闭幕式的书面发言中，用"科学的春天"这句话为会议写下最传神的文字。

"向科学技术现代化进军"的号召和全国科学大会的召开，表明党对于科学技术在社会主义建设中的地位和作用已经形成了成熟认识，调动了广大科技工作者投身改革开放和现代化建设的热情，促进了中国科技和教育事业的兴旺，而且极大推动了文化领域的拨乱反正，为中国共产党此后实施科教兴国战略、走科技强国之路提供了基础。

三、知识分子政策的落实

中国共产党自成立以来，始终重视发挥知识分子的作用，并将制定知识分子政策视作关系革命成败的关键之一。在革命时期，中共形成了"团结、教育、改造"的知识分子政策。中华人民共和国成立后，1956年1月中共中央召开知识分子问题会议，明确了知识分子的工人阶级属性。1957年后，知识分子政策上的"左"倾错误不断发展，知识分子按照世界观的标准被归入资产阶级范畴，被视作资产阶级同无产阶级较量的主要力量受到沉重打击。

知识分子问题的拨乱反正，首先在于其阶级属性的正本清源。1977年8月8日，邓小平提出"知识分子的名誉要恢复"[①]。9月19日，邓小平明确指出"两个估计"不符合实际。1978年3月18日，邓小平在全国科学大会上，进一步阐述知识分子"已经是工人阶级自己的一部分"[②]的观

[①]　邓小平：《关于科学和教育工作的几点意见》（1977年8月8日），《邓小平文选》第2卷，人民出版社1994年版，第51页。

[②]　邓小平：《在全国科学大会开幕式上的讲话》（1978年3月18日），《邓小平文选》第2卷，人民出版社1994年版，第89页。

点。这就将知识分子重新归入工人阶级行列，为调整知识分子政策提供了前提。

在改革开放的新形势下，"团结、教育、改造"的知识分子政策不再适用。1978年10月31日，胡耀邦在中共中央组织部召开的落实党的知识分子政策座谈会上，提出"党在建国前后提出来的，以旧社会过来的知识分子为主要对象的团结、教育、改造这个方针，现在已经不适用了。"[1]以后，作为特定历史阶段的产物，这一政策逐渐退出历史舞台。

这一时期，中国共产党提出以"尊重知识、尊重人才"为核心的知识分子政策。1977年春，邓小平首次提出"尊重知识、尊重人才"，"反对不尊重知识分子的错误思想"[2]，标志着新的知识分子政策的形成。在其指导下，中国共产党以"政治上充分信任，工作上放手使用，生活上关心照顾，同时积极引导、严格要求"为目标，逐渐提出了针对知识分子的各项具体政策，如改善知识分子的工作、学习和生活条件的措施，选拔任用知识分子干部的措施，实施科教兴国战略、人才强国战略等等。

这一时期，党规国法明确了知识分子的地位和作用。1981年党的十一届六中全会通过的《关于建国以来党的若干历史问题的决议》把知识分子同工人、农民并列为社会主义事业的"依靠力量"。1982年宪法用根本大法的形式明确规定"社会主义的建设事业必须依靠工人、农民和知识分子"。党的十二大党章第一次明确地将知识分子放在与工、农、兵同等的地位。这些都是首次用党的决议、宪法、党章的形式确定知识分子在社会主义事业中的地位，是经得起历史检验的具有组织权威、法律权威、科学权威的正确结论。

---

[1] 胡耀邦：《为什么对知识分子不再提团结、教育、改造的方针》（1978年10月31日），中共中央组织部、中共中央文献研究室编：《知识分子问题文献选编》，人民出版社1983年版，第48—49页。

[2] 邓小平：《尊重知识，尊重人才》（1977年5月24日），《邓小平文选》第2卷，人民出版社1994年版，第41页。

以党的十二大为标志，伴随拨乱反正的基本结束，中国共产党对知识分子的地位和作用达成牢固共识，知识分子政策日趋稳定成熟。其理论基础是知识分子是工人阶级的一部分，核心内容是尊重知识、尊重人才。伴随改革开放的深入，这一政策方针与时俱进地发展完善。

第二节　文化事业的复苏

一、文艺事业的生机

经过拨乱反正，文艺事业得到恢复和发展，文艺工作者获得了发表创作研究的自由权利，"伤痕文学""反思文学"表明文坛重新焕发了生机活力。

文艺事业的恢复，首先表现文艺界的冤假错案平反昭雪。1978年4月，文化部召开揭批"四人帮"大会，为受迫害的文艺工作者平反。1979年1月，中共中央为"中宣部阎王殿"冤案平反。2月26日，中宣部批准为"旧文化部""帝王将相部""外国死人部"冤案平反。同时，大批被诬为"毒草"的文艺作品得到公正评价，莫须有的罪名被推倒。大型音乐舞蹈史诗《东方红》，长篇小说《创业史》《红旗谱》《红岩》《青春之歌》《刘志丹》《上海的早晨》，电影《林家铺子》《早春二月》《舞台姐妹》，等等，重登文坛。

"伤痕文学"应运而生，代表文坛新气象。"伤痕文学"以红卫兵、知青、知识分子为主要题材，主旨是揭露"文化大革命"对这些群体的心灵和肉体的伤害。1977年第11期《人民文学》发表作家刘心武的《班主任》，揭露"文化大革命"在青少年心灵上留下的"无形的创伤"，被称作"伤痕文学"的起点。1978年8月11日《文汇报》发表卢新华的小说《伤痕》，为这种新文学形态做了命名的工作。"伤痕文学"形成持续3年的创作高潮，到1980年下半年逐渐进入尾声。它的一些作品广为流

传，如《枫》《神圣的使命》《重逢》《啊》《大墙下的红玉兰》《在没有航标的河流上》《将军吟》《生活的路》《许茂和他的女儿们》《神圣的使命》《青春插曲》《在河那边》，等等。"伤痕文学"是揭批"四人帮"、控诉"文化大革命"的文学反映，本质上是政治性文学写作，它的出现一度引发了文艺界关于"向前看"与"向后看"、"歌德"与"缺德"等问题的讨论。

1979—1980年登场的"反思文学"，则代表着文艺创作的新方向。与"伤痕文学"重在陈列"伤痕"、控诉"文化大革命"的创作风格相比，"反思文学"开始反思极左政治，触及产生"伤痕"的原因。它所反思的对象不再仅仅局限于"文化大革命"，而是把"大跃进"、人民公社化运动、极左政策下的农村与农民、市民与知识分子的命运等等列为反思的对象。就其文学效果来说，如果说"伤痕文学"赢得了读者的眼泪，那么"反思文学"换来的则是无以释怀的历史沉重。茹志鹃的《剪辑错了的故事》、高晓声的《李顺大造屋》、谌容的《人到中年》等均是有影响的作品。

文艺园地在改革开放的春风里，渐具百花齐放之势，呈现勃勃生机。在诗歌方面，人民文学出版社的《天安门诗抄》发行量达200多万册，贺敬之《中国的十月》、李瑛《一月的哀思》、柯岩《周总理，您在哪里》等诗歌广为流传。在戏剧方面，一批禁演的剧目《洪湖赤卫队》《豹子湾的战斗》《南海长城》《八一风暴》《朝阳沟》等重新上演，新创话剧《枫叶红了的时候》《于无声处》《左邻右舍》《丹心谱》《曙光》等深受观众欢迎。1978年11月16日，由宗福先创作的反映天安门事件的话剧《于无声处》公演，引起巨大轰动。全国有1000多个文艺团体演出了这部话剧，几千万人争相阅读这个剧本。在电影方面，产生了《小花》《生活的颤音》《春雨潇潇》《泪痕》《苦难的心》《巴山夜雨》《芙蓉镇》等优秀影片。此外，还有歌曲《祝酒歌》《我们的生活充满阳光》和油画《父亲》等一大批优秀的艺术作品。在文学方面，还有《天云山传奇》《冬天里的春天》《乔厂长上任记》《赤橙黄绿青蓝紫》等一批深刻思考社会历史变迁和改革开放的文学作品。

二、教育科技事业的恢复

通过批判"两个估计"、恢复高考制度和号召科技向现代化进军，教育科技战线的拨乱反正得到很大进展，备受摧残的教育科技事业得到恢复。

平反冤假错案，大批受到迫害的干部、教师得到平反昭雪。"文化大革命"期间，教育界的大批干部、教师遭受诬陷、迫害、致残、致死，仅教育部所属单位和17个省、市，受诬陷、迫害的干部、教师就有14.2万多人。卫生部直属14个高等医学院校674名教授、副教授中，受诬陷、迫害的就有500多人。[①]在"文化大革命"结束后的几年内，教育部门和学校对受害者分别采取开追悼会、开平反昭雪大会、举行骨灰安放仪式等方式，予以平反昭雪。

职称评定恢复，学位制度建立。1978年3月7日，国务院批转教育部的《关于高等学校恢复和提升职务问题的请示报告》，宣布恢复职称。到1981年，全国高校有13万多名教师提升和确定了职称，其中提升教授2400多名、副教授2.07万多名、讲师11.61万多名。1979年3月22日，教育部、国务院科技干部局联合成立学位小组，同年12月提出《中华人民共和国学位条例（草案）》。《中华人民共和国学位条例》于1980年2月通过，1981年1月1日正式实施，标志着学位制度的正式建立。

教育布局调整，教育条件改善。1979年年底，全国共有重点中学5200多所、在校生520万人，重点小学7000多所、在校生510万人，中小学教育得到进一步的加强。1978年2月，国务院批准教育部《关于恢复和办好全国重点高等学校的报告》，恢复全国重点高校88所。同年12月，国务

---

① 中央教育科学研究所编：《中华人民共和国教育大事记（1949—1982）》，教育科学出版社1984年版，第504页。

院批准恢复和增设普通高校169所。其中工科院校46所、农林院校13所、医药学院18所、师范院校77所、财经院校10所、体育学院3所、艺术学院2所，高等教育不合理的布局得到调整。

恢复招收研究生和派遣留学生，加强国际学习交流。1978年，教育部恢复招收研究生和向国外派遣留学生，全国210所高校、162所研究机构共录取研究生10708人，并有26所重点高校在港澳地区招收研究生。1978年和1979年，中国派遣出国留学人员分别为860人和1777人。1980年，由教育部选派的留学生达2124人。为学习国外先进教育经验，1977—1978年邓小平先后会见丁肇中、杨振宁等海外著名科学家，邀请他们回国访问、讲学、考察，并请他们为中国培养人才提供帮助和便利。1980年，中国有44个教育代表团分别访问了法国、西德、美国、菲律宾等国，一些高校派出专家学者参加各种国际学术会议144次，有51所高校与14个国家的83所高校建立发展了校际交流关系，日本、西德、美国、罗马尼亚、印度等许多国家的124个教育代表团来华访问，来自15个国家的400多位专家在国内的37所高校短期讲学，美籍学者杨振宁、李政道、吴健雄、杨炳麟、戴苏德和美国、日本几位学者还被上海复旦大学等高校授予"荣誉教授"称号。[1]

教育地位得到提高，教育投入明显改善。1978年全国人大通过的宪法以国家根本大法的形式，保证了教育事业在改革开放和现代化建设中的地位。国家不断增加教育投入，教育事业费支出占国家财政总支出的比例从1976年至1978年的6.13%增加至1982年的10.3%，全国教育事业基建投资完成额占国家基建投资完成额从1978年的0.89%增加至1982年的3.16%。[2]1982年9月召开的党的十二大进一步把发展教育列为社会

---

[1] 中央教育科学研究所编：《中华人民共和国教育大事记（1949—1982）》，教育科学出版社1984年版，第602页。

[2] 中央教育科学研究所编：《中华人民共和国教育大事记（1949—1982）》，教育科学出版社1984年版，第538、679页。

主义现代化建设的战略重点，教育事业迎来了蓬勃发展的新局面。

科技体制得到调整，科技基础设施得到完善。为加强哲学社会科学，中共中央于1977年批准成立中国社会科学院，并于1983年设立社会科学基金。1978年3月18日，全国科学大会通过的《1978—1985年全国科学技术发展规划纲要（草案）》为新时期科技发展提供了基本依据。在1979年、1980年的平反冤假错案过程中，近8万科研人员得到平反。1978年第一次全国科技外事工作会议召开后，对外科技交流合作逐渐打开了新局面。1979年国务院颁布《自然科学奖励条例》后，政府和有关部门制定出台了多项科技政策法规，调动了科技人员的积极性。

一批卓有成效的科技成果问世。1977年3月青蒿素结构研究协作组撰写的论文《一种新型的倍半萜内酯——青蒿素》发表在《科学通报》，得到世界的关注和重视。水利水电科学研究院河渠研究所论证的三门峡水利枢纽改建及泥沙处理工程，荣获1978年全国科学技术大会奖。1980—1981年，成功研制杂交水稻技术的袁隆平赴美国担任国际水稻研究所技术指导，提升了中国科技在国际上的影响力。1978年，物理学家黄昆证明了无辐射跃迁的绝热近似和静态耦合在理论上完全等价，澄清和统一了20年来国际上关于无辐射跃迁理论的争论问题。不久后，黄昆又进一步提出了无辐射跃迁中声子统计规律性的理论。1978年，数学家吴文俊撰写《数学概况及其发展》一文，发表于科学出版社的《现代科学技术简介》一书，文中提出了脑力劳动机械化的设想，为拓扑学和数学机械化的发展奠定了坚实基础。这一切表明科技事业迸发的生机活力。

三、知识分子的新面貌

在拨乱反正中，中国共产党认真落实知识分子政策，使知识分子工作局面大为改观，知识分子面貌焕然一新，建设社会主义的积极性空前高涨。

在胡耀邦的主持下，中组部大力推动知识分子政策的落实。1978年

10月10日—11月4日，中组部召开落实知识分子政策座谈会。会议讨论了落实知识分子政策中存在的疑难问题，胡耀邦强调首先要把对知识分子的认识从"臭老九"变为与工人、农民一样的"香老三"，其次针对许多地方采取的"一慢二看三等"的消极态度，要求坚决改正问题、加快落实政策。11月3日，中组部发出《关于落实党的知识分子政策的几点意见》，提出要求：一是对知识分子队伍应当有一个正确的估计；二是继续做好复查和平反昭雪冤、假、错案工作；三是充分信任，放手使用，做到有职有权有责；四是调整用非所学，做到人尽其才、才尽其用；五是努力改善工作条件和生活条件；六是加强领导，改进作风。①在这个文件的指导下，落实知识分子政策的步伐大大加快，平反冤假错案、清退"文化大革命"时期的查抄物资、退还"文化大革命"中被挤占的房产、解决知识分子入党难问题、恢复专业技术职称、保证专业科研时间、改善工作和生活条件等相关政策措施渐次出台，全国范围内加快了落实知识分子政策工作。

建立统一管理的机构，把知识分子作为党和国家的干部纳入组织部门管理。长期以来，知识分子工作分散于多个党政部门，并未建立一个管总的制度体制。1977年12月，中组部部长胡耀邦主张把知识分子列为中央组织部的重要对象并有个专门机构负责统一管起来，把知识分子政策落到实处。中组部专门成立宣教干部局，专门负责知识分子政策落实工作，但由于知识分子广泛分布于各条战线，涉及宣传、统战、教育、卫生、文化等各个部门，一个部门难以担负全部工作。1981年3月27日，胡耀邦提出中央机关要对知识分子有个总管单位和办事机构，明确提出"知识分子，不论是党员或非党员，都是党和国家的干部。按照干部要统一管理的规定，知识分子的工作，当然要由中央组织部抓总。但由于我国的知识分子绝对数已经不小，情况又较复杂，加上历史上形成的

---

① 中共中央组织部、中共中央文献研究室编：《知识分子问题文献选编》，人民出版社1983年版，第51—62页。

习惯,照管好知识分子各方面的问题,中央其他部门也有不可推卸的责任。"①根据胡耀邦的建议,1981年5月由中组部牵头,中共中央宣传部、中共中央统战部、国家教育部、文化部、卫生部等13个中央单位参加组建了知识分子工作联系小组,从5月5日起定期开会,协调解决落实知识分子政策的各种问题。中组部和各地党委组织部门成立知识分子工作办公室,专门负责落实知识分子政策和解决历史遗留问题。

经过几次知识分子政策落实督促检查,到1987年党的十三大前后,拨乱反正意义上的知识分子政策落实工作基本结束,知识分子工作局面得到很大改观。

中国共产党同知识分子的关系更加密切。通过平反冤假错案,落实知识分子政策,使680多万件历史遗留案件得到纠正并解决了善后问题。②同时,吸收优秀知识分子入党,选拔德才兼备的知识分子进入各级领导班子,赢得了知识分子的信任。自1979年至1989年,全国275万名知识分子加入中国共产党,在各类专业技术人员中党员人数已近三分之一,100多万名专业技术干部担任各级党政领导职务。③

知识分子建设社会主义事业的积极性被充分调动。知识分子从过去"左"的束缚下获得政治上、思想上的解放,更加坚定了对党、对社会主义、对改革开放的拥护和支持。知识分子的聪明才智和主动性、创造性得到了充分发挥,为现代化建设事业而献身的工作热情被极大地调动起来。1982年3月22日,著名数学家华罗庚致信胡耀邦,谈了自己20多年的工作体会,表示自己有生之年愿集中力量做三件事,深情地表白"一息尚存,此志不渝",表现出一位知识分子对于党的信任和建设

---

① 胡耀邦:《关于落实知识分子政策的批语》(1979年1月—1982年12月),《胡耀邦文选》,人民出版社2015年版,第128页。

② 中共中央组织部知识分子工作办公室编:《知识分子工作手册》,党建读物出版社2003年版,第93页。

③ 《进一步做好知识分子工作》,《人民日报》1990年5月14日。

四化的决心。①

　　全社会形成尊重知识、尊重人才的社会风气。通过落实知识分子政策，全社会对知识和知识分子的认识发生了根本变化。知识分子是工人阶级的一部分，是四化建设的依靠力量等重要论断逐步深入人心，知识分子的自身价值和劳动价值得到了社会的认同和尊重。至1989年年底，全国有1948万人评聘各类专业技术职称，占专业技术人员总数的84%。自1978年至1988年，国家用于文教、科研、卫生事业的费用增加了33倍。②

---

① 张黎群等主编：《胡耀邦传（1915—1989）》第2卷，北京联合出版公司2015年版，第687—688页。

② 《我国知识分子地位日高》，《人民日报》1991年6月30日。

第二章

社会主义文化建设

新局面的开创

（1982~1992）

从1982年党的十二大召开到1992年党的十四大召开前，伴随改革开放的全面展开，文化建设以社会主义精神文明为统领，以新文化启蒙运动的开展和大众文化的兴起为标识，开创了新局面，取得了新成就。

第一节　执政党文化建设的展开

一、社会主义精神文明建设的开展

改革开放新时期，中国共产党依据马克思主义关于物质和精神的二分法，提出"社会主义精神文明"的命题，表明文化认识论上的新变化。

这一概念的提出经历了一个过程。1979年9月29日，叶剑英在庆祝国庆30周年大会上的讲话首次提出这个概念。同年10月，邓小平在第四次全国文代会上继续使用了这个概念，并未系统阐述。1980年3月23日，胡耀邦在中国科协第二次全国代表大会上的讲话，论述了精神文明和物质文明的辩证关系，把思想理论高峰、科学技术高峰、文学艺术高峰列为攀登精神文明的三个高峰。同年12月，中国科学院党组书记李昌在中共中央工作会议上建议提出"建设社会主义精神文明"的目标，为此致信邓小平。在全党高度关注这一提法的背景下，1980年12月25日，邓小平在中央工作会议闭幕式的讲话中深入阐述了精神文明建设的地位、内容、途径、方向等一系列问题，强调"我们要建设的社会主义国家不但要有高度的物质文明，而且要有高度的精神文明"①。邓小平的讲话更为明确地把精神文明列为建设中国特色社会主义的重要内容之一，首次把精神文明建设内容分为教育科学文化建设、思想道德建设两部分。1981年中共十一届六中全会通过《关于建国以来党的若干历史问题的决议》，首次以中央全会决议的形式，正式把精神文明建设列为社会主义建设正确道路的10个主要观点之一，明确为新时期全党奋斗目标的一个重要组成部分。

1982年9月，党的十二大全面阐明了社会主义精神文明建设的内涵、内容、战略地位和重大作用。十二大把精神文明建设提高到关系"社会主义的兴衰和成败"的新高度，认为它是"社会主义社会的重要特征，是社会主义制度优越性的重要表现"，并将其分为文化建设和思想建设两个方面。其中，文化建设指教育、科学、艺术、体育、卫生等文化事业的发展和人民群众知识水平的提高；思想建设指马克思主义的世界观和科学理论，共产主义理想、信念和道德，以及同社会主义公有制相适应的主人翁思想和集体主义思想，全心全意为人民服务的精神和爱国主义、国际主义思想。十二大对于精神文明建设具有长期的指导意义。

"精神文明"概念的提出，在新中国文化建设史上具有重要意义。它改变了文化在传统认识上的配角地位，构建起社会主义建设的"两翼"阵型——"物质文明"与"精神文明"，即邓小平号召的"两手抓、两手都要硬"。社会主义精神文明建设从此成为文化建设新命题，为后来"中国特色社会主义文化"概念的提出奠定了思想基础。

社会主义精神文明建设的实践，始于"五讲""四美""三热爱"活动。1981年2月，全国总工会、共青团中央、全国妇联、中国文联等9个单

---

① 邓小平：《贯彻调整方针，保证稳定团结》（1980年12月25日），《邓小平文选》第2卷，人民出版社1994年版，第367页。

位联合发出倡议，中共中央宣传部、教育部、文化部、卫生部和公安部等联合发出通知，在全国人民特别是青少年中开展讲文明、讲礼貌、讲卫生、讲秩序、讲道德和心灵美、语言美、行为美、环境美的"五讲四美"文明礼貌活动，把其作为精神文明建设的一件大事和具体形式。1982年2月24日，中共中央办公厅转发中宣部报告，提出每年3月为"全民文明礼貌月"。1983年2月4日，中共中央宣传部等24个单位发出《1983年继续开展"五讲四美三热爱"活动的意见》，增加了热爱祖国、热爱社会主义、热爱中国共产党即"三热爱"的内容。为加强统一领导，中央"五讲四美三热爱活动委员会"于1983年3月30日成立，各省市相继成立了相应机构，负责指导、监督、协调活动的开展。

"五讲四美三热爱"活动，经过两年的实践，经过两个"文明礼貌月"的普及，经过报刊、广播、电视等媒体的大力宣传，由学校、商店、机关、服务行业发展到其他领域，由城市到农村、由内地到边疆，涌现出了一批像全国劳模普通女工赵春娥，舍己救人的大学生张华，当代知识分子的优秀代表蒋筑英、罗健夫，解放军英模朱伯儒，身残志坚、自学成才的女青年张海迪式的先进人物，雷锋精神在新时期得到了进一步传播和发扬。1986年6月，中共中央决定撤销"五讲四美三热爱活动委员会"机构，但地方机构仍继续存在。在整个1980年代，全民性的精神文明建设活动从未间断过。

1985年，精神文明建设的重点转向思想建设。当年9月，邓小平在中国共产党全国代表会议上表示精神文明建设"效果还不够理想"，"主要是全党没有认真重视"[1]；陈云也提出"现在确有忽视精神文明建设的现象，而且相当普遍"[2]。以后，精神文明建设转向以思想建设为重

---

[1] 邓小平：《在中国共产党全国代表会议上的讲话》（1985年9月23日），《邓小平文选》第3卷，人民出版社1993年版，第143页。

[2] 陈云：《必须纠正忽视精神文明建设的现象》（1985年9月24日），《陈云文选》第3卷，人民出版社1995年版，第354页。

点，着眼于党风和社会风气的根本好转，在农村、企业、军队、学校等全面开展。

1986年9月，党的十二届六中全会通过《中共中央关于社会主义精神文明建设指导方针的决议》。《决议》共分8个部分：一是规定社会主义精神文明建设在现代化建设总布局中的战略地位，为物质文明的发展提供精神动力和智力支持；二是阐明它的根本任务和目标，即培养"四有"（有理想、有道德、有文化、有纪律）公民，提高中华民族的思想道德素质和科学文化素质，建立以马克思主义为指导，批判继承历史传统而又充分体现时代精神的，立足本国而又面向世界的高度发达的社会主义精神文明；三是规定马克思主义的指导地位，明确党组织和党员的责任，强调"两个文明"一起抓是全党面临的新课题，精神文明建设要落实到党的建设各方面；四是提出了精神文明建设的一系列方针措施，加强社会主义民主、法制、纪律的教育，普及和提高教育科学文化。《决议》深入总结了精神文明建设的经验，成为精神文明建设史上的纲领性文件。

1987年10月，党的十三大立足社会主义初级阶段，进一步提出以马克思主义为指导，努力建设精神文明的重大任务，并把发展科学技术和教育事业放在首位。此后，精神文明建设作为社会主义建设的常态化、制度化内容，伴随改革开放的推进而不断发展。

二、文化与政治关系的调适

在改革开放过程中，中国共产党注重调整文化与政治的关系，承认文化的相对自主性、独立性的同时，巩固和加强党的意识形态和价值观，开展了反对"精神污染"和"资产阶级自由化"的斗争，以抵御和防范国内外错误思想倾向对于文化建设的消极影响。

"文化大革命"后，思想战线空前活跃，意识形态领域出现"左"、右两种思潮。在全党解放思想、拨乱反正的潮流下，反"左"是主流思潮。1981年历史决议通过后，反"左"基本告一段落。与此同时，西方思

潮涌入国内,西方的"人权""民主"和"自由"得到倡导,出现了一些值得警惕的不安定因素。中共中央认为国内出现了一股代表右倾的资产阶级自由化思潮,企图否定党的领导和取消马克思主义指导,需要开展反对资产阶级自由化思潮的斗争。

为加强思想战线的领导,中国共产党提出四项基本原则,以维护安定团结局面。1979年1月,全国理论工作务虚会议召开,胡耀邦强调"意识形态战线是容易犯错误的一条战线。如果脱离实际,脱离群众,更容易犯错误。"[1]3月30日,邓小平发表《坚持四项基本原则》讲话,在批"左"的同时,着重批判了右的思潮,反对借"解放思想"之名怀疑和否认四项基本原则,强调在思想政治上坚持四项基本原则是"实现四个现代化的根本前提。"[2]1980年1月,邓小平进一步在《目前的形势和任务》的讲话中,解释了"双百"方针与坚持四项基本原则的关系,认为不顾安定团结是对"双百"方针的误解和滥用。[3]到1982年党的十二大召开时,四项基本原则写入党章,被明确为全党的一项要求。可见,中国共产党一方面把正常范围内的学术探讨、理论争鸣视作贯彻"百花齐放、百家争鸣",同时又划定了政治思想上的四项基本原则的范围,这成为这一时期处理文化问题的政治原则。

在这一认识的主导下,1981年7月,邓小平发表《关于思想战线上的问题的谈话》,批评党的宣传部门的软弱涣散状态,强调"要同错误倾向做斗争","有的人就是要脱离社会主义的轨道,脱离党的领导,搞资产阶级自由化。"[4]8月,中共中央宣传部召开全国思想战线座谈会,

① 胡耀邦:《理论工作务虚会引言》(1979年1月18日),中共中央文献研究室编:《三中全会以来重要文献选编》(上),中央文献出版社1982年版,第53页。

② 邓小平:《坚持四项基本原则》(1979年3月30日),中共中央文献研究室编:《三中全会以来重要文献选编》(上),中央文献出版社1982年版,第87页。

③ 邓小平:《目前的形势和任务》(1980年1月16日),《邓小平文选》第2卷,人民出版社1994年版,第256页。

④ 邓小平:《关于思想战线上的问题的谈话》(1981年7月17日),《邓小平文选》第2卷,人民出版社1994年版,第390页。

会后开展了以反对资产阶级自由化为主题的一系列意识形态的批判和斗争。

清除"精神污染"，是反对资产阶级自由化斗争的深入。这是思想战线开展的一场旨在消除资产阶级和其他剥削阶级腐朽没落的思想浸染，反击否定社会主义制度和中国共产党领导的右倾思潮的斗争。1983年10月，邓小平发表《党在组织战线和思想战线上的迫切任务》的讲话，认为思想战线混乱，存在"精神污染"现象，提出"思想战线不能搞精神污染"的问题。这个讲话的看法主要有：一是"精神污染"实质是散布资产阶级和其他剥削阶级腐朽没落的思想，散布对于社会主义、共产主义事业和对共产党领导的不信任情绪；二是"精神污染"重点是理论界、文艺界；三是"精神污染"的危害"足以祸国误民"；四是"精神污染"出现的原因在于党对于思想战线上的领导不力；五是处理问题的思路是旗帜鲜明地反对"精神污染"，同时防止斗争走向过去粗暴批判的老路。邓小平的讲话和十二届二中全会通过的《中共中央整党的决定》，将清除"精神污染"问题纳入"整党"轨道。

从1983年10月23日到12月31日，清除"精神污染"在全国广泛开展。理论界主要批判人道主义和异化思潮，认为它宣传抽象的人道主义，攻击社会主义"非人道""反人道"；宣扬"社会主义异化论"，鼓吹社会主义的中国在经济、思想、政治、劳动诸领域都存在"异化"，而且是社会主义在自己的发展过程中产生出来的，从而攻击社会主义没有前途。政治领域主要批判抽象民主、人民性高于党性，认为它与四项基本原则根本对立，宣扬资产阶级的抽象民主，否定中国共产党是无产阶级政党，宣传"党性来源于人民性"、党报的任务是"宣传和组织人民监督党"等错误的观点。文艺领域主要批判"一切向钱看"、外来资产阶级和其他剥削阶级的腐朽思想的侵蚀。

关于人道主义和异化思潮的讨论和批判，是清除"精神污染"的重点。"文化大革命"结束后，人道主义和异化问题在哲学、文艺、理论界引起热烈讨论，关于马克思主义与人道主义的关系更是讨论的焦点。1983年3月7日，周扬在马克思逝世100周年纪念会上作报告，16日在《人民日报》发表《关于马克思主义的几个理论问题的探讨》的文章，阐述了马克思主义与人道主义的关系、异化问题上的观点，认为社会主义时期在思想领域、政治领域、经济领域存有异化，社会主义社会仍需要不断克服异化，在理论界和社会上引起强烈反映，在党内引发认识分歧。

邓小平高度关注人道主义与异化问题的讨论。1983年8月底，他在听取思想领域内一些情况的汇报时谈到：不能把社会主义社会出现的一些不良现象都说成异化。9月，他进一步表态异化要否定社会主义。人道主义各有各的含义。社会主义是最人道的。他要求组织点文章，写有分量的文章，要求马克思主义者出来说话。[1]10月，邓小平在党的十二届二中全会上进一步明确了自己对于这些问题的看法。

到1984年1月3日，胡乔木在中央党校发表《关于人道主义和异化问题》的讲话，对持续数年的这场讨论作出了理论裁决。讲话首先把人道主义作了世界观和历史观的人道主义与伦理原则的人道主义的逻辑二分，认为前者同马克思主义根本对立，后者在社会主义社会仍具有现实意义；其次认为异化概念应严格限制在阶级社会特别是资本主义社会，如果把社会主义的种种消极现象纳入异化公式，只能给社会主义本身带来破坏性的影响；"最后讲话界定了这场讨论和批判的性质'不是一般的学术理论问题'，而是关系到是否坚持马克思主义的基本原理和能否正确认识社会主义实践的有重大现实政治意义的学术理论问题，在这个问题上的带有根本性质的错误观点，不仅会引起思想理论的混乱，而且会产生消极的政治后果。"[2]胡乔木的讲话实际上宣告了这场讨论和批

---

[1] 冷溶、汪作玲主编：《邓小平年谱（1975—1997）》（下），中央文献出版社2004年版，第928、929、930、938页；卢之超：《80年代那场关于人道主义和异化问题的争论》，《当代中国史研究》1999年第4期。

[2] 胡乔木：《关于人道主义和异化问题》（1984年1月3日），《胡乔木文集》，人民出版社2012年版，第661页。

判的结束，为党的意识形态斗争积累了经验教训。它有助于深化马克思主义理论研究，既不能教条主义地对待马克思主义，又要警惕对马克思主义的曲解。同时，中国共产党在确立了文化不能从属于政治、但也不能脱离政治的思想原则后，在具体处理政治与文化的关系问题上需要不断提高领导艺术，既要承认和适应文化领域的思想解放、"百花齐放、百家争鸣"的趋势，也要清醒判断和科学处理反对"资产阶级自由化"思潮问题，划清思想问题、文化问题与政治问题的界限。

进入1986年，党在学潮形势的影响下，进一步加强反对资产阶级自由化的斗争。9月，党的十二届六中全会通过《中共中央关于社会主义精神文明建设指导方针的决议》，再次强调反对资产阶级自由化的问题，将资产阶级自由化定性为否定社会主义制度、主张资本主义制度。针对党内的不同认识，邓小平明确反对不使用"资产阶级自由化"概念的意见，表示"反对资产阶级自由化，我讲的最多，而且我最坚持"。[①]同年年底，全国发生波及不少城市的学潮后，中共中央判断这是党的工作中的失误，特别是政治思想战线软弱，极少数共产党员鼓吹资产阶级自由化思想造成的。12月30日，邓小平发表《旗帜鲜明地反对资产阶级自由化》的讲话。1987年1月28日，中共中央发出《关于当前反对资产阶级自由化若干问题的通知》，阐明了这场斗争的性质、意义、重要性、长期性及其范围、重点等政策，要求各级党组织充分认识反对资产阶级自由化斗争的重要性和长期性，强调资产阶级自由化的核心是否定党的领导，反对资产阶级自由化必须采取正确的方法，不搞政治运动。这场斗争被严格限于中国共产党内，主要在政治思想领域里进行，着重解决根本政治原则和政治方向问题。此后，中国共产党既反对资产阶级自由化，同时又反对抵制改革开放的保守倾向。经历1989年政治风波后，党的十三届

---

① 邓小平：《在党的十二届六中全会上的讲话》（1986年9月28日），中共中央文献研究室编：《十二大以来重要文献选编》（下），中央文献出版社1988年版，第1172页。

四中全会再次强调了四项基本原则是立国之本，把加强思想政治工作，努力开展爱国主义、社会主义、独立自主、艰苦奋斗的教育，作为切实反对资产阶级自由化的举措来抓。

反对资产阶级自由化是中国共产党为维护党的领导和马克思主义指导地位而进行的一场意识形态斗争，主要领域在政治思想文化界。党把旗帜鲜明地反对资产阶级自由化视作维护党的领导和社会主义制度的必要举措。由于"左"的思想和做法往往借助"反资产阶级自由化"还魂，这自然会影响思想解放和改革开放的进程。正是这一复杂的状况，20世纪80年代反资产阶级自由化时起时伏，效力有限。也许正是基于此，进入20世纪90年代后，反对资产阶级自由化这一概念和政策渐渐隐去。1992年邓小平南方谈话和党的十四大召开后，意识形态工作根据新的形势得到进一步的加强和改进。

三、文化体制改革的探索

中华人民共和国成立后，中国共产党逐渐建立了一套与高度集中的计划经济体制和政治体制相配套的文化体制。这套文化体制脱胎于革命战争年代，1956年社会主义改造完成后基本确立，以马克思主义为核心，坚持党和政府的统一领导，学习借鉴苏联文化体制经验，按照计划经济的方式，对文化的生产、经营进行集中统一的管理。1957年后，伴随指令性计划的强化和政治运动的干扰，文化管理体制逐渐走上封闭僵化的道路，缺乏生机活力。

改革开放启动后，文化体制的改革提上日程。在政治经济体制改革的引领下，中共探索文化管理的权力下放、文化管理部门的机构调整和文化团体的改革，使文化体制不断适应改革开放的新形势。

文化部是全国文化工作的行政主管部门，在国务院机构改革中，通过调整职能、优化机构、改进管理方式，发挥文化体制改革的组织引领作用。1975年文化部恢复建制后，经过拨乱反正，到1980年年底，已有司局级机关21个、人员829人。1982年4月，国务院实行机构改革，文化部、对外文委、国家出版事业管理局、国家文物事业管理局、对外出版发行事业局5个单位合并为新的文化部。经过"五合一"，文化部机构精简为19个，人员编制减为1241人。1986年3月，著名文学家王蒙担任文化部部长。到1989年3月，国务院进行新的机构改革，国家编委批准《文化部"三定"方案》，规定文化部是全国文化艺术事业的行政主管部门，主要职责范围是管理艺术事业、群众文化事业、图书馆事业、少数民族地区文化事业、少年儿童文化事业、外文出版发行事业，管理文化艺术人才培养教育工作、艺术科学研究工作和文化艺术科技工作，归口管理文化市场，归口管理对外文化艺术交流联络工作，归口管理对台文化艺术交流联络工作，归口管理国家文物局。按照上述职责范围，文化部下设14个司局级机构：办公厅、政策法规司、计划财务司、人事司、艺术司、教育科技司、文化市场管理局、群众文化司、图书馆司、少数民族文化司、少年儿童文化司、对外文化联络局、外文事业出版发行局、行政司。另设文化部台湾事务办公室，为文化部对台工作领导小组的办事机构。人员编制730人。[1]上述文化部的机构改革和职能调整，适应了改革开放对文化工作的要求，体现出体制机制创新的要求。

此一时期，文化体制改革的尝试，主要是模仿经济体制改革的经验，在文化单位推行以承包经营责任制为主要内容的改革，以解决统得过死和吃"大锅饭"等体制弊端，同时实行了以文补文、多业助文等改革措施，以解决文化单位出现的经济困境。

文化体制改革涉及艺术表演团体、电影制片厂、公共图书馆、博物馆、群众文化和艺术教育等各个方面。其中，针对旧体制管得过严问题，为激发文化单位和文化工作者的活力和创造力，文化体制改革探索实行

---

[1] 文化部人事司、文化部党史资料征集工作委员会办公室编印：《中华人民共和国文化部组织机构沿革及领导干部名录（1949.11—2010.06）》，文化艺术出版社2010年版，第7—10页。

了一些新的方针措施。

　　尝试实行"双轨制"，放宽过于严厉的管制，是文化艺术表演团体管理体制改革的重要举措。在文化体制改革的探索中，艺术表演团体是突破口和风向标。改革开放初期，全国专业表演艺术团体有3523个，从业人员24.5万多人。艺术表演团体的改革始于承包经营的探索。1979年，福建省在大部分地、县一级的剧团实行定创作任务、定演出场次、定演出收入、定补贴金额和完成任务奖励的"四定一奖"的责任制，部分吸收了市场经营机制，开始将演出报酬与演出联系在一起。同时，上海已经开始对地方艺术院团实行承包经营责任制。福建、上海等地改革的初步成果，引起文化部的关注。1982年，文化部召开会议讨论艺术表演团体改革问题，承包经营责任制取得显著发展。到1985年上半年，全国三分之二的专业艺术表演团体已经实行或尝试通过承包经营责任制来管理剧团的方法。1985年4月23日，中共中央办公厅、国务院转发《文化部关于艺术表演团体的改革意见》，就大中城市艺术表演团体布局不合理、机构臃肿、"大锅饭"、领导体制和经营管理陈旧等问题，系统提出改革意见。1988年国务院批转文化部的《关于加快和深化艺术表演团体体制改革的意见》和1989年中共中央下发的《关于进一步繁荣文艺的若干意见》，提出实行"双轨制"的改革意见，即一轨为国家扶持的少数全民所有制院团，一轨为多种所有制的艺术团体。通过"双轨制"，政府文化部门下放管理权限，赋予文化表演团体一定的自主权。

　　文化体制的改革涉及艺术部门和艺术团体的布局完善，以解决文化机构过于庞杂、相互掣肘、管理压力过大的问题。1985年，中共中央办公厅、国务院办公厅批转文化部的《关于艺术表演团体的改革意见》，针对全国专业艺术表演团体数量过多、布局不合理的状况，要求精简、合并或撤销一些院团。在国家政策的引导下，规模庞大的艺术表演系统"减肥瘦身"，一些原有的文化事业单位转变成文化产业。1990年，全国专业艺术表演团体下降至2787个，从业人员下降至10万人。

"以文补文、多业助文"政策的出台，则是解决文化建设资金不足的尝试。1984年3月，国务院办公厅转发文化部《关于当前农村文化站问题的请示的通知》，第一次提出通过"以文补文、多业助文"的方式，解决文化发展资金问题，同意文化站可以经营或代销图书、报刊，或者开展其他"以文补文"的活动。1987年1月，文化部、财政部、国家工商局发布《关于文化事业单位开展有偿服务和经营活动的暂行办法》，继续推广"以文补文"的有偿服务和经营性活动，允许文化事业单位把无偿服务和有偿服务结合起来，如开展复印、影印、缩微、装订业务，编印科技、艺术、文物资料，提供音像资料和科技、文化艺术咨询，举办各种专业讲座、辅导班、培训班、舞会、音乐茶座，从事录像放映、书画展销、戏装租赁、乐器维修、美容化妆、艺术摄影、群众文艺演出和文体活动等各类有偿服务活动，从而发挥了市场在文化发展中的作用。到1991年，国务院同意文化部《关于文化事业若干经济政策意见的报告》，要求各级政府加强政策引导、资金支持，保证文化事业发展的财政投入。

伴随改革的深入，文化体制改革进入电影、电视、出版等各领域。1980年，中宣部召开电影体制改革座谈会，提出两个改革方案：一个按照扩大企业自主权的要求，对北影、上影、长影、珠影、峨眉、西影6家故事片厂实行国家计划指导下，独立核算，向国家纳税，自负盈亏的改革；二是改革影片的发行结算方法，按照优质优价原则，实行包销、分成、按拷贝发行数收取发行费等等。1981年10月，中宣部召开电影创作座谈会，提出改革电影体制，解决电影厂、制片厂的企业自主权问题。1983年中宣部成立电影电视体制改革领导小组，电影局成立电影体制改革领导小组后，改革进一步加快。1988年，广播电影电视部成立电影体制改革领导小组，重点抓电影体制改革问题。此后，电影厂进行专业分工协作的改革，迈出了从生产型到生产经营型改革的重要一步。[①]

① 欧阳雪梅主编：《中华人民共和国文化史（1949—2012）》，当代中国出版社2016年版，第226页。

在出版行业，1982年3月国家出版局提出"一主三多一少"的改革方案，即以新华书店为主体，多种经济成分、多条流通渠道、多种购销形式，少流转环节的改革方案。到1984年全国出版工作座谈会召开，决定扩大出版社的自主权，实行社长负责制，编辑部实行以提高图书质量为中心的多种形式的责任制。1988年5月，中宣部、新闻出版署联合发出《关于当前出版社改革的若干意见》，提出出版社由生产型向生产经营型转变，使出版社既是图书的出版者，又是图书的经营者。在变革经营体制的鼓励下，中国重新翻译和发行了一批经典著作，如1981年人民出版社出版的《鲁迅全集》，1986年中国大百科全书出版社推出的10卷本《简明不列颠百科全书》中文版，1989年上海辞书出版社发行的3卷本《辞海》，等等。

文化体制改革的进展，还体现在尝试应用新的文化科技成果手段。为应对科技进步的要求，1978年8月文化部组建科学技术局，各省文化局也成立了对应的机构。1983年，轻工业部成立国家轻工业乐器质量监督检测中心。1989年，南京博物院组建文物保护科学技术研究所。1990年，教育部成立文物保护实验室。经过努力，一系列有益于文化保护与文化发展的新技术成功研发。如1979年7月，王选主持研制成功汉字精密系统的主体工程，标志着中国进入激光排版时代，王选因此被誉为"当代毕昇"；1983年1月，中国科学院自然科学史研究所、武汉机械工艺研究所等单位的学者、技术人员成功研发了曾侯乙编钟复制技术，获得文化部科技进步一等奖；1989年，黑陶制作工艺被成功破译，其技术成果获得1990年国家科技进步一等奖。文化事业单位的科技成果，为文化艺术提供了更加创新的工具和方式，为文化产品生产提供了便捷的渠道，对文化发展繁荣起到了重要的推动作用。

文化发展需要新的土壤，文化体制改革就是培养新土壤的过程。从1980年代到1990年代，这一过程是充满探索和尝试的。这一阶段的文化体制改革是作为经济体制改革的并行措施存在的，重点是文化管理部门机构改革，以下放权力为动力，面向市场经济，激发文化事业单位和文化工作者的活力和创造力。总体来说，文化体制改革的初步探索表现出尝试性的、渐进性的特征，为后来深化文化体制改革积累了宝贵经验。

第二节　知识分子与新文化启蒙

一、"新启蒙时代"的"文化热"

在思想解放和对外开放的潮流下，伴随知识分子的文化创造主体和思想文化批判意识的回归，1980年代的中国形成一个生机勃勃的"新启蒙时代"，产生了引人注目的"文化热"现象，构成20世纪中国文化史上的一道风景线。

20世纪80年代的新启蒙，上承20世纪初的新文化运动，下启20世纪90年代的文化发展，奠定改革开放时期中国文化分合的基本脉络。在"启蒙"之前加一个"新"字，表明它不仅是对新文化运动的接续和补课，更是改革开放和思想解放运动的产物，是以文化助力中国现代化的一种努力。

"文化热"是新启蒙运动的表现形态，追求现代化是"文化热"现象产生的时代背景。现代化是新启蒙不能忘却的历史背景和思想资源。这个年代的中国人经历了近百年"现代化"意识的"启蒙"和中国社会各种各样的现代化运动之后，已经达成了一个全民共识——"中国需要现代化"。围绕这一核心命题，中国走向何处去成为"文化热"产生的社会背景。现代化因此成为国人的集体诉求，是支配这个年代中国思想文化界的主导话语。新启蒙通过对传统/现代、进步/落后的重申，强化了中国现代化的目标。

从1984年到1986年年底，"文化热"不期而至，在全国范围内形成激情澎湃之势。它大体经历了以"思想启蒙"和译介西学、阐释研究传

统文化和"全盘西化论"为主要内容的两个阶段，整个思想文化界的关注点从历史转向现实，主题是中西文化比较和对中国传统文化的总体反思，主体是以李泽厚、庞朴、王元化为代表的"主将"和知青一代中的青年文化学者，出现了众多学术文化团体，开展了声势浩大、形式多样的文化活动。

文化引进和文化比较是"文化热"的中心内容。在"文化热"中，出现了"五四"以后最大规模的一次翻译出版西方学术著作的大潮。以"当代学术""西方学术""现代文化""比较文化"等名义命名的丛书、译丛和文库遍地开花，囊括了文学、历史、哲学、社会学、政治学、法学、心理学、伦理学等主要学科。这类丛书数量有几十种之多，发行量大、影响广泛，如"汉译世界学术名著丛书""走向世界丛书""走向未来丛书""中国文化史丛书""二十世纪文库""比较文化丛书""现代文化丛书""中国近代文化史丛书""二十世纪西方哲学译丛""西方哲学流派丛书""世界文化丛书""传统与变革丛书""美学译文丛书""外国文艺理论丛书""外国文学研究资料丛刊""蓦然回首丛书"，等等。

在"文化热"中，知识分子回归文化舞台，新启蒙主将更是领风气之先。李泽厚的"三大思想史论"和"启蒙与救亡的双重变奏"论风靡学界，成为回顾与描述中国现代史的框架与工具；他的"主体学论纲"为整个新时期知识界"主体"的觉醒提供了最重要的思想资源；他的"西体中用"论成为此一时期最著名最有诱惑力的文化主张。庞朴是"文化热"中的另一灵魂人物，他的《孔子思想的再评价》《"中庸"平议》等开了30多年来"中国传统文化复兴"的先河；他的《文化结构与近代中国》的演讲以隐喻的方式，把当时正在兴起的"文化热"定位为新的"五四运动"；他提出的"文化的时代性与民族性"的命题，为"传统"和"传统文化"的存在与持续开辟了最广阔的空间，奠定了最稳固的基石；他在"文化热"兴起和进行的同时发表的那批评论、讲话和访谈，随时引导和推动着"文化热"向纵深发展。王元化主编了当时最引人注目的丛书

"新启蒙"，为"八十年代"作了最传神的命名；他在海内外对"五四"的
是是非非议论纷纷的时刻，挺身而出为"五四"作了在那个时代最有力
的辩护。①这三位学者及其作品，最足以表现"文化热"的精神气候。

　　知识分子根据兴趣爱好和精神气质，形成相对固定的群体，成为
"文化热"的组织者、发动者。其中，最具影响力的思想文化团体是"走
向未来"丛书编辑委员会、中国文化书院和"文化：中国与世界"编辑委
员会。围绕三大团体和当时影响很大的《读书》杂志，产生了三个有较
大影响的"民间"知识分子群体：以金观涛、包遵信等为主的"走向未
来"丛书编委会；以汤一介、乐黛云、庞朴、李泽厚等为主的"中国文化书
院"编委会；以甘阳、王焱、苏国勋、赵越胜、周国平等为主力的"文化：
中国与世界"丛书编委会。这三个团体和出版物因共同的文化理念和思
想主张联系在一起，保持相对密切的联系，具有文化社群的性质，不仅
拥有专业领域内的言说权，还对社会公共事务抱有兴趣，标志着公共思
想文化空间的生成。

　　"走向未来"丛书编委会主要由中国社会科学院从事科学史或科学
哲学研究的学者组成，也有一些关心改革的人文学界、政界的精英参
与。它是最早在中国大陆产生广泛影响的一套西方新思潮普及丛书，其
中最有影响力的是金观涛提出的"中国封建社会的超稳定结构论"以
及翻译的《第三次浪潮》《大趋势》等西方未来主义著作。编委会深具
科学主义背景，向知识界介绍了波普尔的批判理性主义、库恩的范式理
论、拉卡托斯的科学研究纲领方法论，充当了新启蒙的先锋力量。

　　"文化：中国与世界"编委会成立于1985年，主要成员是中国社会科
学院和北京大学的一些人文学者。它高举人文精神的旗帜，强调专业精
神、学术独立与非政治化，不同于"走向未来"丛书的科学主义背景和普
及性特点。1986年，编委员通过三联出版社，推出专业性的"现代西方

---

① 　王学典：《思想史上的新启蒙时代》，河南人民出版社2010年版，第7页。

学术文库"和普及性的"新知文库"。前者重心在于引介从古典到现代的西方人文主义学术名著,后者收入篇幅较小的名著和有代表性的介绍性著作。短短两年间,上百种译作陆续出版,包括现象学、阐释学、存在主义、法兰克福学派以及各种非理性主义的著作,在思想文化界产生了巨大影响,为文化比较和文化反思提供了新的理论资源,推动"文化热"走向高潮。

中国文化书院由北京大学哲学系研究中国哲学和中西哲学比较的学者创建,梁漱溟担任荣誉院长。它以一种较为低调的形象出现,通过函授、假期讲习班、出版物等形式,从事中国文化和中西文化比较的基础性学理研究。它对中西文化持一种温和的调和态度,对本土文化抱一种同情的理解,强调文化发展的延续性和文化批判的建设性。1985年1月,中国文化书院举办了第一次文化讲习班,组织著名学者及海外学人宣讲中国文化与比较文化,一时比较文化或文化比较成了全国瞩目的课题。林毓生的"传统的创造性转化"、杜维明的"儒学的第三期发展"引起广泛讨论。文化书院渐进包容的文化主张、兼容并蓄的办学方式,在以文化批判为主导话语的"文化热"中,处于边缘位置,但其影响是温和而持久的。进入1990年代,思想文化界发生重心转移,启蒙话语一度失声,文化保守主义反弹,它因此成为"国学热"的原初生长点。

"如何使中国文化现代化"是"文化热"的核心关切。《文化:中国与世界》杂志在开卷语中明确提出"中国文化的现代化"的命题。主编甘阳在第1辑中以《八十年代文化讨论的几个问题》为题,详细论证了"文化现代化"问题。基于近代以来中国历史发展形成的"中国与西方""传统与现代"二元对立的思想模式,对传统文化的强烈批判成为"文化热"的主导倾向。韦伯的著作《新教伦理与资本主义精神》引发知识界对中国传统文化能否提供适应中国现代化的伦理精神的思考。换言之,儒家伦理能促进中国现代化吗?或者儒学是不是中国现代化的障碍?以韦伯为代表的一些西方学者对儒家伦理经济功能的否定性论断,为国内一些知识分子激进反传统的立场提供了支撑。

"文化热"影响深远，是知识分子服务改革开放的一次文化动员。获得相对独立地位和言说权利的知识分子在"文化"的旗帜下，利用西方的思想思源，进行体制外的现代性方案的设计工作。"文化热"致力的新启蒙并不是反体制的文化运动，执政党和知识分子怀有现代化建设目标的总体一致性。尽管这一时期文化与政治在体制上有了相对分离，但在反"左"和"现代化"的共识前，思想文化界与执政党保持高度一致。这场文化新启蒙运动的本义是推动中国现代化建设，为现代化扫清文化障碍，而文化引进和文化批判都是这一使命的体现。尽管在参与方式和认识方法论上存在一些历史局限，这场"文化热"推进了执政党意识形态的革新，推动了知识分子的成长，有利于公共文化空间的构建，展现出文化建设的生机活力。

二、文化格局的多元重构

改革开放以来，计划经济时代形成的一元化文化格局逐渐瓦解，马克思主义主导下的多元文化格局逐渐形成。在实行改革和对外开放的背景下，中国文化内生力的复苏和西方文化的涌入，共同孕育了多元文化思潮的成长，为80年代重构文化格局提供了原始动力。

西方文化井喷式的传入，是多元文化思潮萌生的外部条件。从启蒙运动时期的人道主义、自由主义等理性主义思想，到"二战"后存在主义、弗洛伊德主义等以人的主观价值为判断标准的唯心主义思想，都在中国知识界占据一席之地。其中，自由主义成为相当数量的知识分子从"左"倾文化环境中解放出来后做出的一种选择，其拥护者认为"自由主义是其他一切主义的舞台。如果我们把自由主义消灭了，其他主义就不能生存，更谈不上繁荣。"[①]同时，西方科学哲学理论成为中国哲学研

---

① 刘军宁：《自由主义：九十年代的"不速之客"》，《共和·民主·宪政》，上海三联书店1998年版，第1页。

究、方法论研究的重要基础，被称为"老三论"的系统论、信息论、控制论与被称为"新三论"的耗散结构论、协同论和突变论在中国产生广泛而深远的影响。但是，部分否定人的理性、信仰、历史发展规律的西方思潮，如尼采的唯意志主义、萨特的存在主义思想，与一些不满"文化大革命"的社会现实、对未来怀疑和迷茫的心理结合起来后，产生了历史虚无主义、无政府主义，将历史与现实世界功利化、丑恶化的思想，乃至产生了否定中国历史，主张全盘西化的观点。上述种种，为以自由主义思潮为代表的非主流思潮的形成提供了思想文化资源。

　　传统文化的复苏，代表着中国文化的内生力量，催生了以文化保守主义为代表的文化思潮。一方面，多部对传统文化再研究的专著和丛书得到出版，1983年5月，湖南长沙召开了全国历史学科规划会议，会议决定编辑"中国文化史丛书"和"中国近代文化史丛书"，后来出版了《中国文化交流史》《走向世界——近代知识分子考察西方的历史》等著作。另一方面，各方机构、专家学者开始创办与传统文化相关的研究中心。1984年10月，梁漱溟、冯友兰、周一良等著名学者联合北京大学、中国社会科学院、中国人民大学等机构创建了推动传统文化研究的中国文化书院，成为文化保守主义思潮形成的重要标识。1984年9月，在全国政协主席邓颖超的建议下，中共中央书记处决定成立中国孔子基金会，用以进行世界范围内的孔子及儒家文化研究。其他儒学研究机构如中华孔子研究所、山东省社会科学院儒学研究所、山东大学传统文化研究所、曲阜师范大学孔子研究所等也逐渐兴办起来。同时，其他主要的学术研究机构也开始创办相应的传统文化研究中心，如清华大学思想文化研究所、北京师范大学中国近代文化史研究室等。传统文化的复兴与中西文化的交流是同时进行的，其中较为突出的是取得进一步发展的新儒家思想，杜维明、刘述先等学者将儒学文化与西方文化进行对比，主张将强调人文主义的儒学与强调理性主义的西方哲学对话，从而以儒家文化应对西方文化的不足。1989年10月，由孔子基金会和联合国教科文组织合作，在北京—曲阜举行孔子诞辰2540周年国际学术讨论会，来自世界5大洲25个国家和地区的300多位学者参加。时任中共中央总书记的江泽民接见部分海外学者谈话时，表明了中共中央继承和弘扬中华优秀传统文化的立场。① 以儒学复兴为旗帜，文化保守主义思潮不仅构成20世纪80年代文化格局的不可或缺的一翼，更成为90年代以后日益显要的一种文化思潮。

面对多元文化思潮的形成，中国共产党不断加强以马克思主义为指导的作为主流意识形态的中国特色社会主义文化建设。在政策上，既弘扬主旋律，又提倡多样化；既发展各个领域的哲学社会科学，又巩固社会主义文化在思想文化领域的主导权。1990年1月，李瑞环在全国文艺工作者情况交流会上发表《关于弘扬民族优秀文化的若干问题》的讲话，提出"重视和研究建设有中国特色的社会主义新文化"。② 1991年，江泽民在庆祝中国共产党成立70周年大会的讲话上，进一步提出了建设有中国特色社会主义文化的战略目标。他指出，有中国特色社会主义文化建设的指导思想必须是马克思列宁主义、毛泽东思想，这是社会主义文化建设的根本，决定着文化建设的性质和方向，决不能搞指导思想的多元化；文化建设的方向是为人民服务、为社会主义服务，不允许毒害人民、污染社会和反社会主义的东西泛滥。文化建设的方针是"百花齐放、百家争鸣""古为今用、洋为中用"；文化作品要反映社会主义时代精神这个主旋律，又要多样化，为人民大众所喜闻乐见；文化建设不能搞民族虚无主义，也不能搞全盘西化，要"面向现代化，面向世界，面向未来"；文化建设的直接目的是要繁荣和发展文化，创造出无愧于伟大时代的社会主义文化，其根本目的是要培养出社会主义现代化建设需要的"四有"

---

① 欧阳雪梅主编：《中华人民共和国文化史（1949—2012）》，当代中国出版社2016年版，第214—215页。

② 李瑞环：《关于弘扬民族优秀文化的若干问题》（1990年1月10日），中共中央文献研究室编：《十三大以来重要文献选编》（中），中央文献出版社1991年版，第858页。

新人。文化建设的领导者是中国共产党，各级党委必须加强对意识形态工作的领导，牢牢掌握意识形态各部门的领导权。建设有中国特色社会主义文化，一方面是对中西多元思潮下社会现状的总结，锐意进取，开放包容；另一方面是对社会主义文化的升华，在满足人民的精神文化需求的同时，实现人民文化建设的主体地位，实现人的自由全面发展，为文化思潮的发展与走向指明了方向。

在中国传统文化、西方文化、马克思主义文化相激相荡的过程中，文化格局得以"重构"。与"文化大革命"时期马克思主义居于文化领域的绝对领导地位，极左意识形态排斥一切文化的不正常格局相比，这一时期产生了以中国传统文化、西方文化、马克思主义为基本构成形态的文化新格局。

文化格局变化的突出表现是针对马克思主义的教条化理解，理论界产生了讨论与反思。在哲学讨论中，最典型的表现是对马克思主义和人道主义、异化问题的讨论，倡导"人"是马克思主义的出发点，把人道主义置入马克思主义框架下，力图纠正对于马克思主义的歪曲。同时，依据新的资料对经典马克思主义与西方马克思主义研究也取得了相当的进展。黎澍主张"回到真正的马克思主义去"，解析马克思与恩格斯的原典而非苏联的灌输。据统计，从1978年到1984年间，《哲学译丛》《国外科学社会》《马克思主义研究参考资料》等国内重要理论刊物，几乎每期都有西方马克思主义的评介文章，总数不会少于500篇。[1]这些著作，引用了相当数量的西方马克思主义研究成果，卢卡奇的主客体辩证法、葛兰西的实践哲学和法兰克福学派的社会批判理论等均对马克思主义突破意识形态的教条束缚产生了一定的影响。由此出发，马克思主义被放入更加多元化的马克思主义理论谱系中去认识。

在中西文化、传统与现代的坐标下，中国传统文化构成新文化格局

---

① 王炯华主编：《五十年中国哲学风云》，湖北人民出版社1999年版，第463页。

的重要一翼。中国文化与西方文化进行结合或对比，本身就包含吸收西方文化和坚持传统文化本位的双重思想。"传统文化热"是"文化热"的一个面相，知识分子对诸如"天人合一""自强不息""中庸"等传统文化观念做出了当代化的阐释。一部分知识分子经历了从强调西方文化和自由主义到强调中国文化和文化保守主义的转型，如1980年代的李泽厚主张"西体中用""救亡压倒启蒙"的思想，而1990年代后他的观点转变形成"以儒为主，儒道互补"的哲学、文化思想。上述表明，中国传统文化不再是封建主义文化的标签，已经成为文化格局的重要组成部分，是知识分子文化创造活动的重要资源。

更重要的是，1980年代末90年代初，中国共产党开始强调传统文化的复兴问题。1990年，李瑞环发表《关于弘扬民族优秀文化的若干问题》的讲话，强调"既要看到文化遗产的阶级性、时代性，又要重视它的继承性和借鉴性"，认为"其中有些东西一旦赋予新意，便可成为社会主义精神文明的组成部分"，要求把弘扬民族文化纳入经济社会发展规划。[①]这个讲话清晰地表达出党继承和发展民族传统文化的立场。

多元化的新文化格局从1980年代初开始萌芽，到20世纪80年代末90年代初定型，是改革开放的时代变革的产物。从文化内部来看，文化发展的多样化趋势定型化。知识分子对文化理论接受的差异使知识分子产生明显的分化，马克思主义者、民族主义者、自由主义者、新左派、新儒家等思想均有了相当的支持者。对民族文化与外来文化、传统文化与现代文化、宗教文化与世俗文化这几组关系的认识已经相对成熟。从党的角度来看，党逐渐形成了相对稳定的立场，即始终坚持马克思主义的指导地位，始终坚持文化建设的社会主义方向，始终坚持学习、吸收、借鉴一切文化成果。站在党领导文化的立场上，妥善处理主旋律和多样化

---

① 李瑞环：《关于弘扬民族优秀文化的若干问题》（1990年1月10日），中共中央文献研究室编：《十三大以来重要文献选编》（中），中央文献出版社1991年版，第873页。

的关系，发挥马克思主义的意识形态指导地位和原则性作用，同时反对把马克思主义作为文化创作的标签和公式的惯性思维，尊重和引导多元文化的健康发展，已经具备了牢固共识。

以"中""西""马"为基本文化形态的多元文化格局，并不是政治主导的结果，而是文化相互借鉴、相互竞争、相互结合、相互创造转化的结果。这一时期开始萌生或初步展现的文化思潮，顺应20世纪80年代的改革形势，积极寻找各自的听众。从后来的思潮发展来看，无论是注重个人权利与竞争活力的自由主义，还是追求秩序和稳定的新保守主义，以及关注公平问题的新左派，都离不开多元文化格局的包容。

在走向民族复兴的道路上，文化复兴是至关重要的一环，文化格局从单一走向多元、从封闭走向开放，是文化繁荣的必经之路。20世纪80年代发生的文化重构，既是对中国历史文化的再发现，又是对西方文化的再认识，既是对20世纪文化的总结，又是迎接新的文化发展的开始。

第三节 大众文化的兴起

一、大众文化的复归

大众文化是具有商业性、流行性、娱乐性和普及性的基本特征，按商品市场规律运作，与官方主流文化、学界精英文化相互区别和对应的，被大众所信奉、接受、获得感性愉悦的日常文化形态。改革开放以后，人民群众对于文化生活的需要，使一度"消失"或被革命包装的大众文化再次回归社会。

大众文化的产生，以承认人民群众文化需求的多样性为前提，与文化市场、文化消费的产生是密切相关的，符合文化发展的客观规律。

1979年10月，邓小平提出"发展高尚的丰富多彩的文化生活"[①]，表明党认识到了文化需求多样性的自觉。1984年10月，中共中央作出《关于经济体制改革的决定》，推动了大众文化的恢复与发展。在改革开放春风的吹拂之下，文化消费伴随商品经济的发展而成长。1980年代初，出售连环画和武侠小说的个体出租书摊和小型出租书店开始在广州、厦门、深圳、武汉等东南部城市活跃起来。营业性舞会厅、台球室、游戏机室和影视录像放映室等传播大众文化的娱乐活动场所也逐渐在城市崭露头角。1985年，全国已有3万多家影视录像放映室。

　　面对新兴的文化娱乐市场，政府加强管理，打击色情、赌博等不正之风，同时承认娱乐场所存在的现实，鼓励健康发展文化市场。1980年6月，公安部、文化部发出《关于取缔营业性舞会和公共场所自发舞会的通知》，打击可能存在的淫秽色情行业。8月，多部门联合发布《关于禁止收购、出售、转录进口录影带、唱片的通知》，打击盗版侵权、偷税漏税的行为。同时，国家开始逐渐放开对娱乐场所的限制。自1981年起，深圳、泉州等东南部城市开始成立文化市场管理部门，事实上承认了娱乐场所存在的合法性。1987年2月，文化部、公安部和国家工商行政管理总局联合发布《关于改进舞会管理问题的通知》，承认了营业性舞会的合法性，认为舞会既要放开，又要管好。以后，政府对大众文化的态度由堵转疏，主张"一手抓繁荣，一手抓管理"，既要积极释放大众文化的活力，促进大众文化的健康发展，同时又要加大执法力度，坚持开展"扫黄打非"。

　　大众文化产生后，逐渐摆脱与精英文化或主流文化相对立起来的处境，获得进入主流的渠道，得到更广泛的认可。1983年由中国音乐家协会设立的"晨钟奖"，是中国音乐界设立最早、最具影响力的专业性奖项，是全国词曲新作的最高奖。该奖项推动了《在希望的田野上》《我爱

---

① 邓小平：《在中国文学艺术工作者第四次代表大会上的祝词》（1979年10月30日），《邓小平文选》第2卷，人民出版社1994年版，第208页。

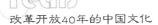

你中国》《年轻的朋友来相会》《在那桃花盛开的地方》等许多大众音乐的传播。1986年,中央电视台在第二届"全国电视青年歌手大奖赛"中开始设置"通俗唱法"的比赛项目。1987年,中国作家协会成立中国大众文学学会,《刘胡兰传》《吕梁英雄传》的作者马烽任第一任会长。1990年5月,党和国家的领导人出席在人民大会堂举办的首届中国大众文学奖颁奖典礼。此外,国家社会科学基金课题为大众文学立项,大众文学期刊大量发行。伴随国家和社会对大众文学的接纳,在大众文学产生初期认为大众文学与经典文学对立的声音逐渐消失。

随着文化体制改革的推进,大众文化取得长足发展。以文化类的通俗刊物为例,1980年代全国各地文化事业单位、综艺性的报纸、期刊乃至党报、党刊都开始创办面向大众的文化刊物,部分刊物有针对性的在原刊中增加了通俗的、大众的内容。1985年,湖北省已经拥有4家期发20万字至30万字,期发行量达到几十万甚至200万份的大型大众文学期刊。① 同期,广西通俗期刊已达到53种。在流行音乐的传播上,1979年成立的太平洋影音公司在成立的第二年就达到了发行800万盒磁带的业绩,3年后这个数字已经达到数千万。同期全国音像制作单位的总数目也从几家增长为二三百家,发行十几万到几十万盒产品的单位数不胜数。② 1985年,中国电影场次和人数已经分别上升至74万场、7.2亿人次,为改革开放前的数倍。③

大众文化的复归是改革开放的产物。"文化大革命"时期,受意识形态和思想认识的制约,大众文化近乎销声匿迹,群众日常接触的文化作品往往局限在"文化大革命"宣传画、宣传标语和样板戏中。改革开放开

---

① 王先霈、於可训主编:《80年代中国通俗文学》,湖北教育出版社1995年版,第48页。
② 金兆钧:《光天化日下的流行——亲历中国流行音乐》,人民音乐出版社2002年版,第6、62、77页。
③ 任仲文编著:《大跨越——文化体制改革迈出关键步伐》,人民日报出版社2011年版,第178页。

始引入大量的西方与港台流行文化元素，逐渐使人们从与政治、意识形态有关的文化消费中解放出来，有了与市场经济、日常生活相联系的文化消费。

改革开放造就大众文化呈现急速发展的态势。改革开放的头10年，中国社会开始进入剧烈的转型期，西方与港台的大众文化在大陆得到迅速广泛欢迎，并且以非同凡响的速度在大陆形成了具有本土特点，与社会主义乃至"文化大革命"历史相联系的大众文化。一方面，以青年为主的社会各阶层的思想都得到了一定的解放，有了更多的可以选择的文化产品；另一方面，有淫秽色情、暴力凶杀、毒品赌博内容的文化符号也进入人们的视野。大众文化良莠不齐，使得从官方、知识分子到社会、个人对大众文化的态度都经历了犹豫不决、褒贬不定的过程，也使得政府在大众文化传入的初期设定了诸多限制。

随着改革开放的深入，文化市场的监管法规政策日渐完善，大众文化良莠不齐的局面得到改观。经过文化监管和市场竞争，一些违背法律、违反道德、破坏社会秩序、影响受众身心健康的大众文化内容被剔除，大众文化的积极作用日益显现。至1990年代，大众文化已经成为人民群众生活中不可或缺的部分。

二、大众文化的样态

大众文化既不同于官方主流文化、学界精英文化，也与传统社会的民间文化、通俗文化相异，往往与市场经济、工业生产、现代传媒、市民社会、日常生活等元素结合在一起。它分布于文化各领域，表现在各种流派、各种类别的文化形式中，贯穿传统与现代、经典与创新、保守与突破的文化创作，可谓样态多样、内容丰富。

大众文学是大众文化的重要表现形式。港台及海外的通俗文学书刊被引进到大陆后，梁羽生、金庸的武侠小说，琼瑶的言情小说与三毛的散文迅速流行。在风靡一时的港台文学的刺激下，大陆作家聂云岗发表

《玉娇龙》《春雪瓶》等长篇小说，将武侠与言情的元素结合起来，形成了一定的读者市场。同时，明清通俗小说与民国武侠小说借助于现代传播技术的普及，当时被大量翻印，形成一股怀旧风。大众文学还兴起了纪实性的"领袖文学热""红色人物传记热"。1989年，权延赤出版《走下神坛的毛泽东》，以私人化的笔法描述领袖人物的情感和日常生活，满足大众希望了解"文化大革命"中被神圣化的革命领袖的人生命运的好奇心。

流行音乐的崛起是大众文化的重要形式。随着收录音机的普及，港台流行音乐成为全社会尤其是青年普遍热爱的音乐形式。在台湾，邓丽君抒情风格的歌曲对大陆影响极大，侯德健将台湾校园歌曲带入大陆，引发一场对青春的追忆与赞颂。在香港，艺人张学友、刘德华、郭富城、黎明被称作的"四大天王"在影视歌全方位艺人和讲求形象的香港娱乐包装下，拥有无数的崇拜者，使中国内地诞生了第一批真正意义上的追星族。在港台歌手的影响下，中国大陆歌手逐渐将流行音乐本土化，以李谷一为代表的轻音乐与以崔健为代表的摇滚乐成为中国本土流行音乐的先声。这些音乐多以歌唱爱情、离愁别绪为主，突破传统和技巧实验，被称为"新潮音乐"。1986年，百名歌手共同参与了献给世界和平年的主题音乐会——《让世界充满爱》的演唱，成为中国本土流行音乐成熟的标志。

美术创作在反思"文化大革命"与西方文化思潮的双重影响下，发生了重要变化。一方面，代表现实主义的伤痕美术、反思美术产生了大量的作品，知青画家刘宇廉、陈宜明、李斌1978年至1979年三人合作的连环画《伤痕》《枫》《张志新》，在全国引起极大反响。其后，张红年的油画《发人深思》（原名《不！》）、《那时我们正年轻》、《在命运的列车上》；罗中立的《父亲》；高小华的《为什么》《赶火车》；程丛林的《1968年×月×日雪》等作品表现对那个时代的反思，将注意力集中在特定历史环境下普通社会成员的人生百态。①另一方面，受到西方现代派和后现代派影响，国内产生了抽象与意识流的作品。1979年的"星星画展"、1980年的"同代人画展"、1985年的"85美术新潮"与1989年的"现代艺术大展"，将西方新兴的美术观念与传统观念的冲突表现得淋漓尽致，全面反映了美术界在改革开放中的变化。

在大陆的流行文化中，电影电视是转变剧烈的艺术形式之一。《电影艺术》杂志发起"电影理论现代化"的讨论，对电影如何创新、电影如何实现本土化、电影与文学戏剧等其他艺术形式的关系进行了集中思考。随着西方电影的大量引入，中国第五代导演在借鉴与变革中制作了一批经典的电影作品。1981年，凌子风导演的改编自曹禺同名戏剧的电影《原野》，获1981年意大利威尼斯电影节"最受推荐电影"奖。1985年，张艺谋凭借影片《黄土地》获第五届中国电影金鸡奖最佳摄影奖、法国第七届南特三大洲国际电影节最佳摄影奖、第五届夏威夷国际电影节东方人柯达优秀制片技术奖。1986年，陈凯歌执导剧情片《大阅兵》，此片获得第11届加拿大蒙特利尔国际电影节评委特别奖、意大利都灵青年国际电影节大奖。《红高粱》《菊豆》《大红灯笼高高挂》《霸王别姬》等作品在人物塑造与故事叙事上取得巨大突破，为中国电影走向世界做出了别具一格的贡献。在儿童动画片方面，1982年上海美术电影制片厂出品水墨动画短片《鹿铃》，更新了中国动画的表现手法。此后，国产动画在上海美术电影制片厂的创作下先后产生了《黑猫警长》（1984）、《葫芦兄弟》（1986）、《邋遢大王奇遇记》（1987）、《舒克和贝塔》（1989）等至今脍炙人口的优秀作品。从影视的数量来看，1979年中国故事片产量为65部，1980年达到82部，1981年突破100部，1992年达到166部。

京剧艺术历来被称为"国粹"，但受"文化大革命"的破坏和西方

---

① 斯舜威：《中国当代美术30年（1978—2008）》，东方出版中心2009年版，第71页。

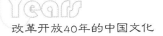

文化的影响，一度面临京剧生存危机和队伍青黄不接的问题。让京剧重新成为大众喜闻乐见的文化形式，成为国家和京剧表演艺术者共同关心的问题。为振兴京剧艺术，1990年，文化部艺术局、北京市文化局、中国戏剧家协会与中国戏曲家协会联合举办纪念徽班进京200周年活动。1月11日，武汉举办了"徽班进京、汉调北上200年暨京剧名段名家流派演唱会"，活动通过京剧、汉剧名家合演的讲述秦末赵高专权的传统戏剧《宇宙锋》开始，年内在北京、天津、南京等多地举办相关纪念活动。1990年12月20日至1991年1月12日，北京举办纪念徽班进京200周年暨振兴京剧观摩演出与学术研讨会，来自中央及各省、自治区、直辖市乃至港台的50个京剧院（团）的近4000名演员，演出了166场京剧。京剧艺术重新打开了回归大众文化的大门，为今后京剧艺术的蓬勃发展奠定了不可或缺的基石。

除上述特定文化门类外，大众文化的元素还体现在日常生活的细节中。1983年，中央电视台第一次播出春节联欢晚会，中央戏剧学院表演系80班的一个观察生活练习《卖花生仁的姑娘》，作为戏剧小品被搬上了春节联欢晚会的舞台。1984年张明敏演唱《我的中国心》，1987年费翔演唱《故乡的云》《冬天里的一把火》，都在大陆一唱成名。这一时期的春晚几乎是流行文化进入大众视野的代名词，为亿万中国人打开新世界的大门。1987年，中山市小霸王公司成立，其生产的一系列游戏机、学习机产品成为当时青年的学习与娱乐的寄托。在着装上，20世纪80年代初喇叭裤成为一种所向披靡的时尚，被称为中国时尚界最初的冒险，男子梳分头，女子烫发，戴首饰、墨镜也成为中国的流行趋势。

在改革开放初期的中国，上述共同构成了开放而多变、保守与转型并存的大众文化面貌。大众文化的复归不是渐进性的，在范围、速度与程度上非常剧烈，在类型的多元性、内容的娱乐性、思想的物质性和影响的时效性等方面形成了鲜明的时代特征。

大众文化的类型多元，范围极其广泛。改革开放后，几乎所有文化元素都可以演变为流行文化，不仅有港台地区和西方传入的小说，而且包含中国古代的小说、戏曲等传统文化形式。以中国四大名著为例，1980年首届国际《红楼梦》研讨会召开，周策纵的《红楼梦与西游补》、陈毓罴的《红楼梦与浮生六记》、白先勇的《红楼梦对游园惊梦的影响》等《红楼梦》的独特研究成果，使《红楼梦》重新走回大众视野。[1]由杨洁执导的电视剧《西游记》，1986年春节在央视首播，创造89.4%的收视率神话。1987年，中央电视台播出由王扶林导演的电视剧《红楼梦》，广受欢迎，备受赞誉。同时，群众喜好的大众文化还延伸到了新科技成果领域，如被人们俗称为"砖头机"的录音机，成为群众接受流行文化的窗口。1983年上海开通中国第一家寻呼台，BP机进入中国，由于寻呼机在港台又被称为Call机，寻呼机的普及还连带产生了流行语"有事Call我"。

大众文化的内容具有娱乐性。大众文化以娱乐文化为主。金庸的武侠小说与琼瑶的言情小说风靡中国大陆，或描写从未存在过的、想象中的快意恩仇的世界，或描写难以追寻的痴情、善良和真挚。此类文学作品的共性是通过读者从未接触过的世界来刺激读者的神经，吸引读者阅读的愿望，娱乐的作用事实上高于反映现实的作用。1980年代又被称为"舞兴大发的80年代"，交谊舞、迪斯科、霹雳舞等街头舞蹈成为年轻人社交的重要手段。电子游戏室、录像厅、台球室、溜冰场、舞厅、酒吧、卡拉OK等娱乐性文化场所，是发展最快的文化场所。1986年，中国台球协会成立。1987年，《武汉日报》刊登文章《台球风行》，预言中国人解决温饱问题后开始有娱乐需求，台球就是娱乐需求的重要内容。1984年前后，深圳开始出现营业性歌舞厅。十年内，深圳的歌舞厅已经达到400多家。[2]上述表明娱乐是大众文化的主要需求之一。

大众文化具有思想的物质性。这一时期，大众文化对物质、金钱和

---

[1] 刘梦溪：《红楼梦与百年中国》，河北教育出版社1999年版，第306页。
[2] 深圳市特区文化研究中心、深圳市文化娱乐交流中心主编：《深圳娱乐文化年鉴1994》，广东旅游出版社1995年版，第16页。

个人意志的追求出现明显地提升。"文化大革命"期间，文化产品表达的内容大都集中在对党和国家的热爱、对劳动和奉献的歌颂、对革命的向往等崇高的思想。而大众文化兴起后，平凡的、物质的乃至功利的追求开始广泛出现在文化作品中。如对财富的追求的表现之一是大众文学中对"万元户"的赞扬。1983年柯原创作的一部诗集中对美好生活的描述为，"一夜春雨润田畦，出现了多少万元户。赵家善种四时花，月月红橙黄紫香满圃；梁家包工养塘鱼，红鲤鱼好似彩霞水中浮。吴家河滩育肥鸭，鸭寮里，白花花鸭蛋遍地铺；黄家种谷种菜点瓜豆，铺起稻草精心育蘑菇。年终结算，四户都是万元户"①。陈健、王永绥甚至专门编排了琼剧《万元户招亲》，受到了观众的喜爱。歌颂普通人的爱情的诗广为流传，如公刘创作的脍炙人口的《菩提树，菩提树》中写道："一个可爱的年轻人，终日徘徊在菩提树荫，为何要徘徊在菩提树荫？有谁了解这是什么原因？年轻人，年轻人，哦，渴望爱情的心灵，你难道看不出，我正是你等待的人？"②这种对物质财富的正当追求，成为大众文化正面赞扬的新价值观。

大众文化的影响具有时效性。这一时期，大众文化的口味经常变化，每种文化形态流行的时间并不长，更新速度极快。以电影为例，改革开放初期播放的电影以反思"文化大革命"电影与引入西方电影为主，虽然一时间取得了蓬勃的发展，但是在1985年后演出场次逐渐下降，甚至出现电影院亏损的情况。1982年后，电影观众停止增长。电影的起伏，说明改革开放初期给观众带来新鲜感的电影在不长的时间内就使观众失去了兴趣，流行元素更浓的音乐、舞蹈、服饰上更新更快。快速地更新，一方面使得大众文化不断地吸纳更加丰富的文化元素；另一方面使大众文化的相对稳定性不强，没有很长时间内的代表文化，创造的经典作品也比较有限。

---

① 柯原：《万元户》，《相思柳集》，湖南人民出版社1983年版，第109页。
② 公刘：《离离原上草》，人民文学出版社1980年版，第107页。

大众文化的复归是改革开放的产物，尽管与官方主流文化、学界精英文化有一定区别甚至对立，某些不良文化也对社会带来了一定的负面影响，但大众文化具有存在的合理性和必要性，是文化格局健康发展的重要标志。发挥社会主义先进文化对大众文化的导向作用，发挥大众文化对丰富群众生活的作用，是大众文化发展的必由之路。

第四节 文化事业的发展

一、哲学社会科学的进步

中国共产党在领导改革开放的实践中，认识到哲学社会科学和自然科学同等重要，没有繁荣发展的哲学社会科学，国家不可能走在世界前列。改革开放以来，哲学社会科学进入事业快速发展、学术气氛日益活跃、研究队伍不断壮大、研究成果不断增加的新的历史时期。

哲学社会科学建立健全了专门机构。全国各级哲学社会科学研究机构逐步恢复或成立，各文科或综合性高等院校加强和完善了哲学社会科学基本学科专业和课程。1977年，中共中央组建成立了中国社会科学院。1983年，全国哲学社会科学规划领导小组成立，负责制定哲学社会科学研究规划。1986年，国家哲学社会科学研究基金设立。1991年6月，中共中央决定在全国哲学社会科学规划领导小组下设全国哲学社会科学规划办公室，作为领导小组的办事机构，负责制订全国哲学社会科学发展规划和年度计划方案，具体管理和筹措社会科学基金，检查中长期规划和年度计划实施情况，交流社会科学研究信息，组织对重大课题研究成果的鉴定、验收和推广。同年，要求各省、自治区、直辖市成立本地区的社会科学规划领导小组或社会科学规划办公室，在全国范围内建立哲学社会科学管理机构。

发展哲学社会科学得到政策法规支持，被纳入国民经济与社会发

展规划。国家加大有关立法力度，提供制度政策法规的保障。1982年12月10日，五届全国人民代表大会第五次会议通过的对《关于第六个五年计划的报告》的决议，明确了哲学社会科学发展的方向。[①]1983年6月6日，六届全国人民代表大会第一次会议在政府工作报告中，明确提出建立一个学科门类齐全、布局合理、各有特点、协调发展、具有现代化手段的哲学社会科学研究体系的目标。

此后，发展哲学社会科学更加突出政策制定的问题导向。针对自然科学和社会科学发展不均衡的突出问题，1986年中共中央、国务院转发国家科委《关于当前科技工作形势和今后工作若干意见的报告》，倡导自然科学研究与社会科学研究的密切结合，改变长期以来形成的彼此分割的状况。针对马克思主义在哲学社会科学中指导地位的弱化问题，1987年5月29日中共中央《关于改进和加强高等学校思想政治工作的决定》，强调哲学社会科学和文学艺术课程坚持以马克思主义为指导，联系改革和建设的实践，把思想政治教育贯穿到教学环节中去；自然科学课程的教学要注意讲述本专业在我国社会主义建设中的成就和当前要解决的重大课题；要把进行辩证唯物主义、历史唯物主义的教育同阐明本专业的理论、方法科学地结合起来，把严谨的治学态度和创新精神统一起来。1990年12月，中共十三届七中全会讨论"八五"计划，再度提出加强和制定社会科学研究规划，培养社会科学研究队伍的目标。

在国家政策的支持下，哲学社会科学界创造了丰富的科研成果。以哲学为例，国内出版了大量哲学期刊和读物，如《外国哲学史研究集》《西方哲学史讨论集》和《现代外国哲学》等。大量西方哲学著作的译介为哲学界解放思想、了解西方哲学打开了大门，如波普尔、图尔敏、库恩、汉森、拉卡托斯、夏佩尔、费耶拉本德、劳丹等西方哲学家的作品得到大量翻译。杨适的《哲学的同年》、陈修斋的《欧洲哲学史上的经

---

① 《关于第六个五年计划的报告》（1982年11月30日），中共中央文献研究室编：《十二大以来重要文献选编》（上），中央文献出版社1986年版，第163页。

验主义和理性主义》、叶秀山的《思·史·诗——现象学与存在主义研究》、李泽厚的《批判哲学的批判》等成果具有重要影响。此外，历史学、文学、经济学、社会学、管理学等其他学科陆续产生了许多有重要影响的作品。

二、教育科技事业的成绩

经过拨乱反正后，如何建立新的教育与科技体制，如何培养更多的教育科技人才，成了国家急切需要处理的问题。邓小平提出的教育"三个面向"（面向现代化、面向世界、面向未来）、"科学技术是第一生产力"的思想，成为新时期教育科技改革发展战略的指导方针。

普及教育是教育事业发展的首要问题。1982年9月，党的十二大提出大力普及初等教育，加强中等职业教育和高等教育，发展包括干部教育、职工教育、农民教育、扫除文盲在内的城乡各级各类教育事业，培养各种专业人才，提高全民族的科学文化水平的教育发展目标，强调"普及教育是建设物质文明和精神文明的重要前提。"[①]1991年，江泽民在庆祝中国共产党成立70周年大会上的讲话中，进一步把教育摆在更加突出的位置，强调"百年大计，教育为本。教育是社会主义物质文明建设和精神文明建设极为重要的基础工程"[②]。

教育立法为教育事业的发展提供了法制保障。1982年12月，新修改的《中华人民共和国宪法》增加了"普及初等义务教育"和"国家发展各种教育设施"的条款，普及义务教育和改善基础设施成为全面开展教育事业的重点工作。1986年4月12日，六届全国人大四次会议审议通过了

① 胡耀邦：《全面开创社会主义现代化建设的新局面》（1982年9月1日），中共中央文献研究室编：《十二大以来重要文献选编》（上），中央文献出版社1986年版，第29页。
② 江泽民：《在庆祝中国共产党成立七十周年大会上的讲话》（1991年7月1日），中共中央文献研究室编：《十三大以来重要文献选编》（下），中央文献出版社1993年版，第1646页。

《中华人民共和国义务教育法》，以专门法律的形式正式将九年义务教育写入法律。

教育体制改革的深入，为教育事业的发展提供了动力。1983年的政府工作报告，将教育事业发展布局划分为三个组成部分：一是大力发展高等教育事业，加速培养各方面的建设人才；二是进一步抓紧中等教育结构的改革，有计划地发展职业技术教育；三是各级政府、企业和社队应该努力办好职工教育和农民教育，满足他们的要求。[①]1985年5月，全国教育工作会议通过《中共中央关于教育体制改革的决定》，作出几项关键性的决定：一是明确提出在全国有计划有步骤地普及九年义务教育；二是决定调整中等教育结构、大力发展技术职业教育；三是对高等学校招生计划和毕业生分配制度进行改革，扩大高等学校的办学自主权。《决定》的实施和6月18日六届全国人大第十一次常委会撤销教育部、设立国家教育委员会的决定，为教育体制改革注入了活力。

伴随教育体制改革的展开，教育事业得到全面发展。

国家教育经费稳定增长。1982年，国家教育经费投入为157.65亿元。1991年，增至731.5亿元，增长3.6倍。其中，1991年国家财政预算内教育经费482.18亿元，比1982年增长2.9倍。社会资本对教育事业的投资受到鼓励。自1981年至1991年，通过社会集资、捐资筹措而来的教育经费累计达到708亿元。

教师社会地位不断提高。1985年1月21日，六届全国人大常务委员会第九次会议通过国务院关于设立教师节的议案，确定9月10日为教师节。同年9月10日，国家主席李先念在第一个教师节的当日，发表《致全国教师的信》，强调"尊重教师是一个国家、一个民族文明的重要标志。教师工作应该成为社会上最受人尊敬的和最值得羡慕的事业之一。"[②]

①　《政府工作报告》（1983年6月6日），中共中央文献研究室编：《十二大以来重要文献选编》（上），中央文献出版社1986年版，第343页。

②　李先念：《致全国教师的信》，《光明日报》1985年9月10日。

基础教育水平不断提升。1980年12月，中共中央、国务院作出《关于普及小学教育若干问题的决定》，提出在经济发达地区5年内普及小学教育，其他地区在10年内普及，部分地区尝试普及初中教育。《决定》对不同的教育普及规划进行分级管理，将普及初等教育的责任落实到县（区）、乡（镇）、村（街道），鼓励单位、集体办学和个人捐资办学。1988年2月，国务院颁布《扫除文盲工作条例》，具体规定了扫盲目标。到1990年，全国大多数大中城市与近80％的县已经基本普及小学教育，在校小学生达到12241.4万人，通过普及初等教育检查验收的县1459个，初中在校学生3869.7万人。

高等教育办学质量不断提高。高等教育在领导体制、专业设置、教学研究、人才培养、招生就业分配等方面的改革取得显著成绩。1983年开始实行的高等教育自学考试制度，是高等教育改革创新的重要措施。1985年5月，中共中央颁布《关于教育体制改革的决定》，要求逐步扩大高等学校招生数量，以合理的比例培养各类层次的人才。到1990年，中国高等、中等专业人才达到1200万人，超过1949年至改革开放前的总和，为历史最高水平。从1980年到1990年的10年中，全国普通高等学校共培养本专科毕业生435万人，研究生近20万人，成人高等教育培养374万人，为现代化建设输送了大批人才。[1]

职业技术教育得到快速发展。职业技术教育对于经济和社会发展具有重要作用。1981年，职业学校、职业班、农业中学、技工学校和中等专业学校在校生总数为155万人。1985年后，职业技术教育驶入发展的快车道。1990年，各类中等职业技术学校在校生人数519.4万人，占高中阶段在校生比重已达72.41％。[2]1991年11月，国务院发布《关于大力发

---

① 李鹏：《关于国民经济和社会发展十年规划和第八个五年计划纲要的报告》（1991年3月25日），中共中央文献研究室：《十三大以来重要文献选编》（下），中央文献出版社1993年版，第1481页。

② 《中国统计年鉴（1991）》，中国统计出版社1991年版，第686—687页。

展职业技术教育的决定》，要求各级政府把职业技术教育纳入当地的总
体规划，提高地方劳动者素质，进一步巩固了职业技术教育的成果。

　　成人教育取得重大进展。在政府的引导下，电视大学、函授、夜大
学、职工大学、职工中专、农民中专等各类高、中等成人教育得到发展，
为教育事业的发展起到了补充作用。1985年前，成人教育完成了基础教
育的"双补"：在城市中，对没有完成初中教育和职业培训的3000万城市
企业职工进行文化补习和职业培训；在农村，扫除文盲1522万人，1.4亿
农民接受实用技术的培训及初中等文化教育和职业技术教育。自1986年
开始，打破单一学历教育模式，建立了成人高等教育和成人中等教育、专
业合格证书和单科合格证书三种证书制度。1987年国务院批转国家教委
《关于改革和发展成人教育的决定》和1988年4月国家教委和劳动人事
部联合制定的《关于成人高等教育实行〈专业证书〉制度的若干规定》，
使证书制度确定下来。①

　　少数民族教育取得历史性进步。政府对少数民族教育采取补贴和
倾斜政策，大批内地教师和高校毕业生参加支边，开展内地和少数民族
地区的教育帮扶工作。伴随政府加大财政投入，少数民族地区的基础设
施得到改善。1985年同1980年相比，少数民族的大、中、小学在校学生分
别增加了118％、18％和27％。②1992年年底，民族自治地方的高等院校
已经达到105所，全国独立设置少数民族中学2748所，小学23468所。全
国高校少数民族在校生15万多人，少数民族中学生300余万人，小学生
1000余万人，分别是改革开放前的4.09倍、1.56倍和1.5倍。全国大中小
学校中少数民族专任教师近70万人。蒙古、藏、朝鲜、维吾尔等24个少数
民族拥有本民族语言文字编写的教材，全国每年出版的中小学民族文字

---

①　欧阳雪梅主编：《中华人民共和国文化史（1949—2012）》，当代中国出版社2016年
　　版，第235页。

②　《中共中央统战部、国家民族事务委员会关于民族工作几个重要问题的报告》
　　（1987年1月23日），中共中央文献研究室编：《十二大以来重要文献选编》（下），
　　中央文献出版社1988年版，第1372页。

教材1800余种，总印数达到5000万册以上。①

科学技术是中国赶超世界发达国家的先导。20世纪70年代，世界进入以高新技术主导的新科技革命浪潮。1978年3月18日，邓小平在全国科学大会上提出"科学技术是生产力"。1988年，邓小平将这一论述发展为"科学技术是第一生产力"，为改革开放后科技发展和科技体制改革提供了依据与动力。

科技发展具有复杂性、机密性与高投入性，需要国家的统一规划与指导。1982年，国务院批准中国第四次编制科学技术发展规划，即《关于编制十五年（一九八六——二〇〇〇）科技发展规划的报告》，为中国进入21世纪前科技发展的总体目标做出安排；全国人大批准首次把科技计划作为重要内容的"六五"国民经济和社会发展计划。以此为基础，国家出台一系列具体计划。1982年，国家经委推出新技术新产品开发计划，旨在消化吸收先进的技术和工艺；1984年，国家计委出台国家重点实验室计划和国家重点工业性试验计划。

为支撑科技的大发展，科技体制进行了顺应时代发展需求的改革。1985年3月，中共中央出台《关于科技体制改革的决定》，针对科技拨款管理方法、开拓技术市场、完善科技和科研系统组织结构、扩大科研机构的自主权、推动科研与生产联合、强化企业的技术吸收和开放能力、建立健全专业技术干部管理制度、科技人才流动和对外交流合作等重大问题，全方位地提出改革意见。1986年，中共中央、国务院转发国家科委《关于当前科技工作形势和今后工作若干意见的报告》，强调"科学技术水平和普及程度是反映一个民族现代精神文明水平的重要标志，也是推动一个民族进步的重要力量。"②以后，中共中央、国务院和中央

---

① 欧阳雪梅主编：《中华人民共和国文化史（1949—2012）》，当代中国出版社2016年版，第235页。

② 《国家科委关于当前科技工作形势和今后工作若干意见的报告》（1986年8月2日），中共中央文献研究室编：《十二大以来重要文献选编》（下），中央文献出版社1988年版，第1125页。

部委连续出台政策文件，如《关于科学技术拨款管理的暂行规定》《关于实行专业技术职务聘任制度的规定》《关于推进科研设计单位进入大中型企业的规定》和《关于科技人员业余兼职问题的若干规定》等。1987年6月，全国人大常委会通过《中华人民共和国技术合同法》，有力保障了技术合同当事人的合法权益，维护技术市场秩序。

科技体制改革的全面铺开，推动了基础科学和尖端科技的发展，许多科技成果位居世界前列。1983年"银河"亿次巨型计算机问世；1985年中国第一个南极永久科学考察站长城站在南极洲乔治岛上建成；1988年北京正负电子对撞机对撞成功。据统计，从1980年到1990年的10年中，共取得重大科技成果11万多项，其中获国家奖励的近万项，一些领域已经达到或者接近世界先进水平。共实施专利5万多项，推广了一大批重大科技成果，提高了传统产业的技术水平和经济效益。正负电子对撞机、重离子加速器、同步辐射实验室等大型科研项目的相继投入使用，"银河"巨型计算机的研制成功，水下导弹、"长征二号"大推力捆绑式火箭、"亚洲一号"通信卫星的成功发射等，表明中国在高能物理、计算机技术、运载火箭技术、卫星通信技术等方面有了新突破。[①]

科研队伍日益发展壮大，科研成果的转化速度加快，科技型企业纷纷涌现。1990年，全国县以上政府部门所属的研究与开发机构达到5595个，科学技术情报与文献机构达到410个，科学家和工程师达到42万人。全国高校从事科技活动人员78万人，其中科学家和工程师67.5万人。经过科研拨款制度的改革，全国科研单位摆脱了过去单纯依靠国家财政拨款的状态，共创毛收入50.331亿元，是各级财政拨款总和的1.6倍。为促进科技发展主体的多元化，国家引导国有、集体、个体、私营等多种所有制形式的科技企业并存，共同发展。1987年4月，国家科委批准成立中国

---

① 李鹏：《关于国民经济和社会发展十年规划和第八个五年计划纲要的报告》（1991年3月25日），中共中央文献研究室编：《十三大以来重要文献选编》（下），中央文献出版社1993年版，第1481页。

民办科技企业家协会。1988年5月，经国务院批准，以北京中关村电子一条街为基础，北京市新技术产业开发试验区成立，总面积100平方公里，成为科技体制改革创新的示范区。此后，全国大中城市先后建立数十个国家级高新技术产业开发区，促进了科技成果和市场经济的结合。

经过改革开放第一个10年的发展，教育科技事业取得长足发展，基本形成以九年义务教育为重点，中等职业教育、成人教育、技术培训迅速发展，高等教育初步形成多层次、多形式、学科门类比较齐全，适应社会主义现代化建设需要的教育体系；科技发展水平取得很大进展，众多科研成果进入世界先进行列。这一切为国家实施科教兴国战略奠定了坚实的基础。

三、新闻出版广播电视的成果

新闻出版广播电视是国家文化建设和文化宣传的重要载体。以体制改革为动力，新闻出版广播电视行业适应改革开放的变革，走上协调发展的新阶段。

国家实施了新闻出版政策的调整和行政管理体制的改革。中华人民共和国成立后，新闻出版受到限制，广播电视的内容、频道和普及度有限。1978年1月，全国出版工作座谈会要求提高出版质量，扩大图书的品种和数量。1982年12月，全国人大通过《关于批准国务院1982年国家预算执行情况和1983年国家预算报告的决议》，要求进一步发展广播电视、新闻出版事业，整顿各种出版物，提高编辑水平和书刊质量。为整合新闻出版的管理机构，在进行多次机构调整的基础上，1987年1月国家新闻出版署成立，对新闻、出版两个系统进行统一管理，进一步理顺行政管理体制。

适应文化建设的需要，出版业实施了以古籍整理、文化遗产抢救规划、经典著作出版为主要内容的出版工程建设。始于1958年的古籍整理出版社工程——点校《二十四史》，在1978年由中华书局全部出齐，共

3249卷4000万字。1981年12月，国务院恢复直属机构古籍整理出版规划小组，办公机构设于中华书局。1982年，国务院批准规划小组的建议，计划在1982年到1990年间出版基本古籍和3100余种相关书目。1983年，全国整理出版古籍280多种，重版古籍161种。1984年6月，国务院委托国家民委成立少数民族古籍整理出版规划小组。1986年6月，全国少数民族古籍整理出版规划会议制定《一九八六——一九九〇年全国少数民族古籍整理出版规划（草案）》。到1990年，中国出版发行的民族古籍已达1000余种。从1982年到1990年，全国共整理出版《甲骨文合集》《永乐大典》《清史稿》《中国地方志集成》等古籍4000余种。在童书方面，1981年上海少年儿童出版社的《十万个为什么》第3版14分册出版，深受少年儿童的喜爱。在工具书方面，1978年中国社会科学院、国家出版事业管理局建议编纂《中国大百科全书》，全书共74卷于1993年全部出齐；1979年《辞海》出版，1989年出版修订本。1982年11月，中央书记处会议批准编纂《当代中国》丛书，至1999年丛书全套共152卷210册全部完成，成为反映中华人民共和国历史的百科全书。为抢救民间文化，从1979年到2009年，文化部、国家民委和中国文联共同组织编纂完成《中国民族民间文艺集成志书》，共298部400多册，被誉为"中华民族文化长城"。

出版业改革的突破口是发行管理体制的市场化。1981年和1982年，国家出版事业管理局和文化部专门召开座谈会讨论出版发行面临的问题。会议决定，改革出版、印刷和发行的计划体制，引入市场机制，在传统发行体制之外发展"第二发行渠道"，即发展个体图书发行。1983年6月，中共中央、国务院发布《关于加强出版工作的决定》，提出出版事业的发展与出书任务基本适应，图书的出版与社会主义现代化建设的需要基本适应，实现图书的质量提高，品种增加，出版周期缩短，发行及时对路，使整个出版事业出现更大的繁荣的目标。1988年12月23—24日，国家新闻出版署、中宣部出版局召集中国新闻出版社、《报告文学》杂志社等5家单位联合主办"第二渠道发行工作研讨会"，集中推进个体图书发行。1988年，全国国营书店有9000处，集体、个体书店1.1万处，有书贩4万余个，销售网点3万余个。①

出版单位改革主要体现在主办单位自主权的扩大。1984年5月，国务院颁布《进一步扩大国营工业企业自主权的暂行规定》，要求扩大包括出版部门在内的企业的自主权，逐步实现国营企业的厂长（经理）负责制。1984年6月27日，文化部召开全国地方出版工作会议，提出应当扩大出版单位的自主权，打破编辑部门吃"大锅饭"的现象。1985年6月7日，文化部发出《关于出版社兼办自费出版业务有关事项的通知》，认为自费出版是一条补充的出书渠道，出版社可以在完成本社出书计划的前提下，根据编辑力量和印制力量、适当安排自费出版业务。自费出版的书稿应当符合本社出书的分工范围，选题应列入出版社年度出书计划（注明自费出版项目），报上级主管部门审批后，送文化部出版局备查。各省、自治区、直辖市可由所在出版局（社）指定一家出版社试办自费出版业务。自此，中国形成了出版市场化、出版社自主化、出版方多样化的全新出版发行格局。

此外，计算机技术的发展和运用，促进了印刷出版的技术革新。1986年，计算机汉字激光照排系统研制成功后，中国印刷行业走出活字印刷时代，进入激光照排的光电时代。中国人自己研制的激光汉字排版系统，不仅在国内出版业广泛运用，而且远销海外市场，成为全球华文报业的突破。

改革开放以来，广播电视发展迅猛。1983年3月召开的全国广播电视会议提出"四级办广播、四级办电视、四级混合覆盖"方针，为广播电视的发展提供了新机遇。广播电视逐渐与市场经济接轨，出现商业广告。1983年，全国广播电视营业额已经达到3400万元。同时，国际广播电视事业迅速发展。1984年后，中国国际广播电台开办对内的英语、法语、日

---

① 欧阳雪梅主编：《中华人民共和国文化史（1949—2012）》，当代中国出版社2016年版，第243页。

语、德语和西班牙语广播。在对外广播上，中国开始通过通信卫星和国际电话向美国、墨西哥、巴西及香港地区传送中国广播节目，由当地电台使用中波或调频播出，增加了广播节目的国际影响力。1987年4月24日，国务院发布《广播电视设施保护条例》重点维护广播电视设施安全，确保广播电视节目顺利优质播放。自1987年开始，中国国际广播电台开展与法国、瑞士、西班牙、独联体、加拿大、法属圭亚那电台互换节目，以及向巴西、马里租机的合作业务，进一步拓宽了广播的国际受众。到1990年，全国有电视台509座，相比1980年增长约13倍，电视覆盖率已达全国的80%。

四、中外文化交流的拓展

改革开放后，随着中国外交的扩展，对外文化交流进入新阶段。为适应对外文化交流的新形势，国家调整对外文化交流的管理机构。1978年9月，国务院批转外交部、文化部《关于对外文化交流工作由文化部归口管理的请示》，决定文化部设立4个对外司分管对外文化交流工作。1981年，国务院对外文化联络委员会恢复，并创办《文化交流》杂志。1982年5月新的文化部组建后，下设对外文化联络局，负责管理对外文化交流。同年12月，全国人大通过《中华人民共和国宪法》，将"发展同各国的外交关系和经济、文化的交流"写入宪法序言。

民间团体和机构是对外文化交流的重要桥梁。1981年9月，中国国际交流协会成立后，同世界上几十个国家的各类团体、政党组织和研究机构以及国际组织建立了联系，开展形式多样的交流与合作。1984年，中国国际文化交流中心成立，这是经中共中央批准成立的第一个全国性对外文化民间团体，该中心接受文化部和民政部的业务指导和监督管理，旨在加强中国和世界各国、各地区人民开展多层次、多渠道、多形式对外文化交流，为中国文化繁荣、经济发展、科技进步服务，为世界和平、人类文明作贡献。成立当年，该中心举办了"振兴中华——海外赤子心"座谈会，彭真、邓颖超、习仲勋等中央领导人出席，通过文化交流的形式为社会主义建设建言献策。1986年4月，国务院批准成立由文化部指导和支持、专门从事国际民间文化交流的非营利性社会团体——中国对外文化交流协会，同世界各国有关机构就人员互访、图书、资料交换、举办文艺演出、展览、文化学术研讨等事项进行交流与合作。协会创办后，组织、策划和举办了大量对外民间文化交流项目和活动，内容涵盖表演艺术、造型艺术、图书出版、人员交流、国际文化研讨会和各类国际多边活动。

这一时期，中国探索在海外推动设立有关文化中心，扩大中国文化的对外传播。1988年7月，中国在毛里求斯首都路易港附近的贝尔村设立了中国在国外的第一个文化中心。8月，文化部成立中国国际文化旅游公司，从事中外文化旅游活动。9月，贝宁经济首都科托努市让·保罗二世大道上成立了贝宁中国文化中心，承担举办文化活动、提供信息服务、开展教学培训和促进学术交流四项职能，成为非洲了解中国的文化窗口。

中国政府通过文化协定的形式，推动文化交流。截至1991年，中国与外国政府签订的133个政府间文化协定中有91个是1978年以后签订的。从1980年到1991年，中国和外国签订的文化交流执行计划253个。在文化协定的推动下，中国派出和接待的各种文化团体从1979年的194起、3035人次发展到1986年的1075起、9499人次。[①]对外交流的文化项目涉及传统歌舞、戏曲、杂剧、黄梅戏、藏剧、新疆木卡姆、改编芭蕾舞、话剧等丰富内容。中国在国外举办的绘画、书法、工艺美术品、文物等展览，举办的杂技、京剧、地方戏曲、民族舞、武术等演出，深受欢迎。1980年3月，广东潮剧院在香港演出《春草闯堂》《井边会》《香罗帕》等曲目，广东粤剧院在新加坡演出《搜书院》《宝莲灯》《昭君出塞》等曲目，影响很大，新加坡政府还成立"中国广东粤剧团莅新演出工作委员会"专门

---

① 欧阳雪梅主编：《中华人民共和国文化史（1949—2012）》，当代中国出版社2016年版，第230页。

负责乐团演出接待工作。①1984年10月，苏州市京剧团、评弹团和江苏省昆剧院组成的苏州戏曲团前往意大利进行访问演出，引起轰动。同年，安徽省杂技团在瑞士与当地剧团合作演出148天，先后在苏黎世、马塞尔、卢塞恩等34个城镇演出201场，观众达到60万人次。②

中国文化工作者经常受邀参加国际比赛，收获奖项。从1980年到1989年，中国艺术家在文化部的组派下，在杂技、芭蕾舞、民族舞、钢琴、小提琴等项目的国际艺术比赛中，获得58个第一名、35个第二名、27个第三名及200多项其他名次和奖项。中国绘画和儿童画作品参加了100多个国际展览比赛，获奖达到800个。1982年，北京举办"亚洲地区保护和发展民间和传统舞蹈讨论会"，汇集塞内加尔、英国和16个亚洲国家共42名相关专家，重点讨论了如何保护民间和传统舞蹈的纯真性，以及如何运用民间舞蹈更好地发扬各地区民族文化的差异性，拓展了多边文化交流的领域。1984年1月，著名作家丁玲和陈明应美国爱荷华大学"国际写作中心"和加拿大文化理事会的邀请，前往美国、加拿大进行为期4个月的访问，期间参加了"国际写作中心"举办的"中国周末"活动；4月，联合国教科文组织举办的亚洲作家讨论会在日本举行，艾青等两位中国著名作家参加了会议；8月，著名作家陈白尘在美国爱荷华大学"国际写作计划"的邀请下，前往美国参加有关的创作和参观活动。③这些交流活动不仅将中国的文化传向世界，更为世界更好地认识中国打开了大门。

---

① 广东省戏剧研究室编：《广东省戏剧年鉴1980》，广东省戏剧研究室1981年版，第134页。

② 周丽娟：《对外文化交流与新中国外交》，文化艺术出版社2010年版，第116页。

③ 中国文艺年鉴社编：《中国文艺年鉴1984》，文化艺术出版社1985年版，第1002页。

第三章

中国特色社会主义文化的发展

（1992～2002）

　　从1992年党的十四大召开到2002年党的十六大召开，改革开放进入了新阶段，社会主义市场经济体制逐步确立和巩固，人民群众物质文化水平有了很大提高，在文化上便有了更多期盼和需求。随着经济全球化的发展和科技的进步，世界范围内思想文化交流沟通呈现出频度高、程度深、范围广的趋势。面对国内国际形势的新变化，中国共产党不断强调文化建设，将文化建设作为中国特色社会主义事业总体布局中重要组成部分加以推进，初步探索出了一条中国特色社会主义文化发展之路。

第一节　中国特色社会主义文化建设的理论与实践

一、中国特色社会主义文化的提出

　　伴随改革开放的深入，中国共产党不断加强社会主义文化建设，逐渐在社会主义精神文明建设中总结和提炼出"中国特色社会主义文化""社会主义先进文化"等概念，为当代中国文化发展提供了新主题。

　　1992年邓小平南方谈话和党的十四大推动改革开放进入新阶段，社会主义精神文明建设得到进一步加强。1992年10月，党的十四大明确提出：坚持两手抓，两手都要硬，把社会主义精神文明建设提高到新水平；物质文明和精神文明都搞好，才是有中国特色的社会主义。随后，各地区各部门从多方面加强精神文明建设，创造和积累了一些新经验，但长期以来形成的重经济建设、轻文化建设的思维和做法难以根除，"一手比较硬、一手比较软"的问题依然存在。同时，社会主义市场经济的发展，既赋予了中国特色社会主义发展的活力，同时也引发了理想失落、信仰动摇、道德失范、文化虚无等值得警惕的社会问题。

在上述背景下，1996年党的十四届六中全会通过《中共中央关于加强社会主义精神文明建设若干重要问题的决议》，专门论述了"积极发展社会主义文化事业"等问题，提出了发展社会主义文化事业、加强社会主义精神文明建设等基本观点。①

与1986年关于精神文明建设的决议相比，这一决议体现了继承、发展和创新的统一。主要表现在以下几个方面。

其一，呼应社会主义市场经济和全方位对外开放的新时代要求，具有更加强烈的时代感和更加鲜明的问题意识。即如何在以经济建设为中心的前提下，使物质文明和精神文明建设相互促进、协调发展，防止和克服一手硬、一手软；如何在建立社会主义市场经济体制的条件下，形成有利于现代化建设的共同理想、价值观念和道德规范等。

其二，提出更全面更清晰更具体的方针和要求。这主要得益于历史经验的积累特别是进入20世纪90年代后的积极探索。在道德建设方面，决议清晰地提炼出社会主义、集体主义、爱国主义的三大原则和社会公德、职业道德、家庭美德的三个主要方面，尤其对爱国主义的内涵和意义，对以为人民服务为核心、以集体主义为原则的社会主义道德等展开阐述。早在1990年5月3日，江泽民在首都青年纪念五四报告会上的讲话中便专门论述了"在新的历史条件下继承和发扬爱国主义传统"的

---

① 《中共中央关于加强社会主义精神文明建设若干重要问题的决议》（1996年10月10日），中共中央文献研究室编：《十四大以来重要文献选编》（下），人民出版社1999年版，第2044—2069页。

问题。①在纪念中国共产党成立70周年的讲话中，江泽民明确提出了在精神文明建设中要坚持进行爱国主义、集体主义、社会主义思想的教育等。在之后的重要政治文献中，爱国主义、集体主义和社会主义思想教育作为思想道德建设的一项重要内容成为固定的提法和要求。1996年决议将这些早已形成的思想进一步系统化。

其三，突出思想道德和哲学社会科学等作为精神文明建设的核心。随着时代的发展，科教体制改革的启动和深入，以及"科教兴国"战略的确立，中共中央逐渐将其作为专门问题予以研究。因此这一决议讲文化建设时对象就基本明确其主要包括哲学社会科学、文学艺术、新闻出版（包括广播电视）等。同时，进入1990年代后的重要政治文献中，中央不断提及和概括群众创造的新经验，要求重视和加强社区、企业、农村等基层文化建设，以活跃城乡人民文化生活。可以看出，正是在总结精神文明建设已有经验并积极探索的基础上，党的十四届六中全会通过的决议才体现出既高屋建瓴又脚踏实地，既有继承和坚守，又有时代敏感和与时俱进的特征。

中国共产党在不断深化社会主义精神文明建设认识的同时，进一步认识到文化在社会主义建设总布局中的地位。1991年，江泽民在庆祝中国共产党成立70周年大会的讲话中，提出了建设有中国特色社会主义经济、政治和文化的战略目标，把文化建设与政治建设、经济建设并列为社会主义基本建设，凸显了文化对于社会主义的重大意义。江泽民强调文化建设不能割断历史，既要对民族传统文化取其精华、去其糟粕，并结合时代的特点加以发展、推陈出新，使它不断发扬光大，又必须积极吸收人类所创造的一切优秀文化成果，把它熔铸于有中国特色社会主义的文化之中。1992年，江泽民在十四大报告中有关社会主义精神文明建设的部分，强调要"积极推进文化体制改革，完善文化事业的有关经

---

① 江泽民：《爱国主义和我国知识分子的使命》（1990年5月3日），《江泽民文选》第1卷，人民出版社2006年版，第124页。

济政策，繁荣社会主义文化"①。1997年，党的十五大不再从精神文明建设的框架下论述文化建设，而是将文化建设与政治建设、经济建设并列加以郑重确认和阐述。十五大政治报告不仅明确了建设有中国特色社会主义的文化内涵，即"以马克思主义为指导，以培育有理想、有道德、有文化、有纪律的公民为目标，发展面向现代化、面向世界、面向未来的民族的科学的大众的社会主义文化"，而且提升了文化的战略地位，认为它是"凝聚和激励全国各族人民的重要力量，是综合国力的重要标志"，强调"它渊源于中华民族五千年文明史，又植根于有中国特色社会主义的实践，具有鲜明的时代特点；它反映我国社会主义经济和政治的基本特征，又对经济和政治的发展起巨大促进作用。"②

此后，"中国特色社会主义文化建设"成为舆论宣传中的关键词。新旧世纪之交，随着"三个代表"重要思想的提出，中共中央从中国共产党要始终代表中国先进文化的前进方向的角度，提出了发展社会主义先进文化的新要求。2002年，党的十六大政治报告专章阐述了文化建设和文化体制改革，强调"在当代中国，发展先进文化，就是发展面向现代化、面向世界、面向未来的民族的科学的大众的社会主义文化"③，并从牢牢把握先进文化的前进方向、弘扬和培育民族精神、加强思想道德建设、发展教育和科学事业、发展文化事业和文化产业、深化文化体制改革方面，全面阐述了推动社会主义文化发展繁荣的战略意义。

这样，中共中央先后提出了社会主义精神文明建设、中国特色社会主义文化建设、社会主义先进文化建设三个概念，从本质上说其内涵和

---

① 江泽民：《加快改革开放和现代化建设步伐，夺取有中国特色社会主义事业的更大胜利》（1992年10月12日），中共中央文献研究室编：《十四大以来重要文献选编》（上），人民出版社1996年版，第31页。

② 江泽民：《高举邓小平理论伟大旗帜，把建设有中国特色社会主义事业全面推向二十一世纪》（1997年9月12日），《江泽民文选》第2卷，人民出版社2006年版，第17—18、33页。

③ 江泽民：《全面建设小康社会，开创中国特色社会主义事业新局面》（2002年11月8日），《江泽民文选》第3卷，人民出版社2006年版，第559页。

要求是一致的,其不同仅在于提出角度和历史逻辑。概念的提出和实践的深入是同步进行,在这一过程中,党认识到文化对社会主义建设具有的重大战略意义,将文化与政治、经济摆在社会主义基本建设的并列位置,提出中国特色社会主义文化的新概念。可见,"中国特色社会主义文化"是从文化角度指称中国特色社会主义的核心概念,具有相对独立的主体性,是当代中国文化发展的新主题。

二、"科教兴国"战略的实施

"科教兴国"指全面落实科学技术是第一生产力的思想,坚持教育为本,把科技和教育摆在经济、社会发展的重要位置,增强国家的科技实力及向现实生产力转化的能力,提高全民族的科技文化素质,把经济建设转移到依靠科技进步和提高劳动者素质的轨道上来,加速实现国家的繁荣强盛。这是在世界知识经济时代来临、科学技术迅猛发展的背景下,中共中央对世界发展新趋势作出的反应。

"科教兴国"战略的理论基础是邓小平关于科学技术是第一生产力的思想。1977年,邓小平在科学和教育工作座谈会上提出从科学和教育着手,使中国赶上世界先进水平,明确把科教发展作为发展经济、建设现代化强国的先导,摆在国家发展战略的首位。从1970年代末到1990年代初,邓小平坚持"实现四个现代化,科学技术是关键,基础是教育"的核心思想,为"科教兴国"发展战略的形成奠定了坚实的理论基础。

1992年,党的十四大指出必须把经济建设转移到依靠科技进步和提高劳动者素质的轨道上来。1995年,中共中央、国务院颁布《关于加速科学技术进步的决定》,总结了中华人民共和国成立特别是改革开放以来我国科学技术发展的实践经验,首次明确提出实施"科教兴国"战略。同年,党的十四届五中全会在关于国民经济和社会发展"九五"计划和2010年远景目标建设的文献中把实施"科教兴国"战略列为今后15年直至21世纪加速中国现代化建设的重要方针之一。1996年,第八届全国人大四次会议正式通过《国民经济和社会发展"九五"计划和2010年远景目标》，对"科教兴国"加以规划和部署并明确其成为基本国策。

　　"科教兴国"战略的实施推动中国科技和教育事业进入了新的发展时期。为解决科技、教育与经济、社会发展相脱节的问题，中共中央采取并推行了一系列措施。其一，从组织领导入手，1998年6月国务院成立国家科技教育领导小组，加强对科技、教育的组织协调并全面负责落实科教兴国战略。截至2003年年底，国家科技教育领导小组召开了14次会议，作出了一系列实施科教兴国战略的重大决策。其二，进一步明确科技教育工作的思路。1999年，中共中央、国务院先后作出了《关于深化教育改革全面推进素质教育的决定》和《关于加强技术创新，发展高科技，实现产业化的决定》，相继召开了全国教育工作会议和全国技术创新大会，明确科技工作的重点是加强技术创新，发展高科技，实现产业化；教育工作的重点是深化教育体制改革，全面推进素质教育。其三，从体制、机制、政策以及思想观念等各个方面促进科技、教育与经济、社会发展的结合。通过全面深化科技、教育体制改革，加快建立适应社会主义市场经济、有利于产学研结合的新型科技和教育体制。其四，加大对科技、教育事业的投入，在深化科研体制改革和提高技术创新能力的同时加强全社会的科普教育，努力建立一个能够调动全社会力量支持科技教育发展的机制。其五，在继续实施科技攻关计划、星火计划、火炬计划的同时，启动了973计划、《面向21世纪教育振兴行动计划》等一系列国家级科技教育计划，以建设国家创新体系为抓手直接推动科技教育的发展。[①]

　　经过近10年的发展，中国科技事业实现了新的跨越。科技创新能力逐步增强，载人航天飞船、基因组研究等高科技领域取得突破性进展，一批具有重要影响的原创性新成果相继涌现，表明我国在当今若

---

① 欧阳雪梅主编：《中华人民共和国文化史（1949—2012）》，当代中国出版社2016年版，第275—280页。

干科学前沿领域取得了重要进展，某些重点和关键领域接近或达到国际先进水平。科技对经济社会发展的贡献不断增大。1991年到2001年，我国高新技术产业的工业总产值从0.3万亿元左右增加到1.8万亿元左右，年均增长20%以上。高新技术产业在国民经济构成中所占比例由10年前的1%左右提高到15%左右。①高新技术产业的蓬勃发展成为拉动国民经济增长的重要力量，科技进步已成为我国经济和社会发展的强大动力。

教育事业不断跃上新台阶，为社会主义现代化建设提供了有力的人才支撑和智力保证。基础教育快速发展，2000年全国大部分地区如期实现了基本普及九年义务教育、基本扫除青壮年文盲的目标。人口平均受教育年限从1990年的6年左右提高到2001年的8年左右。职业教育、成人教育总体规模扩大、结构改善。高等教育蓬勃发展，顺应了人民群众的强烈愿望，在一定程度上满足了经济社会发展对高层次人才的需求。2000年与1970年代末期相比，中国具有中专以上学历或初级以上专业技术职称的专业技术人才总量增加了3.4倍。在培养人才的同时，教育的发展还为现代化建设作出了巨大的知识贡献。高等学校科研实力增强，已经成为我国科技创新特别是基础研究领域的生力军。2002年，高等学校承担的国家自然科学基金项目占项目总数的77%以上，承担的国家社会科学规划基金项目占项目总数的60%以上。教育事业的发展已经成为推动中国经济总量提高和现代化建设各项事业迅速发展、社会全面进步的关键性因素。

三、"人才强国"战略的确立

中国共产党历来高度重视人才工作。"人才强国"是为适应新世纪新形势的要求明确提出的一项国家发展战略，是继"控制人口数量，提

---

① 杨凤城：《中国共产党与当代中国文化发展研究》，中共党史出版社2013年版，第158页。

高人口质量"和"科教兴国"战略后提出的又一项新国策。

人才问题关系社会主义建设的大局。1992年党的十四大报告指出，知识分子是工人阶级中掌握文化知识较多的一部分，"能不能充分发挥广大知识分子的才能，在很大程度上决定着我们民族的盛衰和现代化建设的进程"[1]。1995年，江泽民发表题为《实施科教兴国战略》的讲话，明确指出："实施科教兴国战略，关键是人才。"[2]要求充分发挥现有科技人员的重要作用，创造人尽其才、才尽其用的社会环境；培养造就千百万年轻一代科学技术人才，建设一支跨世纪的宏大科技队伍；积极创造条件，吸引留居海外的科技人员回国工作，或以各种形式为祖国现代化建设服务；不但要大力培养各类科学技术人才，还要注重培养善于进行现代经营管理的各类专家。

1997年党的十五大后，中共中央开始高频率地谈论人才问题。十五大报告指出："培养同现代化要求相适应的数以亿计高素质的劳动者和数千万计的专门人才，发挥我国巨大人力资源的优势，关系二十一世纪社会主义事业的全局。"[3]1998年，江泽民在会见出席中国科学院第九次院士大会、中国工程院第四次院士大会的部分院士和外籍院士时也谈到创新的关键在人才，并总结出"一个基本道理，就是科学技术的发展，社会各项事业的进步，都要靠不断创新，而创新就要靠人才，特别要靠年轻英才不断涌现出来"。[4]1999年，第三次全国教育工作会议上，

① 江泽民：《加快改革开放和现代化建设步伐，夺取有中国特色社会主义事业的更大胜利》（1992年10月12日），中共中央文献研究室编：《十四大以来重要文献选编》（上），人民出版社1996年版，第26页。
② 江泽民：《实施科教兴国战略》（1995年5月26日），《江泽民文选》第1卷，人民出版社2006年版，第428页。
③ 江泽民：《高举邓小平理论伟大旗帜，把建设有中国特色社会主义事业全面推向二十一世纪》（1997年9月12日），《江泽民文选》第2卷，人民出版社2006年版，第34页。
④ 江泽民：《创新的关键在人才》（1998年6月1日），《江泽民文选》第2卷，人民出版社2006年版，第135页。

江泽民强调教育是"培育创新精神和创新人才的重要摇篮",要求"高等学校要在培养大批各类专业人才的同时,努力为优秀人才脱颖而出创造条件,尤其是要下功夫造就一批真正能站在世界科学技术前沿的学术带头人和尖子人才,以带动和促进民族科技水平和创新能力的提高。"①同年8月的全国科技创新大会上,江泽民再次强调了努力建设一支宏大的富有创新能力的高素质人才队伍的重要性,重申推动科技进步、技术创新,关键是人才,尤其是青年人才的脱颖而出等观点。2000年,江泽民在中国科学院第十次院士大会和中国工程院第五次院士大会上发表讲话,最后谈的还是人才问题,认为加紧优秀人才的培养"是一项十分紧迫而重大的战略性任务","当今和未来世界的竞争,从根本上说是人才的竞争","建设有中国特色社会主义的伟大时代,应该是百舸争流、人才辈出的时代"。②如此高频次且具体地有针对性地强调人才问题,表明中国共产党人才观呼之欲出。

新世纪以来,人才问题日显重要。随着世界多极化、经济全球化趋势的深入发展和科学技术的日新月异,以科技为先导的综合国力竞争包括文化软实力的竞争日趋激烈。在知识创新、科技创新、产业创新、文化创新不断加速的时代条件下,人才资源已成为最重要的战略资源,综合国力竞争说到底就是人才竞争。在上述时代背景下,中国共产党逐渐树立"人才资源是第一资源"的观念,深刻认识"国以才立,政以才治,业以才兴"的时代意义,加强人才工作,提出人才强国战略。2000年10月,党的十五届五中全会通过《关于制定国民经济和社会发展第十个五年计划的建议》,指出要把培养人才、吸引和用好人才作为一项重大的战略任务切实抓好,努力建设一支高素质的人才队伍。2001年,江泽民在北

---

① 江泽民:《教育必须以提高国民素质为根本宗旨》(1999年6月15日),《江泽民文选》第2卷,人民出版社2006年版,第331、335页。

② 江泽民:《在全党全社会大力弘扬科学精神和创新精神》(2000年6月5日),《江泽民文选》第3卷,人民出版社2006年版,第40页。

戴河会见部分科学家再一次指出："做好人才工作，首先就是要确立人才资源是第一资源的思想。"[①]2002年5月，中共中央办公厅、国务院办公厅印发《2002—2005年全国人才队伍建设纲要》，作为中国第一份综合性的人才队伍建设规划，该文件明确提出实施"人才强国"战略。

四、文化体制改革的突破

20世纪90年代，中共中央逐渐形成了中国特色社会主义文化理论，进而在思想文化领域通过弘扬主旋律和提倡多样化的形式巩固了主导权，并且逐步实现了文化产业和文化事业的分野，以国有大型文化事业单位的改革为标志实现了文化体制改革的突破。

在前一个时期文化体制尝试性调整的基础上，这一时期文化体制改革实现了不小的突破，主要体现在对"文化市场"的认可及对"文化产业"展开的探索性改革上。1993年10月，第一次全国文化市场工作会议在北京召开，有关文化市场的建设和规范化管理问题进入了执政党和政府的政策视野。随后，国务院颁布一系列行政法规、条例，来加强对诸如音像制品、电影、商业演出、娱乐场所等文化领域新生事物的规范和管理。各级政府为适应社会主义文化市场的发展要求，积极探索、总结经验，健全管理体制，加强制度建设，提高管理水平。当然，文化市场的发展仅靠上述法规和条例是无法起步的，尚需文化经济政策的刺激。1991年，国务院批转《文化部关于文化事业若干经济政策意见的报告》，1996年颁布《关于进一步完善文化经济政策的若干规定》，主要在加大各级财政对文化事业投入力度的同时，拓宽文化事业资金的进入渠道，逐步形成适应社会主义市场经济的多元投融资机制。

这一时期对文化体制改革的官方最高意见来自1996年10月党的十四届六中全会通过的《中共中央关于加强社会主义精神文明建设若干重要

---

① 江泽民：《人才资源是第一资源》（2001年8月7日），《江泽民文选》第3卷，人民出版社2006年版，第319页。

问题的决议》。[1]该决议对文化体制改革的总要求、目标、原则等作了集中表述，要求文化体制改革要遵循文化发展的内在规律，要发挥市场机制的积极作用；提出要认清文化产品具有不同于物质产品的特殊属性，要坚持把社会效益放在首位，力求实现社会效益和经济效益的最佳结合；改革要区别情况，分类指导，理顺国家、单位、个人之间的关心，逐步形成国家保证重点、鼓励社会兴办文化事业的发展格局；文化企事业单位要深化改革，加强管理，建立健全既有竞争又有约束的机制。

文化体制改革以认识到文化市场的概念，做好文化市场的创建和管理工作为第一阶段，在整体上要想有所突破，还需要执政党和政府逐步提升到文化产业的理念。1992年，国务院提出加快发展第三产业时，开始启用"文化产业"这一概念。[2]1998年，文化部增设文化产业司，标志着改革年代中国文化产业已经由市场和民间的自发发展进入到政府自觉推动之阶段。2000年，党的十五届五中全会在《关于制定国民经济和社会发展第十个五年计划的建议》中，文化产业首次列入国家发展战略。同年12月，国务院下发《关于支持文化事业发展若干经济政策的通知》，实行对文化部门和文化产业的税收优惠政策，建立了宣传文化发展专项资金，对推动文化体制改革、发展文化事业发挥了重要作用。紧接着，2001年中共中央批转《关于深化新闻出版广播影视业改革的若干意见》，明确了改革要以发展为主题，要以结构调整为主线，要以集团化建设为重点和突破口，着重在宏观管理体制、微观运行机制、政策法律供给、市场环境优化、拓宽开放格局五个方面积极探索。在这一原则的指引下，2001年10月文化部制定了《文化产业发展第十个五年计划纲要》和《文化事业发展第十个五年计划纲要》。官方在理论上廓清了文化事

---

[1]　《中共中央关于加强社会主义精神文明建设若干重要问题的决议》（1996年10月10日），中央文献研究室主编：《十四大以来重要文献选编》（下），人民出版社1996年版，第2044—2069页。

[2]　欧阳雪梅主编：《中华人民共和国文化史（1949—2012）》，当代中国出版社2016年版，第269页。

业和文化产业之区别，同时初步明确了以市场化为导向的文化体制改革路径。

在上述理论和认识的影响下，党和政府开始了文化体制改革具体进程，其大体可分为三步跨越：首先是推进原有国有文化单位的集团化，进行多类型、多层次的转制试点。其次以国有大型文化事业单位改革为标志，文化产业化趋势席卷整个文化领域，先后组建了一批报业集团、出版集团、发行集团、广电集团和电影集团。最后是放开门槛使非公有经济成分进入文化生产领域。

在这一步骤下，出版发行、平面纸媒、电影等行业纷纷试水集团化发展这一改革主题，文化体制改革颇见成效。最先进行集团化改革的是出版业，而出版业又是从发行和印刷这两个环节开始改革。集团为独立核算、自收自支的事业单位，集团是一级法人，集团所属出版社为委托法人。1998年，新闻出版署批准广东省出版集团和上海世纪出版集团作为全国出版改革试点单位，到2002年，全国试点出版集团共有9家。报纸作为平面纸媒的主要成员，也在出版业之后迅速实现了集团化发展。1996年，广州日报报业集团成立，拉开了报业集团建设的序幕，到2002年，全国已组建26家报业集团，这些集团都是以实力较强的党报作为龙头组建而成，提高了素质，转换了机制，增强了实力，提高了竞争力，最终也扩大了传媒的影响力。在集团化过程中，电影业构成一道亮丽的风景线。1993年，由上海电影发现放映公司改制而来的上海永乐股份有限公司成立，成为首家转轨的电影发行公司。1995年，四川省电影公司联合当地部分公司影院，与中国电影公司成立西南影业有限责任公司，成为电影院线集团的雏形。1997年，北京紫禁城影业有限公司由北京电视台、北京市电影公司、北京文化艺术音像出版社共同出资组建，定位为拍摄制作主旋律影片，成为电影制作的集团化先行者。1998年，北京紫禁城三联影视发行公司成立，实现了电影行业联营，也实现了制作、发行、放映"一条龙"的改革。2000年，中国更进一步允许外国企业和其他经济组织或个人在中国境内设立中外合资、合作企业，建设改造影院，从事放映业务。随着文化市场准入的放宽，中国电影的制作、发行、放映全部完成了市场化改造，各类社会资金也纷纷注入电影业，实现了电影行业的井喷式效应。[①]这一时期文化体制改革的特征是文化产业有了前所未有的发展，然而整个文化体制仍带有计划经济特征，在实际操作中，党（政府）与市场的边界仍比较模糊。

第二节　市场经济与文化格局的发展

一、经济转型与知识群体的分化

改革开放以来，知识分子在"尊重知识、尊重人才"的政策引导下，积极发挥专业特长，为社会主义现代化建设贡献智慧和力量。社会主义市场经济的逐步确立，对知识分子的生活和命运产生重要影响。如何应对市场经济浪潮的冲击，怎样调整原来的工作、生活和价值信念，成为每个知识分子面临的新课题。在市场经济的十字路口，知识分子发生剧烈分化。部分知识分子选择进入市场，部分知识分子由于种种原因没有进入市场。知识分子群体在知识结构、发展方向乃至对市场经济的态度上，存有较大的差异。

未进入市场的知识分子主要有两种类型：其一为已经进入国家机关，行使部分国家权力，受到国家法律法规保障的公务型知识分子；其二为掌握知识，从事基础科学文化艺术理论，对市场经济不能构成直接影响的学术型知识分子。

公务型知识分子能够参与市场经济政策的制定，可以享受市国家机关的体制性福利和市场经济带来的一些利益。同时，也存在小部分公

---

① 欧阳雪梅主编：《中华人民共和国文化史（1949—2012）》，当代中国出版社2016年版，第270—272页。

务型知识分子,如在文艺团体、市场化的国有企业和国家机构从业的公务人员,在所在机关进入市场后竞争不善、地位下降,失去了部分既得利益。

学术型知识分子也被称为事业型知识分子,包含在教育、科研、文艺等事业中所掌握知识与市场没有直接关系的务虚工作者,如哲学、文学、历史学等传统人文学科的知识分子。在市场经济的冲击下,他们原有的专业知识和文化创造不容易产生直接的显性的物质性的经济效益。伴随市场经济引起贫富分化的加剧和社会矛盾的加深,这部分知识分子相对于直接从市场经济获益的知识分子来说,职业收入相对不高、生活水平相对下降、社会地位相对降低,在市场经济环境中遭遇边缘化的窘境。

进入市场的知识分子主要有两种类型:一种是所掌握知识和市场经济直接相关,将自身知识运用到市场经济建设中的专业型市场化知识分子;一种是掌握知识和市场没有直接关系,但是为了适应市场而放弃原有知识结构的转变型市场化知识分子。前者往往可以通过既有知识为市场主体出谋划策,同时运用科学的方法选择能够实现自身最大价值的方法。海阔凭鱼跃,天高任鸟飞。市场经济为这部分知识分子提供了发挥专长的空间,如百度创始人李彦宏早年就读于北大信息管理专业,后又专攻计算机专业,运用掌握的知识抓住了网络市场的先机,成为市场经济的弄潮儿。第二种类型的转型有一定成功的几率,但是其舍弃原本知识投身市场盈利的行为,往往会引发社会各界的讨论与争议。同时,这类转型的知识分子并不像专业型知识分子那样和市场经济高度契合,在市场经济的竞争中并无明显的专业优势,所收获的利益不像前者那样明显。

围绕知识分子是否进入市场,以及通过何种方式进入市场,进入市场后能否获利,不仅引发了知识分子的热烈讨论,还深刻影响了中国社会心态。中国社会产生了"一切向钱看"的拜金主义思潮,出现了所谓

"脑体倒挂"的不正常现象,流行一时的"拿手术刀的不如拿菜刀的,搞导弹的不如卖茶叶蛋"的说法就是对这种现象的讽刺。

针对知识分子是否应该"下海",尤其是否应该抛弃和原有知识有关的主业进入市场的问题,社会各界产生相当大的争议。一种观点认为,知识分子从事市场活动是存在风险的,可能意味着社会风气的恶化,因此需要警惕甚至反对知识分子"下海"的行为。1994年,作家韩少功指出,"金钱也能生出一种专制主义,绝不会比政治专制主义宽容和温柔。这种专制主义可以轻而易举地统治舆论和习俗,给不太贫困者强加贫困感,给不太财迷者,强加发财欲,使一切有头脑的人放弃自己的思想去大街上瞎起哄,使一切有尊严的人贱卖自己的人格去摧眉折腰。"[1]一种认可度更高的观点认为,知识分子追求合法经济利益是符合人性的自然行为,民众都有追求更加美好幸福生活的权利,是否经商只是实现这一权利的途径。这种观点为知识分子主动经商或直接转型经商提供了有力论证。

知识分子的发展方向,是困扰大批尝试进入市场或进入市场失败的知识分子的焦点问题。传统意义上的知识分子被视作"知识的传播者""文明的创造者""理念的守门人"和"真理的捍卫者",这种价值观既与市场经济崇尚的实现个人价值、尊重法治规则、树立契约精神相契合,但又与市场经济推崇的重视物质利益、实行等价交换原则存有相悖之处。在市场经济的激烈竞争环境下,知识分子拥有知识并不等于拥有物质财富,知识并不能直接兑换经济利益。没有市场知识储备的学术型知识分子和转职的市场化知识分子往往容易因为市场带来的巨大落差而产生失落感。部分知识分子迫于重重原因无法融入市场环境,所以一方面猛烈批判市场化带来的物欲横流的社会;另一方面又对在市场中取得成功的社会群体充满不甘和嫉妒的复杂情感。社会各界也对知识

---

① 韩少功:《无价之人》,《文学评论》1993年第3期。

分子应该在市场经济中扮演何种角色，产生了不同的看法。由于社会主义市场经济体制尚处在确立过程中，知识经济尚未发育完全，知识分子关于未来发展方向的迷茫一直持续到20世纪末。

党和国家有关部门适应市场经济的发展要求，研究知识分子的新情况新问题，给予知识分子更多政策支持。从1992年到2002年，中共中央、国务院有关部门在深化人事制度改革、科研管理体制改革、促进企业发展、加快人才队伍建设等方面，纷纷出台有关文件。如1992年8月27日，国家科委、国家体改委关于印发《关于分流人才、调整结构、进一步深化科技体制改革的若干意见》的通知，根据科技工作面向经济建设主战场、发展高技术研究及其产业、加强基础性研究三个层次的布局，对科技人员进行人才分流和结构调整；2000年中组部、人事部、科技部印发《关于深化科研事业单位人事制度改革的实施意见》的通知，提出稳住一支精干的从事基础研究、社会公益研究和关系国民经济全局的科技攻关项目研究的科技人员队伍，放开从事技术开发、技术服务的科技人员队伍，逐步减少财政支持的人员规模，为科技人员适应市场经济的发展释放了政策红利。[①]这些政策的出台，促进广大知识分子更好地适应市场经济的转型，为社会主义现代化建设贡献自己的力量。

二、孕育和发展中的商业文化

在中国传统文化中，商业文化因受封建社会"重农抑商""农本商末"思想的影响，在农业文化的夹缝中艰难生存。因此在中国，商业文化具有浓厚的儒家文化风格，长期依附于主流农业文化。商人可通过经商积累财富，但社会地位却不高，故读书学儒成为他们实现社会基层提升的有效方式。由此，成为"儒商"，获得向士转化的机会，成为传统商人的优先选择。红顶儒商胡雪岩、著名皇商山西范氏、广州十三行等与官员

---

① 中共中央组织部知识分子工作办公室编：《知识分子工作手册》，党建读物出版社2003年版，第23—25、35页。

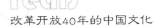

体系、儒家文化结合的典型,成为商人争相学习的模本。重"信"重"义"轻"利"是中国传统商业文化最突出的特点。在儒家文化的影响下,重视人际关系和个人信用,轻视成文规则和社会制度的商业文化传统影响深远。传统商业文化还依托文化符号,以世俗文化的形式表现出来,如宋朝形成的说书、唱本,明清繁盛的小说等。尽管商业文化反映封建社会的商品经济、新兴城市和市民阶层的发展,但因长期受到统治阶级的政策抑制,并未得到充分发育。

改革开放以来,商业文化在以经济建设为中心的政策环境和社会主义市场经济的土壤中孕育发展,主要以企业文化、消费文化的形式展现出来,成为文化发展格局中的新鲜事物。

商业文化首先表现为企业文化的形成与发展。社会主义市场经济体制推动了现代企业的形成和发展,商业文化就是现代企业发展过程中从文化角度对自身的塑造和规范,其中成功的企业文化会进一步影响其他企业。企业文化主要体现在生产层面的效率和质量文化、消费层面的服务和信任文化以及企业管理层面的系统和凝聚力文化。从生产上看,企业积极鼓励各部门提高生产效率和质量,增加产品供给量与企业信誉;从消费上看,企业向员工传授服务知识,处理好生产者和消费者的关系;从公司管理上看,早期的企业开始塑造公司的独特精神,在增加职员团结度的同时,有倾向地向职员传播"忠诚"思想。例如,1995年北京超市发商贸集团提出"加大装修改造投入"的生产思想;"服务耐心""环境舒心"的消费思想和"教育为先、树商德"的企业管理思想。①

商业文化还表现为消费文化的形成和发展。市场经济的发展,为社会提供了日益丰富的商品。人民群众从经济改革中获益,逐渐提高了消费意识,可以从市场中选择自己喜好的消费品,由此促进了流行产品消

---

① 李秀珍:《商业文化在企业的实践与认识》,任徽典主编:《中国商业文化研究会会议论文集》,华东理工大学出版社1995年版,第330—332页。

费和高端奢侈品消费的发展。这种商品消费使得人民群众有更多机会体验新生事物，有更大的欲望和能力追求更美好的生活，进而有利于生活水平的提高和社会需求的增长。但同时，消费文化也可能产生享乐主义、奢靡之风和竞相攀比之风，对社会主义精神文明建设带来不利影响。

社会主义商业文化的孕育和发展，既是中国传统商业文化历史传承和世界经济变革影响的产物，更是发展市场经济的结果。改革开放激活了中国商业文化传统，使它开启了符合时代要求的继承、弘扬和转化。从国际上看，"二战"结束后特别是1980年以来，伴随世界经济变革和企业治理创新，西方经济学界重视企业发展的文化机制，加强了企业文化建设，对国内企业文化的兴起具有推动作用。

正是在这种环境下，全国兴起了商业文化热。1989年，国家商业部部长胡平倡议建立商业文化学，主张发展商业文化，认为它应当成为市场经济大环境下的建设重点和发展动力。1991年10月、1992年4月，胡平在"商业文化与现代营销管理"电视讲座上讲解了《商业文化建设》《商业文化学的基本构想》等专题，较为系统地提出商业文化的概念、内容和作用。此后，胡平还担任中国商业文化研究会会长、中国企业文化研究会理事长，成为推动中国商业文化发展的标志性人物。[1]由中国商业联合会主管、中国商业文化研究会主办的《商业文化》杂志也于1994年创刊，该刊以文化视角透视商业社会，成为研究和宣传中国商业文化的阵地，在传播商业文化信息、展示商业文化模式、提升企业文化品牌形象、推广商业文化市场方面发挥了重要作用。

伴随商业文化的发展，商人如何确立自身与市场和政治的关系，进而构建商业精神，成为时代性的课题。在建立和发展市场经济的条件下，商人群体大量涌现、规模不断壮大，成为引人注目的新兴社会阶层，在一定程度上跻身于影响国家和社会发展的重要力量。改革开放前，商

---

[1]　胡平：《胡平商业文化论集》，中国商业出版社1995年版，第78、91页。

业作为工农业的"保障"，没有独立的产业地位，商人群体作为一个阶层地位也略显尴尬。改革开放以来，"全民经商""百业经营"的浪潮对传统商业即"官商"形成强大冲击，出现了"新商人"概念。这一概念不只是传统意义上国营商业部门的从业人员，而是指全社会具有市场经济意识、并在市场中磨炼成长的各类经商人士。这支人数众多的队伍，主力由五类人员组成：其一是从全民所有制、集体所有制即国营商业中脱颖而出的商人；其二是从农村走出来的农民商人；其三是在改革中走向市场的原工业企业的厂长、经理转变而来的商人；其四是"三资""合资"企业的"洋商"；其五则是在新兴产业（如期货公司、房地产公司、证券交易所等）中从业的商人。此外，还有如个体"倒爷"、"下海"文人等数量不一的各类弄潮儿，他们也丰富了新商人的多元构成。

商人如何处理自己与市场、国家的关系，进而如何构建商业精神的话题，如何看待党员"下海"问题，如何处理党的宗旨与市场经济原则的关系，如何建立党和政府与企业、商人的健康融洽关系等一系列问题都在实践中不断被提出。1994年6月，已转任国务院特区办主任的胡平接受《中国商人》记者采访时表示，搞社会主义市场经济，没有千千万万个新时代商人是不行的，倡导新商人应当理性地追求"大富大红大德"目标，把合法致富、提高社会地位和培养高尚道德统一起来。[1] 尽管企业家概念在随后逐渐取代了新商人概念，但构建何种政商关系依然是党和企业面临的共同课题。

伴随商业文化的发展，政府还面临如何监管商业文化等问题。政府部门既要鼓励商业文化发展，又要制定法律法规来实现充分引导和监管，从而使商业文化能健康平稳发展，2000年5月深圳市发布《关于印发华强北商业街区管理暂行规定的通知》，将商业文化与环境卫生、公共设施、社会治安、市场秩序、市政规划、质量技术监督、消防安全、交通、

---

[1]　胡平：《胡平商业文化论集》，中国商业出版社1995年版，第354—360页。

环境保护和租赁经营列为同样需要实施综合监督、管理和服务的重要问题。2001年3月北京市发布《关于进一步扩大对外开放提高利用外资质量和水平的意见》，明确表示要将营造良好的商业文化氛围与依法保护知识产权，加大打假工作力度联系在一起。随着市场经济体制的完善，各级政府进一步加强了对商业文化的监管。

三、崭露头角的文化产业

"文化产业"概念出现于20世纪80年代初，最终定型于90年代中期。其最早源头，可追溯至80年代出现的"第三产业"概念，在当时的产业统计信息中，文化作为第三产业的一个组成部分被列入国民生产总值的统计类别中。1992年，中共中央、国务院发布《关于加快第三产业的决定》，在文件中把"文化卫生事业"作为加快发展的重点之一。而实际上在同一年，文化部已经明确提出了"文化产业"这一概念。[1]1997年10月《人民日报》刊登了一篇题为《寻找最佳效益——无锡市文化产业扫描》的文章，这是党中央机关报上首次出现"文化产业"提法。[2]1998年国务院机构改革与调整中，文化部增设"文化产业司"，这一重大举措表明文化产业已得到党和国家正式认可，也标志着文化产业从崭露头角进入迅速发展阶段。[3]2000年党的十五届五中全会关于"十五"计划的建议中，首次在中央正式文件中提出了"文化产业"概念，并指出要完善文化产业政策，较矮墙文化市场建设和管理，推动有关文化产业发展。2001年，这一建议为第九届全国人大四次会议所采纳，有关内容被纳入国家"十五"计划。

---

① 参见罗干主编：《重大战略决策——加强发展第三产业》，中国政法大学出版社1992年版。

② 易凯：《寻找最佳效益——无锡市文化产业扫描》，《人民日报》1997年10月18日。

③ 韩永进：《中国文化体制改革35年历史叙事与理论反思》，人民出版社2014年版，第34—35页。

在党和政府逐渐清晰的理论和政策脉络下,文化产业在20世纪90年代逐渐起步,而这一发展也是伴随着人们对知识经济逐渐明确的认知而来。先行一步的商业精英从知识经济入手找到了新的增长点,而敢于摆脱旧体制的传统知识分子也开始在知识经济的大潮中初尝甜头。而在知识经济这一大范畴中,真正的主导力量仍是曾经受计划经济体制约束、经改制后焕发出市场活力的原各类文化事业单位。这一时期文化产业的兴起和发展离不开文化基础设施的极大改善,这也是国家经济实力增强的重要结果;在"弘扬主旋律、提倡多样化"方针之下,文化产业被认可,文化生产力得到极大解放,从而使得文学艺术产品变得极大丰富;与之相应,文化市场框架体系也初步兴成。

文化领域面向市场进行改革,在保证产品艺术性前提下,其市场营销意识明显增强。到2001年,全国艺术表演团体共创作推出2.3万余台新剧节目,其中一批剧目演出超百场,甚至千场。文化部门所属艺术表演团体平均每年演出42万场,平均每团每年演出160场次。5年中观众人数达24亿人次,演出收入逐年增加,2001年达5.74亿元,比1996年增长了1.76亿元,演出产生了较高的经济效益和文化效益。截至2001年年底,文化部门主管的文化娱乐业、音像出版业、演出经纪与代理、艺术品经营等门类的单位已经超过22万多个,其从业人员已超过92万多人,固定资产原价468亿元,年上缴各项税金20多亿元,增加值118多亿元。[①]

文化产业的发展壮大离不开统一、开放、有序的文化市场。为了破除长期以来中国文化市场存在的弊端,促进文化资源和要素的自由流动和优化组合,各级政府在对民营和外资开放市场准入门槛的同时,积极推动文化市场改革,着力发展连锁、物流等新型文化流通组织业态。以新闻出版业为例,全国各省、自治区、直辖市的新华书店在这一时期已基本完成组建企业集团和转企改制工作。许多省级新华书店实现了省内或

---

① 孙家正:《牢牢把握中国先进文化的前进方向——党的十五大以来我国文化建设的伟大成就》,《求是》2002年第21期。

跨省市连锁经营。文化部、国家新闻出版总署、国家广电总局等主管部门与地方政府合作，先后创办深圳国际文化产业交易博览会、北京国际文化创意产业交易博览会，东北、中部、西部三个区域性的文化产业博览会，形成集文化产品交易博览、论坛、版权交易和投融资于一体的大型文化产品流通和要素配置的平台。上海国际电影节、杭州国际动漫节、广州国际音像博览会、成都广播影视博览会等大型专业化的文化产品交易平台也各具特色。它们对于发展和完善中国文化市场，促进文化产业发展起到了积极作用。

除了转制后国有文化产业的发展，社会力量所办的文化产业发展更快。1990年，非国有单位所办的文化产业在总量上远远小于国有单位，然而到了1998年，非国有单位所办文化产业机构凭借资金、机制、人才等优势，取得骄人的业绩，产业机构数量已是国有单位所办数量的2.7倍，从业人员为1.5倍，所创增加值为1.5倍。中国文化产业增加值也由1998年的207.62亿元发展到了2002年的250亿元，实现了20.41%的增长率。在北京，"民营国营同台竞争"，甚至成为一大新景观，其中一个典型案例，是1993年由民营企业家钱程与中央乐团签约，出资45万元承包了北京音乐厅。承包方除保证中国交响乐团演出场地以外，主要以出租场地、承办国内外演出为经营方向。自承包以来，音乐厅大胆探索演出市场规律，其改革成效大致可归纳为三方面：规范秩序，增加演出，收齐场租；广泛吸收社会投资；投资创新性剧目。2000年年初，北京市与钱程签约，同意他以自然人的身份，承包由政府投资上亿元刚改建完毕的北京标志性文化建筑——中山公园音乐堂。一位民营企业家使国营音乐厅职能"复位"显示了民营资本在激活文化市场和发展文化产业方面的独特功能、地位和作用。据统计，2001年，北京地区全年共有音乐演出3000场，其中仅北京音乐厅和中山公园音乐堂的演出场次就达700场。[1]

---

[1]　陈立旭：《当代中国文化产业发展历程审视》，《中共宁波市委党校学报》2003年第3期。

此外,中国作为第一人口的大国,中国广阔的文化市场也吸引了大型跨国传媒公司进入中国市场。德国贝塔斯曼集团在1995年通过读者俱乐部形式,将市场扩张到了中国出版业。2001年,美国在线时代华纳进入珠三角地区。① 这都是这一时期文化产业发展的成绩。

第三节　文化事业的成就

一、文艺领域的新创作

基于对历史经验与教训的反思,在重申"双百"方针和"二为"方向的前提下,中共中央对文艺的多层次性和多样性有了更清晰的认识和阐述。1992年9月,《中共中央关于加强和改进宣传思想工作,更好地为经济建设和改革开放服务的意见》发布,该意见指出:"由于'左'的思想影响,长期以来,在对文艺功能、文艺目的和文艺标准的认识上,存在着片面性。文艺有娱乐、审美、认识、教育等多方面的作用。我们应当十分重视和努力发挥文艺的思想教育作用,同时要充分发挥文艺的认识、审美、娱乐作用。我们要提倡多创作政治思想上有益、群众喜闻乐见的作品,也不反对政治思想上无害、艺术上较好、群众喜闻乐见的作品。"② 基于这一认识,弘扬主旋律、提倡多样化的方针便被概括出来。从吸取市场经济大潮涌起后文艺工作的经验教训出发,1996年党的十四届六中全会通过的关于精神文明建设的决议有针对性地指出,对文艺工作"既要防止横加干涉,又要防止疏于引导。要尊重文艺创作的规律,努力形成生动活泼、团结向上的良好氛围,使文艺工作者的创造

---

① 欧阳雪梅主编:《中华人民共和国文化史(1949—2012)》,当代中国出版社2016年版,第296—297页。

② 《中共中央关于加强和改进宣传思想工作,更好地为经济建设和改革开放服务的意见》(1992年9月3日),中共中央文献研究室编:《十三大以来重要文献选编》(下),中央文献出版社1993年版,第2180页。

精神得以充分发挥，艺术风格和艺术形式得以自由发展。要积极开展健康的文艺评论，发挥文艺评论的正确引导作用。那种淡漠'二为'方向、远离群众实践的倾向，那种迎合低级趣味、'一切向钱看'的倾向，那种鄙薄革命文艺传统、推崇腐朽文艺思潮的倾向，都是错误的，应该坚决反对。"①

总体而言，20世纪90年代的文学艺术创作和生产进入了一个高峰期。单就2002年一年来计算，中国就生产影片100部，科教纪录美术片69部，出版全国性和省级报纸230亿份，各类期刊9002种，出版图书178880册。这一时期，尤其在文学作品上，每年发表诗歌5万首，中篇小说5000篇，长篇小说1000部，散文作品不计其数，刊登在全国600多种文艺刊物上，电视剧制作年拍摄量达到1万集之多。②

具体而言，文学作品形式风格日益多样，满足了人民群众多样化的需求，体现了鲜明的时代特征和浓厚的生活气息。一大批现实主义作品涌现，王安忆的《长恨歌》、贾平凹的《废都》、陈忠实的《白鹿原》、张平的《抉择》等耳熟能详的作品，都是现实主义的代表作。1998年随着网络小说《第一次亲密接触》的诞生，互联网文学开始成为新兴事物并迅速走红。

电影在这一时期也体现了主创者更为丰富和突出的探索，逐渐进入主旋律片、艺术片、娱乐片三分天下的局面。"主旋律片"首先体现为中国共产党领导下重大历史事件的再现。1991年纪念中国共产党建党70周年、1995年纪念世界反法西斯战争胜利50周年、1999年纪念中华人民共和国成立50周年形成了三个高潮，八一电影制片厂先后推出的《大决战》《大转折》《大进军》（8部16集），李前宽、肖桂云执导的《开国大典》

---

① 《中共中央关于加强社会主义精神文明建设若干重要问题的决议》，中共中央文献研究室编：《十四大以来重要文献选编》（下），人民出版社1999年版，第2044—2069页。

② 张炯：《新中国文学五十五年的成就和前瞻》，《文艺报》2004年9月30日。

《重庆谈判》，丁荫楠的《周恩来》，吴子牛的《国歌》，陈国星的《横空出世》等是这类作品的代表。"主旋律片"加强了人们对中国革命道路、社会主义建设道路以及改革开放道路的信念。以爱国主义为主题的历史题材电影也是"主旋律片"的重要组成部分。如历史人物题材《孙中山》《一代天骄成吉思汗》《刘天华》，及历史事件题材《鸦片战争》《我的1919》等。

"主旋律片"的另一个重要现象是拍摄了大量以当代共产党干部典范为题材的影片，这些影片大多以各种"英雄""模范"人物为原型，如《孔繁森》《离开雷锋的日子》《中国月亮》《军嫂》等，它们大多延续了影片《焦裕禄》将政治伦理化的泛情策略，不再把主人公塑造为一个全知全能的英雄，也没有赋予它超凡脱俗的智勇，过去那种顶天立地、叱咤风云的形象被平凡化、平民化了，这些人物自身的主动性和力量都受到超越于他们个人之上的力量的支配，主人公不得不用自我牺牲、殉道来影响叙事结构中对立力量，通过感化来争取叙事中矛盾各方和叙事外观众的理解和支持。

20世纪90年代中国电影中，真正具有娱乐消费价值的影片并不多，而冯小刚导演的喜剧贺岁片则是为数不多的具有市场号召力的国产片。从《甲方乙方》开始，冯小刚陆续导演了《不见不散》《没完没了》《一声叹息》等作品，这些影片当年度几乎都是国产影片的市场主角，票房收入甚至超过了大多数当年引进的国外影片。冯小刚影片的商业策略是本土化，这不仅体现为其针对春节而定位为贺岁片，而且也包括它所采用传统喜剧形态。贺岁片的商业成功似乎提供了一种启示：喜剧电影可能是最本土的电影，笑不仅有鲜明的民族性而且有鲜明的时代性。尽管冯小刚电影那种明显的媚俗倾向和露骨的商业诉求以及八面玲珑的市侩风格，受到了不少精英批评者的排斥，但应该承认，这些影片几乎是唯一能够抗衡进口电影的中国品牌，为处在特殊国情中的中国电影商业化探索了一条出路。

二、哲学社会科学的发展

加强哲学社会科学研究，繁荣哲学社会科学，是中国共产党加强文化建设的一项重要举措。1992年9月，《中共中央关于加强和改进宣传思想工作，更好地为经济建设和改革开放服务的意见》的第五项内容即"面向实际，加强社会科学理论研究"。"意见"指出："当今世界所有重大问题和复杂问题，都与哲学社会科学有着直接或间接联系。要重视和加强社会科学研究，使之活跃起来、繁荣起来，为经济建设和改革开放提供精神动力、智力支持和思想保证，为党和国家进行经济与社会发展的重大决策提供科学依据。"[1]该意见强调哲学社会科学要面向中国改革开放的实际，研究新情况、新问题。同时，要加强对当代资本主义以及西方各种理论和思潮的研究。

1996年，中共中央制定了关于精神文明建设的决议，其中第17条内容专门针对哲学社会科学，要求哲学社会科学"把改革开放和现代化建设的重大理论和实践问题的研究作为主攻方向，积极探索有中国特色社会主义经济、政治、文化的发展规律。要重视基础理论研究，加强重点学科建设。对当代世界的新变化和各种思潮，要注意研究，科学分析，正确认识。认真做好哲学社会科学研究的规划工作，对重大课题要组织力量攻关，多出有价值的研究成果。"[2]

2001年8月7日，江泽民在北戴河同部分国防科技专家和社会科学专家座谈时提出了四个"同样重要"，他说："哲学社会科学的研究能力和成果，也是综合国力的重要组成部分。在认识和改造世界的过程中，哲学社会科学与自然科学同样重要；培养高水平的哲学社会科学家，与

---

[1] 《中共中央关于加强和改进宣传思想工作，更好地为经济建设和改革开放服务的意见》（1992年9月3日），中共中央文献研究室编：《十三大以来重要文献选编》（下），中央文献出版社1993年版，第2176页。

[2] 《关于加强社会主义精神文明建设若干重要问题的决议》，中共中央文献研究室编：《十四大以来重要文献选编》（下），人民出版社1999年版，第153—166页。

培养高水平的自然科学家同样重要；提高全民族的哲学社会科学素质，与提高全民族的自然科学素质同样重要；任用好哲学社会科学人才并充分发挥他们的作用，与任用好自然科学人才并发挥他们的作用同样重要。"①

2002年4月28日，江泽民考察中国人民大学，提出五个"高度重视"，即高度重视哲学社会科学在治党治国和建设有中国特色社会主义事业中的巨大作用，高度重视哲学社会科学领域高等教育的改革和发展，高度重视改善哲学社会科学研究和人才培养的条件，高度重视哲学社会科学研究领域重大课题的攻关，高度重视为哲学社会科学发展作出杰出贡献的学者的成就和作用。同年7月16日，在中国社会科学院建院20周年座谈会上，江泽民发表讲话集中阐述了"必须高度重视哲学社会科学的发展"。讲话指出：哲学社会科学是社会主义精神文明的重要组成部分，对于全面提高公民的思想道德素质和科学文化素质不可或缺。"在改革开放和现代化建设的进程中，我们会遇到各种新的重大课题，需要哲学社会科学来研究和回答"，因此，"要努力使我国哲学社会科学的发展，成为我们正确认识世界和改造世界，推动理论创新和先进文化发展，促进党和国家决策的科学化、民主化，推进改革开放和现代化建设的重要力量。我国哲学社会科学界要努力担负起认识世界、传承文明、创新理论、咨政育人、服务社会的职责。"他还强调，建设有中国特色社会主义这项前无古人的伟大事业，要求我们必须建设一支强大的哲学社会科学队伍，中央也需要掌握一支从事哲学社会科学研究的专门队伍。②对哲学社会科学的地位和作用、对哲学社会科学的研究和建设给予如此高度关注、专门阐述和评价，在中国共产党历史上是空前的。

---

① 江泽民：《人才资源是第一资源》（2001年8月7日），《江泽民文选》第3卷，人民出版社2006年版，第319—321页。

② 孙承斌：《江泽民主席在考察中国社会科学院时发表重要讲话》，《人民日报》2002年7月17日。

发展和繁荣哲学社会科学，需要造就一批用马克思主义武装起来的，立足中国，面向世界，学贯中西的思想家和理论家，需要造就一批理论功底扎实，勇于开拓创新的学科带头人；需要造就一批年富力强，政治和业务素质良好，锐意进取的青年理论骨干。20世纪90年代，中国的哲学社会科学创新和人才培养的环境，尤其是在政策、管理体制、资金投入上有切实的改善。2001年，中国专业从事哲学社会科学研究的建构有2099个，其中，有人文社会科学系科的大学615所，附设研究机构1754个；各省和中心城市的社会科学院47个，国家和地方政府的研究机构298个，研究人员超过3万多人，从事教学并参与科研工作的人员达20多万。仅以中国社会科学院为例，从1978年改革开放到2002年党的十六大召开前，对外学术交流总量达39366人次。[①]

三、教育事业的新发展

20世纪90年代，教育改革和发展的主要内容和成果主要体现在全面推进素质教育、大力加强基础教育、增强高等教育综合实力、均衡发展现代化建设需要的职业教育等方面。

（一）素质教育质量有了新的进展

20世纪90年代，素质教育逐步进入国家推进、重点突破、全面展开的新阶段。各级党委政府和学校全面贯彻党的教育方针，坚持育人为本、德育为先，把立德树人作为教育系统的根本任务，努力把社会主义核心价值体系融入国民教育全过程，中小学德育工作和高等学校思想政治工作取得了实效。全国新一轮基础教育课程改革有了突破性进展。中考改革逐步推广初中毕业学业考试与综合素质评价相结合、将优质高中大部分招生指标均衡分配到初中等办法。高考改革稳步推进，在高水平大

---

① 孙承斌、王雷鸣、邬焕庆：《为民族复兴提供精神动力——党的三代领导集体关心、支持哲学社会科学事业纪实》，《人民日报》2002年10月16日。

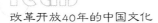
学开展自主选拔录取，部分省市进行高职院校单独招生考试和高考自主命题，高中新课程改革试点省市实行高考综合改革。学校体育工作继续加强，"全国亿万青少年学生阳光体育运动"广泛开展，学校美育、劳动观念教育等得到进一步重视，农村学校的基础设施和卫生条件得到改善，健康教育及心理健康教育进一步加强，在此基础上学生得以全面健康成长。

（二）义务教育改革取得了阶段性成就

"两基"目标得以实现并巩固。①在全国如期实现"两基"规划目标的基础上，实现"两基"的地区人口覆盖率比上年又有提高。截至2001年底，实现"两基"验收的县（市、区）总数达到2573个（含其他县级行政区划单位164个），比上年增加32个县（市、区）；1个省已按要求实现"两基"。

由于学校布局调整和学龄人口的逐渐减少，小学校数、招生数及在校生数继续减少，但小学适龄儿童入学率和男女入学性别差与上年基本持平。2001年全国共有小学48.13万所，比上年减6.23万所；招生1944.21万人，比上年减少2.26万人；在校生12543.47万人，比上年减少469.78万人；小学适龄儿童入学率达到99.05%，其中男女童的入学率分别是99.08%和99.01%，小学适龄儿童入学率和男女入学性别差与上年基本持平。小学生辍学率0.27%，比上年下降0.28个百分点。小学五年巩固率为95.30%，其中女童五年巩固率为95.05%，分别比上年提高0.76和0.57个百分点。小学毕业生升学率为95.45%，比上年提高了0.56个百分点。

小学教师学历合格率继续提高。截至2001年年底，全国小学教职工637.97万人，比上年减少7.52万人。其中专任教师579.77万人，比上年减少6.26万人。小学专任教师学历合格率96.81%，与上年基本持平，小学

---

① "两基"是教育部提出的实现西部地区基本普及九年义务教育、基本扫除青壮年文盲目标的简称。

的生师比为21.64∶1，比上年的22.21∶1有所降低。

由于学校布局结构调整，初中校数略有减少，但随着学龄人口高峰段上移，在校生数有所增加，辍学率降低。截至2001年年底，全国共有初中学校6.66万所，比上年增加0.27万所。招生2287.85万人，与上年基本持平；在校生6514.38万人，比上年增加258.09万人；毕业生1731.5万人，比上年增加98.05万人。初中阶段毛入学率88.7%，比上年增加0.1个百分点。初中辍学率3.12%，比上年下降0.09个百分点。初中毕业生升学率52.9%，比上年提高1.73个百分点。截至2001年年底，全国初中专任教师338.57万人，比上年增加9.88万人。初中教师学历合格率88.72%，比上年增长1.72个百分点。生师比19.24∶1，比上年的19.03∶1有所提高。[①]

（三）职业教育改革有了新突破

职业教育体系逐步完善。中国已形成高等职业教育、中等职业教育和初等职业教育三级职业教育体系。从经济社会发展来看，发展高职教育对于走新型工业化道路，推进产业结构调整和经济增长方式转变，加快发展制造业和现代服务业，建设社会主义新农村，促进就业再就业，做出了应有贡献。

职业培训成绩斐然。截至2001年年底，全国高等学校举办的各类成人非学历教育结业生达257.69万人次，比上年增加5.57万人次。全国成人技术培训学校50.79万所，比上年增加2.23万所。其中职工技术培训学校1.15万所，比上年增加0.09万所；农民技术培训学校49.64万所，比上年增加2.15万所。成人技术培训学校共培训结业9270.44万人次。其中培训结业职工538.13万人次，培训结业农民8732.31万人次。

截至2001年年底，成人技术培训学校教职工48.50万人，比上年减少0.9万人，其中职工技术培训学校教职工7.15万人，农民技术培训学校教

---

① 上述数据均参见《2001年全国教育事业发展事业统计公报》，中华人民共和国教育部官网，http://www.moe.gov.cn/s78/A03/ghs_left/s182/moe_633/tnull_844.htm（访问日期：2018年4月）。

职工41.35万人。成人技术培训学校专任教师17.47万人，比上年减少1.86万人，其中职工技术培训学校4.05万人，农民技术培训学校13.42万人。

各类成人技术培训规模较大，但其质量和水平还需进一步提高。成人初等学校4.96万所；招生243.4万人，增加3.65万人；毕业生227.86万人，减少18.58万人；在校生221.21万人，减少11.04万人。教职工5.12万人，减少0.08万人，其中专任教师1.81万人，增加0.03万人。[①]

（四）高等教育改革的成就卓著

高等教育大众化，为社会经济发展提供了有力的人才支持与知识贡献。1978年中国高考录取比例仅为5%，到1999年国家开始实施高等教育扩招，招生152万人，2000年220万人，2001年260万人，2002年321万人。2002年，高等教育毛入学率由1988年的8%增长到14%，接近国际公认的高等教育大众阶段水平；在校生1600万人，是1997年的2.3倍；全国研究生教育招生20.26万人，比上一年增长3.74万人。[②]

高等教育体制改革成果显著，形成了多种层次、多种样式、学科门类齐全的办学体系。国家有力支持和实施了"985工程""211工程"等一系列计划，在高校中集聚了一大批高层次人才，取得了丰硕的科研成果，形成了一批具有国际先进水平的学科，缩小了与世界一流大学的学科差距。

高等教育集聚了数量巨大的优良教育资源，校园面貌焕然一新。高等教育财政性投入明显增长。400余所高校多数改为中央和地方共建、以地方为主管理，一些需由国家管理的学校由行业主管部门划归教育部门管理；一些高校合并组建；各地广泛开展合作办学，实现了教育资源

---

① 上述数据均参见《2001年全国教育事业发展事业统计公报》，中华人民共和国教育部官网，http://www.moe.gov.cn/s78/A03/ghs_left/s182/moe_633/tnull_844.htm（访问日期：2018年4月）。

② 欧阳雪梅主编：《中华人民共和国文化史（1949—2012）》，当代中国出版社2016年版，第286—287页。

的优化配置和优势互补。高等学校贫困家庭学生受到关注。全面实施教学质量与教学改革工程，高等教育教学改革不断深化。走"产、学、研"结合发展之路，高等教育更加适应经济社会发展的需要，加强重点学科和高水平大学建设，提升了我国高等教育的国际竞争力。[①]

四、新闻传媒的改革与发展

中国的新闻事业在20世纪90年代经历了与经济社会发展相适应的改革并取得了长足的发展。一方面加强和完善党对意识形态和舆论导向的领导和引导；另一方面新闻传媒业沿着法制化、集团化的方向进行改革，取得了相当大的成效。

党对意识形态和舆论导向的引导逐渐理顺和加强。1990年3月，针对七届人大三次会议和七届政协三次会议的宣传报道，中共中央提出要贯彻"民主、求实、团结、鼓劲"的原则。1992年1月，李瑞环在全国宣传部长会议上发表讲话，提出"团结、稳定、鼓劲"，以正面宣传为主，是宣传思想工作必须长期坚持的方针。1994年1月，江泽民《在全国宣传思想工作会议上的讲话》提出："舆论导向正确，人心凝聚，精神振奋；舆论导向失误，后果严重。"[②]1996年1月，在全国宣传部长会议上，江泽民专门阐述了"以正确的舆论引导人"的问题，强调："坚持正确的舆论导向，首先要把握好报刊、通讯社、广播电台、电视台、出版社的宣传方向，把这些阵地牢牢地掌握在我们党手里，掌握在马克思主义者手里。"同年9月26日，在视察人民日报社的讲话中，江泽民再次强调了舆论导向问题，"要把新闻舆论的领导权牢牢掌握在忠于马克思主义、忠于党、忠于人民的人手里；新闻舆论单位一定要把坚定正确的政治方向放在一切工作

---

① 李怀宇：《我国高等教育质量保障研究：现状、问题与新趋势》，《高教发展与评估》，2006年第5期。

② 江泽民：《在全国宣传思想工作会议上的讲话》（1994年1月24日），中共中央文献研究室编：《十四大以来重要文献选编》（上），人民出版社1996年版，第653页。

的首位，坚持正确的舆论导向；新闻舆论工作要紧紧围绕经济建设这个中心，服从和服务于全党全国工作的大局。这在任何时候都不能模糊、不能动摇。""报社的同志要有大局意识，全局观念，坚持政治家办报"，"登什么，不登什么，怎样登，都要从全局出发，从党和人民的整体利益出发。"①因此，在90年代，无论是重大事件还是日常新闻报道，媒体以正面宣传为主，以团结、稳定、鼓劲为原则均得到贯彻落实。

20世纪90年代新闻媒体自身的改革首先体现在法制化的尝试上。中国大众传播法制化尚处在初级阶段，仅仅建立了一些有关大众传播的规则条款，未能涵盖立法的整个精神层面。比如，1990年实施《报纸管理暂行规定》，建立了"批准登记制""部门主管制""禁载条款和追惩制""审读制"等原则；1995年，开始实施《广播电视管理条例》；1997年，国务院发布《出版管理条例》，规范了出版活动和新闻传播活动的行政管理；1998年9月，中国最高人民法院公布了《关于审理名誉权案件若干问题的解释》，进一步明确了人民法院对涉及新闻媒介和出版机构名誉权案件的审理规范等。这些条例和规则虽然具有一定效力，但这种建立在行业范围内的条例并不能作为一个现代化国家有关新闻传播的秩序模式。于是1998年3月8日，九届人大一次会议上，人大代表提案呼吁尽快制定《新闻法》。

新闻媒体发展的另一重要特点就是报业集团化集约化趋势的出现。1996年，中国组建了第一家报业集团——广州日报报业集团。1998年，先后又有5家报业集团成立，分别为南方日报报业集团、羊城晚报报业集团、文汇新民联合报业集团、经济日报报业集团和光明日报报业集团。截至2000年，全国已成立9家报业集团。媒介集约化的产生，是因为市场经济的大背景和媒介的自身发展互为促动。它具体表现在

① 《1996年9月26日　江泽民总书记视察人民日报社》，人民网，http://cpc.people.com.cn/GB/64162/64165/70293/70319/4857095.html（访问日期：2018年1月9日）。

以下几点。

其一，报业出现了跨行业的联合。20世纪80年代媒介广告的发展，使大批新闻媒介拥有经济实力，实现了媒介的产业化。在此基础上，以报纸为龙头、多种经营为实体的媒介管理形式，使某些媒介开始了跨行业联合，从而形成更大的竞争力，应付激烈的市场竞争。

其二，同行业开始大联合。由于我国长期以党报为主体，新闻改革促使人们关注党报功能的延伸。于是，多功能报纸依附主报产生，形成了同行业的集中和兼并。如广州日报报业集团，适应受众市场开办或兼并了其他报刊，分别有《足球报》《广州文摘报》《广州英文早报》《岭南少年报》《现代育儿报》《老人报》《广州商报》《交通旅游报》《广州日报电子版》《新现代画报》，实行了同行业报纸的联合。这些子报无论在报纸风格还是在机制上都较为灵活，更加适应市场。

其三，报业联合走向跨地区的兼并。市场经济讲求的就是流通，其中信息流通是关键。新闻改革打破了新闻媒介传统的条块设置的格局，新闻成为流通的商品，报纸可以跨地区发行销售。比如，《广州日报》已经成为一张面向珠江三角洲的报纸，它属下的《足球报》已经面向全国，发行几百万份。虽然，在90年代报业集团不允许进行跨地区兼并，但这对21世纪的报业来说可能是个发展的趋势。①

---

① 李良荣：《当前中国新闻改革的基本特点——纪念新闻改革25周年》，《现代传播》2004年第5期。

第四章

社会主义文化强国的建设

（2002～2012）

　　从2002年党的十六大召开到2012年党的十八大召开前，改革开放从
广度和深度都更进一步，各项指标都迈向更高水准。社会主义市场经济
体制得到确立和完善，中国也逐渐从文化大国向文化强国转变，中国共
产党更加强调中国特色社会主义文化的建设，文化体制改革进一步深
化。这一时期，随着国际环境的相对宽松和国内经济建设社会发展迈向
新台阶，中国的文化建设和各项文化成就也都更加成果卓著。

第一节　党的文化建设的加强

一、文化发展战略规划与顶层设计

　　当今世界，文化与经济、政治相互交融，在综合国力竞争中的地位
与作用十分凸显。进入新世纪，中国共产党明确提出了兴起社会主义文
化建设新高潮、推动社会主义文化大发展大繁荣，提高国家文化软实力
的战略任务。2011年7月1日，胡锦涛在庆祝中国共产党成立90周年纪念
大会上的讲话再次提出，面对当今文化越来越成为综合国力竞争重要因
素的新形势，我们必须以高度的文化自觉和文化自信，着眼于提高民族
素质和塑造高尚人格，不断开创全民族文化创造活力持续迸发、社会文

化生活更加丰富多彩、人民基本文化权益得到更好保障、人民思想道德素质和科学文化素质全面提高的新局面，建设中华民族共有精神家园。一个文化强国除了立足于本国，具有高度的文化自觉与自信，具备高文明素质的国民之外，除了拥有覆盖全社会的城乡一体化的完善的公共文化服务体系，强大的文化产业以及科学的文化管理体制与机制，以保障公民的基本文化权益和丰富多彩的精神文化需求之满足外，还需要基于自身的文化软实力，实施"走出去"战略，增强国际影响力，为人类文明做出更大的贡献。

2002年党的十六大召开后，中央高度重视文化建设与发展，先后颁布了一系列文件，其中包括2004年1月《关于进一步繁荣发展哲学社会科学的意见》，2005年12月《关于深化文化体制改革的若干意见》，2006年9月《国家"十一五"时期文化发展规划纲要》，2009年8月《文化产业振兴规划》，2011年10月《关于深化文化体制改革、推动社会主义文化大发展大繁荣若干重大问题的决定》，2012年2月《国家"十二五"时期文化改革发展规划纲要》等。文件颁行密度空前，体现出十六大之后中央领导集体对繁荣和发展社会主义文化、构建社会主义文化强国的高度重视。更为重要的是，中共中央在实践中不断深化对文化发展规律的认识，形成了新的文化发展理念和发展战略。

十七届六中全会通过的《关于深化文化体制改革、推动社会主义文化大发展大繁荣若干重大问题的决定》，更是从顶层设计的高度阐述了中国特色社会主义文化发展道路，确立建设社会主义文化强国的战略目标，为文化改革发展的道路和目标指明了方向。

新世纪以来中国文化改革发展的顶层设计明显增强，文化发展思路逐渐明确。在发展思路上，中央提出要一手抓公益性文化事业，一手抓经营性文化产业；一手努力构建覆盖城乡、惠及全民的公共文化服务体系，一手壮大发展文化产业、繁荣社会主义文化市场；一手抓繁荣，一手抓管理，推动文化全面协调健康发展。在发展方向和战略上，中央要

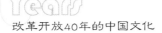

求要提升国家文化软实力,提高全民族的思想道德素质和科学文化素质,促进人的全面发展,实施文化"走出去"战略,增强中华文化的国际影响力。

文化体制改革的重点是理顺党(政府)和文化企事业单位的关系,推动政府文化行政管理职能的转变。正是因为有了这样一种顶层设计,文化发展改革的思路变得明确,公益性和经营性双轮驱动,引进来和走出去双翼齐飞。鉴于在之前的时期中国更多采取是"引进来"策略来促进文化发展,本部分将着重分析这一时期着重强调的"走出去"战略。①

2005年12月《关于深化文化体制改革的若干意见》中提出了"走出去"的设想。党的十七大报告明确要求要加强对外文化交流,增强中华文化国际影响力。2008年1月,李长春在全国宣传思想工作会议上提出了构建"大外宣格局"。2011年7月1日,胡锦涛在庆祝中国共产党成立90周年纪念大会上发表讲话中提出:"要着眼于推动中华文化走向世界,形成与我国国际地位相对称的文化软实力,提高中华文化国际影响力。"②2011年10月,党的十七届六中全会通过的决定设专节阐述推动中华文化走向世界的问题。

文化"走出去"战略的内容和特点主要体现在以下三点。首先在于目的明确性,即要增强中华文化在世界上的感召力和影响力,增强国际话语权,增进国际社会对中国基本国情、价值观念、发展道路、内外政策的了解和认识,展现中国文明、民主、开放、进步的形象。

其次在于方法和渠道的多样性,即在继续推动政府主导的文化交流的同时,积极探索市场化和产业化的运作方式,着力打造一批具有国际竞争力的外向型文化企业,打造具有国际影响力的国际文化交易平台,

---

① 欧阳雪梅主编:《中华人民共和国文化史(1949—2012)》,当代中国出版社2016年版,第322—325页。

② 胡锦涛:《在庆祝中国共产党成立90周年大会上的讲话》(2011年7月1日),《胡锦涛文选》第3卷,人民出版社2016年版,第521—544页。

以企业为主体，以市场化运作为主要方式推动中国文化产品和服务出口，扩大中国文化产品在国际市场上的影响。

再次在于外宣工作格局的整体性，即整合各方面资源，在统一领导、统筹规划、协调一致、各负其责的机制下，把外宣工作同其他外事工作紧密结合起来，充分发挥各部门作用，形成外宣合力。其中最为重要的是要推进对外媒体建设，建立健全多媒体、跨平台、广覆盖的对外传播媒介网络，扩大主流媒体在境外的覆盖面。

2012年2月公布的《国家"十二五"时期文化发展纲要》从三个方面规划了"加强对外文化交流与合作"：一是加强对外文化交流。充分利用多边和双边机制，开展国家文化年等品牌活动，推广中华春节文化等文化交流新品牌。实施对外文化合作及援助，扶持和加强边疆地区与周边国家和区域的文化交流与合作。加快推进海外中国文化中心和孔子学院建设，形成展示、体验并举的综合平台。二是要推动文化产品和服务出口。实施文化走出去工程，培育一批具有国际竞争力的外向型文化企业，形成一批有实力的文化跨国企业和著名品牌。三是扩大文化企业对外投资和跨国经营。鼓励具有竞争优势和经营管理能力的文化企业对外投资，鼓励从事具有中国特色文化企业采用多种形式开拓海外市场，吸收外资进入法律法规许可的文化产业领域，鼓励文化单位同国外文化机构进行项目合作。

二、社会主义核心价值体系的提出

社会主义核心价值体系是社会主义意识形态的本质体现，是社会主义制度的内在精神，它的提出经历了从抽象到具体的过程，是中国共产党在新世纪进行理论建设和思想建设重要组成部分，体现了党对物质文明、精神文明、政治文明之间关系的认识发展到更高水平。

2006年10月召开的党的十六届六中全会通过了《关于构建社会主义和谐社会若干重大问题的决定》，并首次明确提出社会主义核心价值体

系的基本内容是马克思主义指导思想、中国特色社会主义共同理想、以爱国主义为核心的民族精神和以改革创新为核心的时代精神、社会主义荣辱观。①马克思主义指导思想是社会主义核心价值体系的灵魂；中国特色社会主义共同理想是社会主义核心价值体系的主题；以爱国主义为核心的民族精神和以改革开放为核心的时代精神是社会主义核心价值体系的精髓；社会主义荣辱观是社会主义核心价值体系的基础。核心价值体系的提出，标志着党对社会主义的认识在精神价值层面达到了一个新的高度。社会主义核心价值体系在中国整体社会价值体系中居于核心地位，发挥着主导作用，决定着整个价值体系的基本特征和基本方向。

2007年10月召开的党的十七大首次将建设社会主义核心价值体系纳入报告中，提出了建设社会主义核心价值体系，增强社会主义意识形态的吸引力和凝聚力的要求。党的十七大报告指出："社会主义核心价值体系是社会主义意识形态的本质体现。"要"切实把社会主义核心价值体系融入国民教育和精神文明建设全过程，转化为人民自觉追求"。"积极探索用社会主义核心价值体系引领社会思潮的有效途径，主动做好意识形态工作，既尊重差异、包容多样，又有力抵制各种错误和腐朽思想的影响。"②党的十七大以后，中共中央加大了对社会主义核心价值体系的宣称和教育。2008年12月，胡锦涛在纪念中国科协成立50周年大会上的讲话中指出，社会主义核心价值体系是我国指导思想、共同理想、民族精神、道德观念的集中体现。建设社会主义核心价值体系，是增强民族凝聚力和国家软实力的客观需要。可见，建设社会主义核心价值体系已经被中央提升到国家文化软实力的高度予以重视。2009年9月，党的十七

---

① 《中共中央关于构建社会主义和谐社会若干重大问题的决定》（2006年10月11日），中共中央文献研究室编：《十六大以来重要文献选编》（中），中央文献出版社2011年版，第661页。
② 胡锦涛：《高举中国特色社会主义伟大旗帜　为夺取全面建设小康社会新胜利而奋斗——在中国共产党第十七次全国代表大会上的报告》，人民出版社2007年版，第26—27页。

届四中全会提出建设马克思主义学习型政党的新目标。全会强调要开展社会主义核心价值体系学习教育，党员、干部模范学习践行社会主义核心价值体系，是建设马克思主义学习型政党的重要任务。

2011年10月，党的十七届六中全会通过了《关于深化文化体制改革推动社会主义文化大发展大繁荣若干重大问题的决定》，该文件指出，社会主义核心价值体系是兴国之魂，是社会主义先进文化的精髓，决定着中国特色社会主义发展方向。要坚持用社会主义核心价值体系引领社会思潮，在全党全社会形成统一指导思想、共同理想信念、强大精神力量、基本道德规范。这一定位将社会主义核心价值体系的重要性上升到事关中国特色社会主义的发展前途和中华民族生死存亡的高度。此外，该文件深刻揭示了社会主义核心价值体系在文化建设中的灵魂作用，也体现了党对文化建设规律认识的进一步深化。全会结束后，有关文化建设和改革的工作方向就是要把建设社会主义核心价值体系作为推动文化大发展大繁荣的根本任务，强化教育引导、增进社会共识、创新方式方法、健全制度保障。随着社会主义核心价值体系的深入推广，各界群众普遍认同并接受马克思主义指导思想、中国特色社会主义共同理想、以爱国主义为核心的民族精神和以改革创新为核心的时代精神、社会主义荣辱观这四方面基本内容，认为这是对社会主义核心价值体系内涵的科学界定；但也普遍反映，还应作进一步的提炼和概括，提出简明扼要、便于传播践行的社会主义核心价值观。

随着对社会主义核心价值体系认识的深化，以及对其重要性日益突出，决策层和理论界均意识到，社会主义核心价值观的提出不仅有所必要，而且成为必然趋势。进入新世纪以来，中国的改革开放进入全面推进和深化的阶段，各种深层次的矛盾日渐凸显，各种利益的博弈日渐激烈。面对改革开放的艰巨重任，全党上下以及全社会急需统一思想，同心协力，攻克难关。2012年11月，党的十八大正式提出社会主义核心价值观。胡锦涛在十八大报告中指出，要加强社会主义核心价值体系建设，

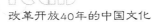
深入开展社会主义核心价值体系学习教育,用社会主义核心价值体系引领社会思潮、凝聚社会共识。"倡导富强、民主、文明、和谐,倡导自由、平等、公正、法治,倡导爱国、敬业、诚信、友善,积极培育社会主义核心价值观"。①"三个倡导"分别从国家层面、社会层面和个人层面高度凝练和概括了社会主义核心价值观的基本内容。

社会主义核心价值观正式提出以后,产生了强烈的反响。各界群众普遍认为,社会主义核心价值观是社会主义核心价值体系的内核,深刻揭示了社会主义核心价值体系的内涵,体现社会主义核心价值体系的根本性质和基本特征,反映社会主义核心价值体系的丰富内涵和实践要求。

三、马克思主义理论研究与建设工程的推进

作为一个马克思主义政党,中国共产党只有不断高举马克思主义理论伟大旗帜,用马克思主义中国化的最新成果武装全党、教育人民,才不会给非马克思主义思想和反马克思主义思潮可乘之机,才能为进行中的改革开放伟大事业、为全党和全国各族人民提供共同理想和精神支柱。基于这种考虑,2004年1月,中共中央专门发出《关于进一步繁荣发展哲学社会科学的意见》。这是中国共产党历史上也是当代中国史上第一个全面审视哲学社会科学地位、规划哲学社会科学发展的官方文件,是一项重大战略决策,具有标志性意义。

该文件强调,在全面建设小康社会、开创中国特色社会主义事业新局面、实现中华民族伟大复兴的历史进程中,哲学社会科学具有不可替代的作用,而其中实施马克思主义理论研究和建设工程队繁荣和发展哲学社会科学起到基础和龙头作用。这一"马工程"的实施有着重要的理

---

① 胡锦涛:《坚定不移沿着中国特色社会主义道路前进　为全面建成小康社会而奋斗——在中国共产党第十八次全国代表大会上的报告》,人民出版社2012年版,第31—32页。

论和现实意义。首先，它有利于坚持和巩固马克思主义在意识形态领域的指导地位；其次，它有利于中国特色社会主义理论体系对加快全面建设小康社会步伐、构建社会主义和谐社会、和不断推进现代化建设的指导；再次，它有利于中共加强党的思想理论建设和执政能力建设。

该文件对如何实施"马工程"提出如下原则要求：要立足新的实践，加强马克思主义经典著作的编译和研究工作，准确阐述经典著作中的基本观点，深入研究马克思主义与时俱进的理论品质，破除对马克思主义的教条式理解，澄清附加在马克思主义名下的错误观点；要加强对毛泽东思想、邓小平理论和"三个代表"重要思想的研究，尤其是有关邓小平理论和"三个代表"重要思想的研究；要组织编写全面反映邓小平理论和"三个代表"重要思想的哲学社会科学教材；要抓好马克思主义理论师资队伍建设，着力培养一批中青年马克思主义理论教学骨干。紧随这一文件，中共中央办公厅转发《中央宣传思想工作领导小组关于实施马克思主义理论研究和建设工程的意见》，对如何落实上述要求作出具体部署。2004年4月，中央实施马克思主义理论研究和建设工程工作会议在京召开，"马工程"正式启动。工程主要任务可以概括为六个方面：一是加强对马克思主义中国化理论成果尤其是中国特色社会主义理论和重大现实问题的研究；二是加强对马克思主义经典著作的编译和研究；三是建设具有时代特征的马克思主义基础理论和哲学社会科学学科体系；四是编写体现当代中国马克思主义最新理论成果的哲学社会科学重点学科教材，形成哲学社会科学教材体系；五、编写高校思想政治理论课教材；六是建设一支老中青结合的马克思主义理论研究和教学骨干队伍。

2004年8月，中央发布《关于进一步加强和改进大学生思想政治教育的意见》，提出要精心组织编写反映毛泽东思想、邓小平理论和"三个代表"重要思想的哲学社会科学教材，努力形成以当代中国马克思主义为指导的具有中国特色、中国风格、中国气派的哲学社会科学学科体

系和教材体系。2005年5月，中宣部教育部联合下发《关于加强和改进高等学校哲学社会科学学科体系与教材体系建设的意见》，提出要大力开展马克思主义理论体系、马克思主义发展史和马克思主义中国化的研究，在一级学科中，设立马克思主义理论学科。同年11月25日，十六届中央政治局组织第26次集体学习，主要内容就是世界马克思主义研究与我国马克思主义理论研究和建设工程。胡锦涛在主持学习时强调，要肩负起时代赋予的光荣使命，坚持把马克思主义基本原理同我国具体实际和时代特征紧密结合起来，不断为丰富和发展马克思主义作出新的贡献。2007年党的十七大重申要推进马克思主义理论研究和建设工程，深入回答重大理论和实际问题，培养造就一批马克思主义理论家特别是中青年理论家。2011年党的十七届六中全会再次强调，要加强重点学科体系和教材体系建设，推动中国特色社会主义理论体系进教材、进课堂、进头脑。

截至2012年6月，工程取得的成果可体现为以下几点：

第一，2009年底出版10卷本《马克思恩格斯文集》和5卷本《列宁专题文集》，代表了当今中国马克思主义经典著作汉译的最高水平，为马克思主义理论研究和宣传提供了最权威的经典译本。与此同时，工程设立的马克思主义经典著作基本观点研究课题组，推出了一批研究成果，并将其运用到工程教材编写、理论宣传和实践中。

其二，陆续出版了马克思主义哲学、政治经济学、科学社会主义以及政治学、社会学、新闻学、文学、史学等本科生教材20余种，出版本科生思想政治理论课教材4种，出版研究生思想政治理论课教学大纲两种。一个具有中国特色、中国风格、中国气派的哲学社会科学教材体系初步形成。

其三，设立马克思主义理论一级学科，下设马克思主义基本原理、马克思主义发展史、马克思主义中国化、国外马克思主义、思想政治教育、中国近现代基本问题等6个二级学科。①中国社科院和大多数高校成立了马克思主义研究院或马克思主义学院,建立了一批马克思主义理论学科博士点、硕士点。以马克思主义理论一、二级学科为骨干,以哲学、政治经济学、科学社会主义等为支撑的马克思主义学科体系已经形成。

其四,在中国特色社会主义理论与重大现实问题研究方面,如"三个代表"重要思想、科学发展观,社会主义市场经济体制改革、应对国际金融危机、加快转变经济发展方式,中国特色社会主义政治理论、法治理论、政党理论,中国特色社会主义文化发展道路、社会主义核心价值体系,社会主义和谐社会建设,生态文明建设和执政党建设等重大问题的研究方面,推出了一系列研究成果和对策建议。

其五,出版了一系列面向党员、干部和普通民众的理论读物。包括《马列主义经典著作选编》及其《学习导读》《中国特色社会主义理论体系学习读本》《科学发展观学习读本》《社会主义核心价值体系学习读本》《六个为什么——对几个重大问题的回答》《划清"四个重大界限"学习读本》等理论读物,尤其是自2005年起每年出版一本的《理论热点面对面》系列通俗理论读物,引起较大社会反响。

其六,加强了马克思主义理论队伍。截至2012年6月,工程组建了160多个课题组,直接参与的专家学者达3000多人,涵盖了哲学社会科学各重要领域。工程实施以来,由中央有关部门联合举办的哲学社会科学教学科研骨干研修班已达46期,培训了5000多人。同时,地方研修工作也加大了力度,全国已培训7万多人。

此外,通过几年的努力,马克思主义理论学科的对外学术交流工作也不断加强,宣传报道力度也不断壮大,这使得马工程的社会影响和国际影响也逐渐扩大。马克思主义理论研究与建设工程的实施,昭

---

① 2017年,经国务院学位办审批,党的建设成为马克思主义理论一级学科之下的第7个二级学科。截至本文截稿时,预计2018年秋季入学的第一批党建专业的硕士研究生已经完成入学考试。

示了中国共产党坚持马克思主义指导地位不动摇、用发展着的马克思主义指导实践的决心和信心，也整合了理论研究资源、创新了理论研究机制，搭建了各类理论人才的重要平台。当然，马克思主义时代化、民族化、大众化，是一个动态过程。在这个过程中，如何让马克思主义真正具有吸引力、说服力，避免自说自话、表面繁荣，仍是一个具有重大挑战性的课题。

四、文化体制改革的深化

随着经济体制改革的深入，中国的文化体制改革在进入新世纪后，也在广度和深度上有了长足进展，主要体现在宏观层面的顶层设计更加明确和微观层面的运行更具活力等方面。2002年召开的党的十六大提出积极发展文化事业和文化产业，继续深化文化体制改革。2003年6月全国文化体制改革试点工作会议和10月召开的十六届三中全会进一步明确了对公益性文化事业和经营性文化产业实行不同的发展策略，确定了深化文化体制改革的总体思路和要求。此后，从《国家"十一五"时期文化发展纲要》《国家"十二五"时期文化改革发展规划纲要》，再到十七届六中全会《关于深化文化体制改革推动社会主义文化大发展大繁荣若干问题的决定》，中央关于文化体制改革发展的思路日趋清晰和深化，文化体制改革由点到面逐渐推开，取得重要进展和成就。本部分在简要总结文化体制改革的理论以外，将重点关注这一时期改革实践的成就。

党的十六大召开后，中央关于文化体制改革的认识进一步深化，思路进一步清晰，方向进一步明确。十六大报告首次将文化分成文化事业和文化产业，强调要积极发展文化事业和文化产业。明确了整个文化体制改革的方向和目标，根据社会主义精神文明建设的特点和规律，适应社会主义市场经济发展的要求，推进文化体制改革。2006年9月颁布的《国家"十一五"时期文化发展纲要》是我国第一部文化发展方面的纲领性文件。该文件要求要按照区别对待、分类指导、因地制宜、逐步推开原则，根据不同地区、行业、单位的性质和特点，稳步推进改革。要统筹兼顾，使文化体制改革和经济体制、政治体制、行政管理体制等领域改革相互配套和衔接。要通过改革不断破除制约发展的瓶颈和体制机制性障碍，营造有利于发展的体制环境、政策环境和市场环境，着力增强文化创新能力，以新的机制盘活存量，扩张增量，拓展发展空间，培育新的增长点，加快文化事业和文化产业的发展。

　　2011年10月，党的十七届六中全会通过《关于深化文化体制改革推动社会主义文化大发展大繁荣若干重大问题的决定》，首次以中央全会的方式和级别来研究部署文化体制改革。[①]这次全会对深化改革提出的总要求和任务包括：（1）要深化国有文化单位的改革；（2）要健全现代文化市场体系；（3）要创新文化管理体制；（4）要完善政策保障机制。2012年2月，为落实十七届六中全会有关决定，中央正式颁布《国家"十二五"时期文化改革发展规划纲要》。[②]该纲要强调要以建立现代企业制度为重点，加快推进经营性文化单位改革，培育文化市场主体。要把改革、改组、改造和创新管理结合起来，把深化改革和调整结构、整合资源结合起来，把建立现代企业制度与推进政企分开、转变政府职能结合起来，在政府引导下发挥市场机制的积极作用，充分发挥国有文化资本的控制力、影响力和带动力。同时，还要深化文化事业单位的改革，科学界定现有文化事业单位的性质和功能，突出公益属性、强化服务功能，明确服务规范、加强绩效评估考核。

　　一方面文化体制改革理论上不断提高，另一方面改革的实践有很大突破，最主要的是试点工作顺利开展。这一时期的改革可分为三个阶

---

①　《中共中央关于深化文化体制改革推动社会主义文化大发展大繁荣若干重大问题的决定》（2011年10月18日），中共中央文献研究室编：《十七大以来重要文献选编》（下），中央文献出版社2013年版。

②　《中办国办印发国家"十二五"文化改革发展规划纲要》（2012年2月15日），中央人民政府门户网站，http://www.gov.cn/jrzg/2012-02/15/content_2067781.htm（访问日期：2018年4月）。

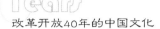
段。①第一阶段从2003年6月在到2005年年底，主要是开展试点、积极探索。2003年6月全国文化体制改革试点工作会议召开，北京、上海、重庆、广东、浙江、深圳、沈阳、西安、丽江九个地区，以及北京儿童艺术剧院等35家新闻出版、广播影视和文艺院团参加了改革试点。这些试点地区和单位，主要从财政税收、投融资、资产处置、工商管理、价格等方面进行了探索。第二阶段从2005年年底到2010年7月，主要在总结经验基础上扩大试点，逐步推开。2006年召开全国文化体制改革工作会议，强调以发展为主题、以改革为动力、以体制机制创新为重点、以创造更多更好适应人民群众需求的精神文化产品为目标，深入推进改革。会后经中央批准，全国29个省区市确定了108个试点地区。2009年全国文化体制改革经验交流会召开，北京、上海、江苏等12个"全国文化体制改革先进地区"和中国对外文化集团公司、中影集团等58家"全国文化体制改革先进企业"受到表彰。第三阶段从2010年7月到2012年11月。这一阶段主要以2010年十七届中央政治局第22次集体学习为节点，胡锦涛在主持集体学习时发表讲话，提出了加快文化体制改革创新、加快构建公共文化服务体系、加快发展文化产业、加强对文化产品创作生产的引导等总要求。②会后，根据这些要求，文化改革发展总体布局进一步完善，重点进一步突出，进度也明显加快。

从改革成绩来看，这一时期的体制改革迈出关键步伐，有利于文化科学发展的体制机制初步兴成。其中，国有经营性事业单位转企改制取得决定性进展。这一时期，出版、发行、影视制作等行业基本完成转企改制任务。据初步统计，全国共核销事业编制17.2万多名，中央直属单位就核销了近两万名，全国共注销事业单位4300多个。改革有力地解放和

---

① 　韩永进：《中国文化体制改革32年历史叙事与理论反思》，人民出版社2014年版，第60—63页；凌金铸、刘勇、徐辰：《中国文化体制改革——理论与实践》，上海交通大学出版社2014年版，第131—176页。

② 　《胡锦涛在中共中央政治局第二十二次集体学习时强调　顺应时代要求深化文化体制改革　推动社会主义文化大发展大繁荣》，《人民日报》2010年7月24日。

发展了文化生产力，涌现出一批总资产和总收入超过或接近百亿元的大型文化企业和企业集团。同时，公益性文化单位内部改革不断深化。文化馆、博物馆、图书馆等公益性文化事业单位人事、收入分配、社会保障制度改革取得重要进展，责任明确、行为规范、富有效率、服务优良的运行机制进一步形成。此外，文化宏观管理体制改革成效显著。新闻出版和广电系统实现政企分开，政府职能进一步转换，政策调节、市场监管、社会管理和公共服务的能力显著增强。10来个省市全面完成文化市场综合执法改革任务，84%的副省级城市和地级市组建了综合执法机构。国有文化资产管理体制进一步完善，设立国有文化企业资产管理机构，管人、管事、管资产有机统一，确保国有文化资产保值增值。①

第二节　文化发展格局的变革

一、公共知识分子与文化思潮的嬗变

改革开放以来，伴随知识分子群体的分化，公共知识分子作为新兴知识阶层登上舞台，成为新旧世纪之交知识界的一道特殊风景线。这一概念在中国大陆地区的出现，始于1998年《书城》刊发的《公共知识分子大缺货》一文，文中指出公共知识分子是"能够用妇孺皆懂得语言文学，向社会大众提供当代社会与政治动力的知识精英，这种知识精英不一定是高等学府中的教授或学者。"②可见，公共知识分子具有两个基本特点：一是有解释社会问题的知识和欲望；二是使用面向社会大众的通俗语言。2002年，美国法学家波斯纳在《公共知识分子》一书中批判地指出，这些人其实是频繁地试图将自己关心的议题置于公众场合、并

① 周玮、璟静：《深化文化体制改革　开创文化建设新局面》，《人民日报》2011年3月1日。
② 林博文：《公共知识分子大缺货》，《书城》1998年第1期。

通过引起讨论来影响社会的知识分子。在波斯纳眼中,公共知识分子的知识性特征在缩小,而进步性的特征已经基本消失,唯有一点相同,那就是积极参与公众活动。①波斯纳的上述观点,对于国内讨论公共知识分子问题产生了一定影响。

新世纪初,尽管公共知识分子的定义存在差异,但知识界主流观点仍将其视为引领社会发展的进步分子。2004年,《南方人物周刊》推出"影响中国公共知识分子50人",以设问"谁是公共知识分子"的形式,界定了公共知识分子的三个标准,即具有学术背景和专业素质的知识者,进言社会并参与公共事务的行动者,具有批判精神和道义担当的理想者。自此,围绕着公共知识分子的功能、作用、代表性等问题,社会各界展开了积极而丰富的讨论。

虽然在理论上"公共知识分子"是具有批判精神和道义担当的理想者,但在实践中这一身份却可能被不同立场的群体征用。由于"公共知识分子"的出现与大众媒体所提供的传播平台密不可分,部分拥有相当的知识水平的传统专业人才,善于利用公共平台来传播自己的观点,因而兼具专业人才和公共知识分子双重身份,但也有少数"冒充型"知识分子,他们知识水平有限,只是善于借助新兴媒体效率高覆盖广的特点,将自己包装成知识的精英。因此有人认为,那些通过公共媒介传播个人主张但却缺乏知识基础和理性判断的群体仅仅是"意见领袖",而非公共知识分子。其理由在于,公共媒介中传播的具有煽动性和非理性特征的观点与公共知识分子建言献策、反思批判的功能完全相左,故前者不应被作为公共知识分子来对待。

如何认识和引导公共知识分子,是宣传部门面临的新课题。宣传部门将公共知识分子的出现看作意识形态领域的新情况新问题,官方主流媒体曾对此有过批判性评论。2004年11月15日《解放日报》刊发署名

---

① [美]波斯纳著、徐昕译:《公共知识分子:衰落之研究》,中国政法大学出版社2002年版,第129—131页。

为"吉方平"的文章，认为提出"公共知识分子"概念的"实质是离间知识分子与党的关系、和人民大众的关系"①。10天后，《人民日报》转载了该评论。2012年9月28日，《人民日报》评论再度指出：公共知识分子，"尤其是一些实名、知名、著名的微博'大V'们，因其'粉丝'众多，几句话就可能闹得沸沸扬扬"，"他们的基本言论价值立场就是反对，唱反调，而不论是非曲直。基本价值结论最终都是政府'失德、无信、作恶'，而不管事实真相如何，不分个别和一般。基本言论载体就是故意捏造、剪辑一些所谓的历史阴暗面、领袖人物丑闻，而不辨真假。如此貌似为公共、公众呐喊，实则煽动、鼓惑，惟恐天下不乱。"②因而，此类打着"公共知识分子"旗号有意诋毁社会主义的行为，在主流媒体上一度受到否定性评价和批判。

随着公共知识分子的出现，这一时期的社会思潮也逐渐嬗变并体现出了多样化的特征。社会思潮的变化一方面体现了经济社会发展多样化而导致的阶层和利益分化之趋势，另一方面也反映出知识界对这种趋势的思考的多样性特征。虽然社会思潮在改革年代呈现出总体上百花齐放的格局，但具体到某个阶段时仍有着该阶段的主导思潮与话题。在新世纪最初十年，多样化的社会思潮主要体现为文化保守主义和民主社会主义在知识界引起的讨论。

这一时期文化保守主义思潮主要体现在以下几方面：第一，重拾对中华文化精义的思考，尤其是对近现代思想史上由其他思想阵营转入文化保守主义阵营的著名人物（如严复）思想的再挖掘，重新提出"国性"概念；③第二，加强对儒学经典的研究和宣传，利用网络平台推动儒学经典传播，如"中国儒学网"的创立和《原道》期刊的出版；第三，发掘

---

① 吉方平：《透过表象看实质——析"公共知识分子"论》，《解放日报》2014年11月15日。
② 江柳依：《"观点多元"也不应"胡言乱语"》，《人民日报》2012年9月28日。
③ 严复：《读经当积极提倡》，《严复集》第2册，中华书局1986年版，第330页。

儒学与现代性之间的关联，认为儒学最关键是要发掘人的内在资源，并形成一种人格力量从而得以立足于世界并与恶势力抗衡；第四，在公众领域推动各类"经典诵读"活动；第五，高等院校成立国学院，正式招收研究生，同时还面向企业家开办各种国学班。[①]

如果说文化保守主义是知识精英对中国本土文化传统的复归，那么民主社会主义则体现了知识界对于经典马克思主义观点的重拾和对20世纪革命历程的反思。他们希望在不改变社会主义制度的前提下，通过社会主义自身的改良和完善来实现其基本价值，即人的解放和自由。

上述两种思潮，不论其理念如何纯粹，在一定时空范围内影响如何强大，最终当然都无法落实为可操作化的实际政策，但却在一定程度上反映了中国精英阶层对以市场化为导向的改革之反思。而这种影响随着后来互联网技术的发展则表现的更为深远。

二、网络文化的兴起

网络文化指以互联网为媒介产生的、基于网络传播的特色文化的总称。1994年9月，邮电部电信总局与美国商务部签订中美双方关于国际互联网的协议，中国正式引入互联网。1996年，中国互联网用户总数为20万；2003年，中国网总数已近7000万；而截至2012年，中国网民总数已达5.6亿人。[②]互联网在中国的迅速普及，成为网络文化兴起的平台。

根据内容分类，网络文化具有丰富性、匿名性和娱乐性的特点。丰富性指网络文化可创造出丰富的文化符号产品，从而成为流行文化阵营的重要组成部分。在视频领域，2001年后Flash动画的流行，为民营化、市场化的视频动画制造提供了便捷平台。2009年后，低成本小制作的网络短片借助公众平台迅速发展，这些作品抒发爱国热情、弘扬核心价值

---

① 萧功秦：《当代中国六大社会思潮的历史与未来》，载马立诚：《当代中国八种社会思潮》，社科文献出版社2012年版，第312—319页。

② 梁宵：《中国互联网30年大事记》，《北京周报》2017年9月20日。

观、传播正能量，受到广泛欢迎。在文字领域，即时通信工具使网络产生了许多新思想新观点新词汇，网络表达方式往往成为流行用语。匿名性，指信息发布渠道的匿名性。在网络实名制实施以前，政府难以有效监管网络信息，部分网民借助匿名性的特征传播不当言论，参与网络暴力，滋长大量的不良现象。娱乐性，主要表现在对严肃信息的娱乐化和对非娱乐信息的漠视化上。娱乐信息易吸引自制力不强的网民沉迷于其中，进而影响到正常工作、学习和生活，一些青少年沉迷网游难以自拔，甚至引发家庭悲剧。

网络文化是一把"双刃剑"，既被视为现代化、先进化的代表，有助于推动文化的传播和普及，提升全民文化素养，但同时也具有不可控性、渗透性等特点，为负面观点和思想提供渠道。伴随国内舆论对于网络文化负面性的讨论和国家网络监管政策法规的加强，社会大众对网络文化的态度也从鼓励支持转变为主张批判吸收、发展与监管并举。

21世纪的最初十年，繁荣网络文化成为文化建设的新内容。2007年7月，最高人民法院副院长熊选国在"2007国际版权论坛"发表题为《为网络版权保护营造法治环境》的发言，强调将营造良好的法治环境繁荣网络文化。[①]2010年5月，国务院下发《关于鼓励和引导民间投资健康发展的若干意见》，强调将鼓励民间资本从事影视制作、网络文化、动漫游戏、出版物发行、文化产品数字制作与相关服务等活动。2012年12月，国务院印发服务业发展"十二五"规划，鼓励研发具有自主知识产权及中华民族特色的网络文化产品，提高网络文化产品原创能力和文化品味，形成一批有影响力的网络文化品牌。[②]

为了引导网络文化的健康发展，国家有关部门加强网络文化监管。

---

① 熊选国：《为网络版权保护营造法治环境》，中国新闻出版网，2007年7月8日。

② 《国务院印发〈服务业发展"十二五"规划〉》，新华网，2012年12月28日，http://www.xinhuanet.com/politics/2012-12/28/c_124162204.htm（访问日期：2018年4月）。

2004年2月，国务院办公厅转发《关于开展网吧等互联网上网服务营业场所专项整治意见的通知》，以整治网吧为抓手，净化和规范网络文化经营活动，打击网上传播有害文化信息行为。[1]此后，国务院工作要点中，均把加强网络文化的监督和管理与"扫黄打非"活动联系在一起，不断强调网络文化监管的力度。2011年5月，国务院批准设立国家互联网信息办公室，进一步健全网络文化建设和管理体系，进一步明确和强调了国家的监管职能。[2]2011年10月党的十七届六中全会通过的关于文化体制改革的决定中还专门提出了"发展健康向上的网络文化"的命题，指出"加强网上思想文化阵地建设，是社会主义文化建设的迫切任务"，对发展网络文化、加强网络文化管理提出具体任务，包括：认真贯彻积极利用、科学发展、依法管理、确保安全的方针，加强和改进网络文化建设和管理，加强网上舆论引导，唱响网上思想文化主旋律；发展网络新技术新业态，占领网络传播制高点；广泛开展文明网站创建，推动文明办网、文明上网，督促网络运营服务企业履行法律义务和社会责任，不为有害信息提供传播渠道；加强网络法制建设，加快形成法律规范、行政监管、行业自律、技术保障、公众监督、社会教育相结合的互联网管理体系；加强对社交网络和即时通信工具等的引导和管理，规范网上信息传播秩序，培育文明理性的网络环境；依法惩处传播有害信息行为，深入推进整治网络淫秽色情和低俗信息专项行动，严厉打击网络违法犯罪等。[3]

---

[1] 《国务院办公厅转发文化部等部门关于开展网吧等互联网上网服务营业场所专项整治意见的通知》（国办发〔2004〕19号），中央政府门户网站，2004年2月17日，http://www.gov.cn/gongbao/content/2004/content_62692.htm（访问日期：2018年4月）。

[2] 《国办通知设立国家互联网信息办公室王晨任主任》，中央政府门户网站，2011年5月4日，http://www.gov.cn/rsrm/2011-05/04/content_1857301.htm（访问日期：2018年4月）。

[3] 《中共中央关于深化文化体制改革推动社会主义文化大发展大繁荣若干重大问题的决定》（2011年10月18日），中共中央文献研究室编：《十七大以来重要文献选编》（下），中央文献出版社2013年版。

在引导繁荣和加强监管的环境下，网络文化已经成为当代中国文化的不可或缺的一部分。它丰富了中国文化的内涵，为文化建设注入了新的生机和活力。借助网络平台，社会大众获得了发明和分享自己喜闻乐见的文化符号的权利，大量的民间文化产品借助网络扩大了传播，不同的文化通过网络实现交流，文化依托网络形成了富有特色的新文化产品。伴随以青年为主的网民的崛起，网络文化为表达不同社会群体的声音、推动社会进步提供了舞台。从文化传播的效果看，它具有正向传播和负向传播的双重作用。广受青年学生热爱的共青团中央微博，就是主流价值观的网络文化正能量的代表，借助网络更有效地传播了爱国主义思想和社会主义核心价值观。与此同时，一些负面思想言论在网络文化空间中也时有传播，国内外敌对势力还别有用心地利用网络进行意识形态渗透，形成对国家文化安全、网络安全的威胁。对此，国家有关部门加强意识形态阵地建设，开展新闻舆论斗争，积极发展健康向上的网络文化。

三、公共文化服务体系的初步创建

公共文化服务体系是指以党和政府为主导，以满足整个社会的公共文化需求、保障公民基本文化权益为目的，向社会提供的公共文化设施、公共文化产品、公共文化服务以及运行管理系统和制度的总称。[1]进入新世纪以后，公共文化服务体系的概念首次提出以及该体系建设之展开，表明中国文化事业建设的理论和实践都在新时期发生了重大变化。

2005年，党的十六届五中全会正式提出"要加大政府对文化事业的投入，逐步形成覆盖全社会的比较完备的公共文化服务体系"[2]，这标

---

[1]　欧阳雪梅主编：《中华人民共和国文化史（1949—2012）》，当代中国出版社2016年版，第328—331页。

[2]　《中共中央关于制定国民经济和社会发展第十一个五年规划的建议》（2005年10月11日），中共中央文献研究室编：《十六大以来重要文献选编》（中），中央文献出版社2006年版，第1080页。

志着公共文化服务体系的创建和推动进入了文化改革和发展的战略性布局。2007年8月21日，中央下发《关于加强公共文化服务体系建设的若干意见》，这是新世纪以来，我国建设公共文化服务体系的一份重要文件。①该文件指出，公共文化服务体系建设要与中国特色社会主义事业和全面建设小康社会的历史进程相适应，按照结构合理、发展均衡、网络健全、运行有效、惠及全民的原则，以政府为主导、以公益性文化单位为骨干、鼓励全社会积极参与，努力建设以公共文化产品生产供给、设施网络、资金人才技术保障、组织支撑和运行评估为基本框架的覆盖全社会的公共文化服务体系，切实保障人民群众看电视、听广播、读书看报、进行公共文化鉴赏、参加大众文化活动等基本文化权益。可见，当前所谓"公共文化"，指的就是政府为全体民众提供的文化服务，属于国家"公共服务"的重要组成部分。

2012年7月国务院印发《国家基本公共服务体系"十二五"规划》，这是我国第一部国家基本公共服务的总体性规划。"规划"解释了"基本公共服务"的概念，并指出了我国基本公共服务范围，指出服务范围一般包括保障基本民生需求的教育、就业、社会保障、医疗卫生、计划生育、住房保障、文化体育等领域的公共服务，广义上还包括与人民生活环境紧密关联的交通、通信、公用设施、环境保护等领域的公共服务，以及保障安全需要的公共安全、消费安全和国防安全等领域的公共服务。由此可见，"文化"在我国公共服务体系中属于保障基本民生需求的"公共服务"范围。

自此，"公共文化服务体系"作为我国"公共文化"建设的重要内容被迅速落实。这一时期，各地各有关部门按照公益性、基本性、均等性和便利性的原则要求，坚持以政府为主导、以公共财政为支撑、以基层

---

① 《中共中央办公厅、国务院办公厅关于加强公共文化服务体系建设的若干意见》（2007年8月21日），中共中央文献研究室编：《十六大以来重要文献选编》（下），中央文献出版社2008年版。

特别是农村为重点，大力发展公益性文化事业。广播电视村村通工程已覆盖全部通电行政村和20户以上自然村，文化信息资源共享工程已建成83万个服务点、覆盖全国90%的行政村，农家书屋已建成40万家、覆盖50%的行政村，乡镇综合文化站建设基本实现乡乡有综合文化站，农村电影放映工程年放映800万场电影，基本实现一村一月放映一场电影的公益服务目标，此外全国已有1743家公共博物馆、纪念馆、爱国主义教育示范基地向社会免费开放，广大群众看书难、看电影难、收听收看广播电视难的问题得到明显改善，覆盖城乡的公共文化服务体系框架基本建立。

这一时期，各级财政对公共文化服务体系的投入大幅度增加，从2006年的685亿元增加到2010年的1528亿元，年均增长22.2%。国家发改委累计安排公共文化设施建设资金超过200亿元，其中用于基层文化设施建设的资金是上一时期的数倍之多，是改革开放以来增长速度最快的一个时期。中央财政通过转移支付方式，大力推进重大文化工程项目，支持各地文化建设。这一时期，中央投入39.48亿元用于全国乡镇综合文化站建设；中央和地方共投入82亿元用于广播电视村村工程建设；投入近23亿元用于农村电影放映工程；投入46.9亿元用于农家书屋工程；投入63亿元用于文化遗产保护；此外，从2008年到2010年，中央财政累计安排52亿元专项资金用于公共文化实施免费开放。在加大投入的同时，文化投入结构也逐步改善，文化事业费进一步向西部地区、向基层倾斜，如2010年西部地区文化事业费达到85.78亿元，占全国的26.2%，比2007年提高了5.1个百分点。①

为满足广大农民群众精神文化需求，保障基层群众文化权益，包括农村电影放映工程在内的重点文化惠民工程发挥了不可替代的作

---

① 周玮、白瀛、黄小希、常亦殊：《中共十六大以来内地公共文化服务体系建设综述》，新华网，2011年9月24日，http://www.gov.cn/jrzg/2011-09/24/content_1955692.htm（访问日期：2018年4月）。

用：广播电视村村通工程提前完成覆盖全部已通电行政村和20户以上自然村。覆盖了90%行政村的全国文化信息资源共享工程，广泛整合图书馆、博物馆、美术馆、艺术院团及广电、教育、科技、农业等部门的优秀数字资源，依托各级图书馆、文化站等公共文化设施和农村党员干部现代远程教育、农村中小学现代远程教育等工程，为基层送知识、送欢乐，截至2010年底累计服务群众近10亿人次。①

同时，为让更多人能够享受"优质文化就在家门口"的公共福利，全国博物馆、纪念馆、美术馆、公共图书馆、文化馆（站）不断加大免费开放的力度。截至2010年年底，全国文化文物部门归口管理的1743个公共博物馆、纪念馆和爱国主义教育示范基地如期全面免费开放。2011年年底之前，国家级、省级美术馆全部向公众免费开放；全国所有公共图书馆、文化馆（站）实现无障碍、零门槛进入，公共空间设施场地全部免费开放，所提供的基本服务项目全部免费。

四、文化产业化进程加快

自中共中央在"十五计划"建议中首次使用了"文化产业"概念，从而使得文化产业发展上升为国家战略以来，文化改革和发展就沿着经营性产业和公益性事业两条路径大步前进。其中，伴随着市场机制的完善和产业政策的丰富，文化产业化也进入快速发展通道。自2002年党的十六大召开以来，伴随着文化体制改革的不断深化，文化生产力被充分解放，文化产业迅速崛起。这一时期，国家文化主管部门出台了一系列促进文化产业发展的政策和文件：2003年文化部印发《关于支持和促进文化产业发展的若干意见》；2009年为应对金融危机，国务院发布《文化产业振兴规划》，将文化产业上升为国家战略性产业；2010年10月通过

---

① 周玮、白瀛、黄小希、常亦殊：《中共十六大以来内地公共文化服务体系建设综述》，新华网，2011年9月24日，http://www.gov.cn/jrzg/2011-09/24/content_1955692.htm（访问日期：2018年4月）。

的"十二五规划"，进一步提出推动文化产业成为国民经济支柱性产业的要求；2012年2月文化部发布《"十二五"时期文化产业倍增计划》。上述文件提出了中国文化产业发展的整体性部署，即强调社会主义先进文化前进方向，坚持把社会效益放在首位，社会效益和经济效益相统一，坚持发展和壮大国有或国有控股文化企业，鼓励引导各种非公有制文化企业健康发展，形成公有制为主体、多种所有制共同发展的文化产业格局，坚持内外并举发展区域特色文化产业，对外坚持"走出去"战略，增强中华文化国际影响力。

新世纪以来，中国文化产业从探索、起步、培育的初级阶段，进入快速发展新时期，其成就主要体现在以下几方面：第一，文化产业成为经济发展和文化建设的新亮点。2004年我国实现文化产业增值3340亿元，占GDP比例为2.15%，从业人员996万人，占全部从业人员1.3%。而据国家统计局数据，2007年文化产业增值约为6412亿元，占GDP比重已达到2.6%；2009年文化产业增值为8400亿元左右，占同期GDP比重为2.5%；2010年这两个数据分别为11052亿元和2.75%。可见，文化产业增值迅速，成为经济发展的新的动力源。第二，新兴产业发展迅猛，产业门类逐渐齐全。截至2007年年底，文化系统行业管理的经营性文化产业机构数量已达32万家，形成了由娱乐业、演出业、音像业、网络文化业等构成的产业体系，其门类日益齐全，结构日趋合理。第三，产业集群化趋势日渐明显。在党和政府的高度重视和大力扶持下，一些地方文化产业群逐渐形成，如北京、上海、江苏。截至2012年，北京已有文化文化产业聚居区21个，文化企业达到8000多家；上海建成文化产业园区75家，聚集了2500多家文化企业；江苏省建成有文化产业园区60多家。这些集群化的文化产业园形成了规模化效应，极大地促进了文化产业的发展和人才的培养。第四，多元投资格局初步兴成。2007年全国共有国有艺术院团2000余家，而民营文艺表演团体已超过6800家。以浙江省为例，全省在2007年共有民营文化企业4万余家，投资总规模达230亿元以上，年营业总收入超过300亿元，从业人员50多万人。这种以公有制为主、多种所有制共同发展的文化产业格局正在形成。第五，文化出口不断增加，文化贸易逆差局面有所改变。随着文化体制改革的推进，具有民族文化特色和自足知识产权的文化品牌不断增加，大型舞台剧《功夫传奇》、杂技芭蕾《天鹅湖》、歌舞《云南印象》等商业化运作的演出节目走出国门、逐渐打入国际文化市场，扩大了中华文化的国际影响力。①

这其中，经营性文化事业单位的专制成为这一时期体制改革后产业化进程的生力军。2003年，《文化体制改革试点中经营性文化事业单位转制为企业的规定》出台，使得事业单位转变为自负盈亏、自我发展、自我约束的企业。2009年，中宣部、文化部联合发出《关于深化国有文艺演出院团体制改革的若干意见》，推动了国有文艺院团转企改制工作。2011年，中共中央办公厅和国务院办公厅推动深化非时政类报刊出版单位的体制改革。通过转企改制，从中央到地方涌现出一大批规模大、影响力强、竞争力强的国有或国有控股文化企业集团。截至2011年年底，已有近1200家国有文艺院团、570余家国有出版社、1600多家报刊完成转企改制。这些新型市场主体在激烈的市场竞争中迅速成长起来。②

这一时期，不但传统的图书、演艺、影视获得了大发展，动漫游戏、数字音乐、数字出版、网络视频、手机阅读等新型产业也迅猛崛起，文化产业对国民经济的贡献率不断上升，成为新的经济增长点。据统计，自2004年以来，文化产业的年均增长率都在15%以上，比同期国内生产总值的增速高6个百分点。2010年文化产业增加值突破1.1万亿元，占国

---

① 韩永进：《中国文化体制改革32年历史叙事与理论反思》，人民出版社2014年版，第74—77页。

② 李舫：《拥抱中国文化的春天——深化文化体制改革、促进文化产业发展综述》；谌强：《文艺院团改革纵深推进——竞争主体不断涌现、创新活力显著增强》，任仲文编：《大跨越——文化体制改革迈出关键步伐》，人民日报出版社2011年版，第177—186页。

内生产总值的比重从2004年的1.94%提高到2010年的2.75%；北京、上海、江苏、湖南、湖北、云南等省市文化产业占国内生产总值的比重超过5%，已经成为当地新的支柱产业。以电影业为例，2003年以前中国每年的电影产量基本没超过100部，电影票房不过八、九个亿。而2011年，中国生产了近700部电影，电影票房超过130亿，其中国产电影票房连续8年超过进口影片，占据了票房的半壁江山。再以出版业为例，在文化体制改革之前，中国没有一家出版企业的资产和年销售额超过100亿元。而2011年，"双百亿"的出版传媒集团已有江苏凤凰等4家，出版业的上市公司也从寥寥数家发展到47家。截至2011年年底，在沪深两地上市文化企业累计超过50余家。截至2012年2月，文化企业累计发行各类债券达到379.94亿元。[①]

第三节　文化事业的成就

一、文艺创作的成绩

2002党的十六大特别是2007年党的十七大以来，中国的文化发展处于一个创新发展的重要时期，党和政府对艺术创作和艺术事业更加关心重视，经费投入不断加大，创作环境宽松和谐。随着文化体制改革进入加速期，我国的文化生产力得到充分释放，文化产品出现前所未有的繁荣景象，涌现出大量具有鲜明时代特征、体现民族精气神儿的精品佳作。较为突出的成绩体现在以下几个方面。

[①] 所引数据参见蔡武《关于文化产业发展工作情况的报告》（2010年4月28日），http://www.npc.gov.cn/wxzl/gongboo/2010-08/05/content_1587723.htm（访问日期：2018年4月）；《文化体制改革造福文化民生》，《人民日报》2012年4月20日；有关电影业的产业化成就，参见凌金铸、刘勇、徐辰：《中国文化体制改革——理论与实践》，上海交通大学出版社2014年版，第223—282页。

（一）舞台艺术的空前繁荣

2011年中国歌剧舞剧院推出了大型原创歌剧《红河谷》，它以20世纪初的西藏为时空背景，演绎了汉藏儿女生死相依的爱情故事和并肩抗战的英雄传奇，儿女情、民族情、爱国情通过大气磅礴的音乐制作、细致精美的舞台得到生动的呈现，该剧被选定为2011年国家艺术院团优秀剧目展演开幕式演出剧目。[①]在弘扬主流价值观的剧目创作上，国家话剧院以"国计民生"为选材视角，提出了"新现实主义"的全新创作概念。国家话剧团于2009年推出话剧《这是最后的斗争》，以一位老干部家庭的除夕之夜为背景，通过一位不速之客的到来，引发一家三代人对金钱与信仰、法律与亲情的讨论和抉择，表现了新的历史条件下党和人民反腐败的坚强决心，在全国轮回演出后引发热议。因其影响力较大，2010年底剧组赴美国百老汇演出了这部著名剧目。[②]当代的艺术形态越来越多样化，但舞台艺术仍然是所有艺术形式中最能充分体现艺术与观众内心情感对应关系的艺术方式，对人们的价值取向、审美情趣、生活态度产生着潜移默化的影响。

大型音乐舞蹈史诗《复兴之路》的创作和演出，是庆祝中华人民共和国成立60周年系列庆祝活动的一个重要内容，也是一项重大的文化创新工程。整台演出以深刻的思想内涵和强烈的艺术感染力，再现了中华民族在危难中奋进、在拼搏中崛起的伟大历程，成为体现民族特色、富有中国气派、深受人民群众欢迎的精品力作。《复兴之路》在人民大会堂演出16场后，又在国家大剧院连续演出84场，观众达20多万人次。同样精彩的还有庆祝建党90周年《我们的旗帜》文艺晚会。晚会精选各个时期涌现的经典的、经过时间检验的、群众喜闻乐见的歌曲、音乐和舞

---

① 杨烁：《中国歌剧舞剧院——放歌〈红河谷〉妙舞〈四美图〉》，《中国文化报》2012年2月16日。

② 杨雪梅：《名团、名导、名家推出反腐话剧反腐话剧〈这是最后的斗争〉受欢迎》，《人民日报》2010年8月12日。

蹈作品，经过重新诠释和演绎，体现出强烈的时代精神与鲜明的艺术特色，展现了中国共产党领导人民走向胜利、走向富强的光辉历程。[①]

（二）传统艺术重获生机

文艺大发展、大繁荣，精品力作不断，得益于党的文艺方针的正确引导、文化体制改革的不断深入以及各级政府对文艺发展的持续重视和不断投入，尤其是曾经濒危的传统艺术得到了政府的有力资助。

2007年至2011年，国家京剧院艺术创作硕果累累，创排新剧目《曙色紫禁城》《汉苏武》等11台；重点复排剧目《满江红》《柳荫记》《杨门女将》《文姬归汉》《强项令》等13出，恢复传统剧目40余出。这也和党和国家的扶持密不可分。

2005年11月，文化部在全国范围内确定了11个国家重点京剧院团和17个省级重点京剧院团作为重点扶持对象，与财政部制定了《国家重点京剧院团保护和扶持规划》。2006年至2010年，中央财政共投入专项资金5000万元，11个国家重点京剧院团在剧目生产、人才培养、对外文化交流、京剧进校园四个方面得到了全面扶持。[②]五年来，11个国家重点京剧院团共创作新剧目76台，整理改编传统剧目266台，演出13930余场。从2011年，《规划》进入第二期，国家将每年再投入1000万元对国家重点京剧院团予以扶持。

类似的工程还有国家重大历史题材美术创作工程。它以我国波澜壮阔的新民主主义革命和社会主义革命、建设的重大历史事件为主题内容，获得国家财政1亿元的项目资金支持。国家以如此大规模的资金投入支持主题性美术创作，这在新中国的历史上还是首次。2009年9月，国家重大历史题材美术创作工程顺利完成，并在中国美术馆举办作品展览，展出作品102件，凝聚了众多艺术家数年的心血和努力，呈现了当

---

① 杨雪梅：《改革不断推进文化空前繁荣——十七大以来文化建设成就综述》，《人民日报》2011年10月4日。

② 黄小驹：《国家重点京剧院团保护扶持规划》，《中国文化报》2011年08月26日。

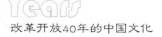

前我国主题性美术创作的最佳水平。2009年以后，展览先后在深圳、杭州、武汉、香港等多个城市进行巡展，让更多的观众能够分享美术创作工程的丰硕成果。

（三）影视出版成果丰硕

小说《杜拉拉升职记》这样一部由普通作者写作的流行小说，发行量突破了500万册，曾连续数十周处于当当网排行榜的第一位，而由此改编的电视剧、电影、话剧都无一例外地获得巨大成功。

这只是当代中国图书出版的一个小例子。中国已经从20世纪70年代的"书荒"变成了"书海"。党的十七大召开以来，我国的出版物品种和数量屡创新高，不断刷新历史最高水平，精品力作不断涌现，古籍整理、精品翻译取得丰硕成果，文化创新和传播能力不断增强。版权相关产业增加值占到国内生产总值的6.4%。2010年，新闻出版业总产出预计达到1.3万亿元，增加值占国内文化产业核心层增加值的60%以上，成为文化产业的主力军。[①]

2011年恰逢辛亥革命百年，电影《辛亥革命》和电视剧版的《辛亥革命》几乎同时与观众见面。2007以来，我国的电影产量连年保持在500部以上，成为世界第三大电影生产国；年产电视剧上万部，是世界第一大电视剧生产国。电影票房增速连续6年保持30%以上，票房过亿的国产电影达43部，2010年电影票房超过100亿，改变了进口大片主导我国电影市场的格局。当然，中国电影与电视剧制作流程的产业化专业化程度以及演职人员的水准仍有提高的空间，每年制作的电视剧有相当大一部分无法在电视台播放等浪费现象亦亟待得到改善。《唐山大地震》《建国大业》《集结号》《十月围城》等电影，不仅弘扬了主流的价值观，而且因为出色的艺术掌控也收获了相当可观的票房，而《潜伏》《人间正道是

---

① 庄建：《柳斌杰：新闻出版去年总产出预计达1.3万亿元》，《光明日报》2011年1月12日。

沧桑》《金婚》《士兵突击》等电视剧不但为我们留存了催人奋进的时代画卷，也塑造出令人耳目一新的银屏新形象。[1]

文化工作者所焕发的生机促进了文化产品的极大繁荣，较好地满足了人民日益增长的精神文化需求，同时也提升和扩大了中华文化的国际影响力。据文化部提供的数据显示，目前我国已同世界上160多个国家和地区保持着良好文化交流关系，与145个国家签订政府间文化合作协定和年度文化交流执行计划。一批具有民族特色、自主知识产权的知名文化品牌正在走向世界。[2]

二、科技领域的规划和成就

新世纪以来，建设创新型国家战略上升为国家战略，借助政府的强力推动，中国科技发展进入一个重要的跃升期，取得了显著的成就。然而，在保持经济高速增长的同时中国经济也暴露出了隐忧，廉价的劳动力使得中国在全球产业链上处于末端，核心技术受制于人，关键技术和设备大部分都依赖于紧扣。当全球经济已经转变为创新驱动时，加快科技发展遂成为中国经济的重要突破口。

2002年党的十六大提出了要制定科学和技术长远发展规划的任务。2006年，中央召开全国科学技术大会，正式提出坚持走中国特色自主创新道路，建设创新型国家的号召，并发布《国家中长期科学技术发展规划纲要》，明确"自主创新，重点跨越，支撑发展，引领未来"的新时期科技工作总方针，对未来15年中国科技发展做出了全面规划和部

---

[1]　欧阳雪梅主编：《中华人民共和国文化史（1949—2012）》，当代中国出版社2016年版，第341—344页。

[2]　《中国文化发展已到窗口期　中央将作出纲领性部署》，《瞭望》2011年10月2日。

署。①2007年党的十七大进一步提出要把提高自主创新能力、建设创新型国家作为国家发展战略的核心，提高综合国力的关键。②创新型国家战略是对科教兴国战略和可持续发展战略所确定的以技术创新为核心的战略结构的深化和系统化，"将技术创新内核提升转变为更完整的创新系统的核心结构，从着重创新要素投入的初期模式转换为以创新能力培养为目标的高级阶段"。③2008年年底，国际金融危机对我国经济形成冲击，形势严峻。发挥科技创新的支撑作用，正是应对金融危机的治本之策。随后，国家明确了抓紧实施与扩内需、保增长紧密相关的科技重大专项，加快研发制约重点产业发展的关键技术、为产业振兴提供强有力的科技支撑，大力支持企业提高自主创新能力，加快发展高新技术产业集群，动员科研院所和高等院校科技力量主动服务企业等工作任务。

《发展规划纲要》对中国科技的总体部署包括：一是立足于我国国情和需求，确定若干重点领域，突破一批重大关键技术，全面提升科技支撑能力。二是瞄准国家目标，实施若干重大专项，实现跨越式发展，填补空白。三是应对未来挑战，超前部署前沿技术和基础研究，提高持续创新能力，引领经济社会发展。四是深化体制改革，完善政策措施，增加科技投入，加强人才队伍建设，推进国家创新体系建设，为我国进入创新型国家行列提供可靠保障。根据全面建设小康社会的紧迫需求、世界科技发展趋势和我国国力，必须把握科技发展的战略重点。一是把发展能源、水资源和环境保护技术放在优先位置，下决心解决制约经济

① 温家宝：《认真实施科技发展规划纲要，开创我国科技发展的新局面》（2006年1月9日），中共中央文献研究室编：《十六大以来重要文献选编》（下），中央文献出版社2006年版，第200页。
② 胡锦涛：《高举中国特色社会主义伟大旗帜　为夺取全面建设小康社会新胜利而奋斗——在中国共产党第十七次全国代表大会上的报告》，人民出版社2007年版，第15—18页。
③ 《中国科技发展60年》，科学技术文献出版社、科学出版社2009年版，第346页。

社会发展的重大瓶颈问题。二是抓住未来若干年内信息技术更新换代和新材料技术迅猛发展的难得机遇，把获取装备制造业和信息产业核心技术的自主知识产权，作为提高我国产业竞争力的突破口。三是把生物技术作为未来高技术产业迎头赶上的重点，加强生物技术在农业、工业、人口与健康等领域的应用。四是加快发展空天和海洋技术。五是加强基础科学和前沿技术研究，特别是交叉学科的研究。

其中，重大专项着眼于科技和产业发展前沿，在电子与信息、能源与环保、生物与医药、先进制造等关键领域开发一批具有自主知识产权的重大战略产品，突破一批重大关键共性技术，建设一批重大示范工程。国家科技重大专项是培育战略性新兴产业、调整经济结构的强大引擎，也是市场经济条件下激活创新能量的举国体制的新实践。新世纪之初，我国集成电路领域还是空白，进口芯片比进口石油花的钱还多得多；数年之后，我国构建了以龙头企业带动，按照上下游配套进行系统部署的集成电路产业链。截至2012年，集成电路重大专项一批核心技术和关键设备取得突破，集成电路装备专项12英寸65～40纳米介质刻蚀机产品进入国际主流企业生产线。

除了重大专项，科技部在20世纪初启动了电动汽车专项、国家半导体照明工程等，通过科技计划和政策的持续支持，使我国实现了从跟随者到引领者的身份转换。科技部围绕节能环保、新一代信息技术、生物、高端装备制造、新能源、新材料和新能源汽车7个战略性新兴产业，加强系统部署、联合攻关、技术集成和应用示范。一方面，在涉及信息技术、生物等领域核心关键技术取得突破。激光快速制造装备研制成功；抗肿瘤新药凯美纳获得生产许可；北斗卫星导航系统等空间基础设施建设进展顺利，逐步拓展到民用领域；首台海上6兆瓦风电机组成功下线并完成安装。另一方面，一批重点示范工程成效显著。37个"十城万盏"半导体照明（LED）应用试点城市，集中了近4500家半导体照明企业，总产值约1400亿元，应用灯具超过420万盏，年节电超过4亿度。25

个"十城千辆"节能与新能源汽车示范试点城市，已运行各类电动汽车1.5万辆，新能源汽车实现小批量生产，国内最大的电动汽车充电站在北京建成；2000多辆新能源汽车在深圳大运会示范运营，载客量突破604万人次。

新世纪初，中国半导体照明上游产业仍是空白，下游应用刚刚起步，功率芯片全部依赖过口，而截至2012年，一条较为完整的具备较强国际市场竞争力的产业链正在形成。"金太阳"示范工程支持荒漠并网、建筑一体化、园区集中连片式光伏发电等343个项目，总装机容量超过1300兆瓦。国家风光储输示范工程一期在河北张家口成功投产，标志着我国建成了世界上首座集风电、光伏发电、储能和智能输电"四位一体"的新能源示范电站，实现了新能源并网、关键设备和工程建设等方面的重大技术突破，也为我国电网接纳大规模新能源提供了良好示范。下一代广播电视网（NGB）建设进展顺利，在长三角地区完成200万户NGB试验示范网建设，入户带宽100M。①

三、哲学社会科学的前进

哲学社会科学领域在这一时期进入了大发展大繁荣的时期，一方面体现党和政府的重视，另一方面也是经济发展物质丰富到一定阶段后必然结果。2004年1月中共中央发布的《关于进一步繁荣哲学社会科学的意见》成为日后中国哲学社会科学建设与发展的纲领性文件。"意见"指出要加强传统学科、新兴学科和交叉学科建设、加强基础研究和应用研究，把基础研究和应用对策研究紧密结合起来，以应用对策研究促进基础研究，重点扶持关系哲学社会科学发展全局的研究项目，扶持对学科创新发展起关键性作用的研究项目，扶持对弘扬民族精神、传承民族文化有重大作用的研究项目，扶持对经济社会发展和国家安

---

① 《支撑发展　引领转变　惠及民生——盘点2011年中国科技新进展、新成就》，《科技日报》2012年3月2日。

全有重要影响的研究项目，要加强哲学社会科学宏观管理体制和微观运行机制建设，大力实施哲学社会科学"走出去"战略，采取各种有效措施扩大中国哲学社会科的国际影响等，同时还要按照政治强、业务精、作风正的要求，造就一批用马克思主义武装起来、立足中国、面向世界、学贯中西的思想家和理论家，造就一批理论功底扎实、勇于开拓创新的学科带头人，造就一批年富力强、政治和业务素质良好、锐意进取的青年理论骨干。①

2007年党的十七大报告重申："繁荣发展哲学社会科学，推进学科体系、学术观点、科研方法创新，鼓励哲学社会科学界为党和人民事业发挥思想库作用，推动我国哲学社会科学优秀成果和优秀人才走向世界。"②2011年党的十七届六中全会通过的关于深化文化体制改革的决定，在"建设具有中国特色、中国风格、中国气派的哲学社会科学"的总目标下，强调了三个方面的指导思想：一是，坚持以重大现实问题为主攻方向，加强对全局性、战略性、前瞻性问题研究，加快哲学社会科学成果转化，更好服务经济社会发展。二是，实施哲学社会科学创新工程，发挥国家哲学社会科学基金示范引导作用，推进学科体系、学术观点、科研方法创新，重点扶持立足中国特色社会主义实践的研究项目，着力推出代表国家水准、具有世界影响、经得起实践和历史检验的优秀成果。三是，整合哲学社会科学研究力量，建设一批社会科学研究基地和国家重点实验室，建设一批具有专业优势的思想库，加强哲学社会科学信息化建设。③

---

① 参见《中共中央关于进一步繁荣哲学社会科学的意见》（2004年1月5日），中共中央文献研究室编：《十六大以来重要文献选编》（上），中央文献出版社2006年版。

② 胡锦涛：《高举中国特色社会主义伟大旗帜　为夺取全面建设小康社会新胜利而奋斗——在中国共产党第十七次全国代表大会上的报告》，人民出版社2007年版，第30页。

③ 参见《中共中央关于深化文化体制改革推动社会主义文化大发展大繁荣若干重大问题的决定》（2011年10月18日），中共中央文献研究室编：《十七大以来重要文献选编》（下），中央文献出版社2013年版。

新世纪以来，我国哲学社会科学事业同党和国家事业发展同步伐、共命运，广大哲学社会科学工作者奋发进取，开拓创新，取得了极不平凡的成绩。全面加强马克思主义理论研究和建设，有力推进了马克思主义中国化时代化大众化。深入研究重大理论和现实问题，为探索中国特色社会主义发展规律作出了新贡献。广大哲学社会科学工作者在我们党解放思想、实事求是、与时俱进的思想路线指引下，积极投身党和国家的实践创新、理论创新和制度创新，积极探索马克思主义中国化的规律、内容和途径，深入研究中国特色社会主义的重大理论和实际问题。例如，深入研究中国特色社会主义基本制度、中国特色社会主义民主政治建设和落实依法治国基本方略等重大问题，深入研究社会主义市场经济体制改革、转变经济发展方式、共同富裕与分配制度改革、应对国际金融危机冲击等重大问题，深入研究中国特色社会主义文化发展道路、社会主义核心价值体系建设、社会主义和谐社会建设等重大问题，提出了一系列高质量理论成果和对策建议，有力地服务于党和国家工作大局，有效发挥了思想库智囊团作用。

积极推进学科体系和教材体系建设，为创新发展哲学社会科学奠定了坚实基础。在马工程的推动下，按照体现中国特色社会主义理论与实践、体现各学科发展前沿和最新进展这一基本要求，围绕学科体系和教材体系建设这一关键环节，经过扎实积累和有规划的发展，形成了中国自己的较为完整的哲学社会科学教材体系和门类齐全、布局合理的学科体系。截至2012年，我国哲学社会科学共有20多个一级学科、400多个二级学科，形成了以基础理论研究为依托、以宏观性战略对策问题研究为重点、以综合研究为特长的哲学社会科学研究体系。

大力开展对外学术交流与合作，我国哲学社会科学的国际话语权和影响力明显增强。哲学社会科学对外学术交流工作紧紧围绕大局，服从服务于国家战略和外交工作，积极开展学术外交。一些学者在知名国际学术机构和讲坛上发表见解，参与议程设计，打破西方话语霸权，在国际金融秩序治理、国际气候谈判等问题上发挥了重要作用，为维护国家安全和核心利益提供具有重要价值的研究成果和建议。《中国社会科学》（英文版）、《中国与世界经济》《中国考古学》《中国经济学人》等外文期刊，成为我国与世界社科界交流的重要渠道。我国对外学术交流遍及世界各地，同众多国际组织、研究机构、学术团体、大学、基金会和政府部门建立了长期稳定的交流合作关系。

在实践中培养、凝聚、造就人才，形成了一支高素质的学术研究创新队伍。特别是马克思主义理论研究和建设工程的实施，汇聚了一大批哲学社会科学研究和教学力量，壮大了思想理论研究队伍，直接参与工程的专家学者3000多人，间接参与的有数万人。党和国家高度重视哲学社会科学骨干的培养，截至2012年中央有关部门举办的哲学社会科学教学科研骨干研修班已达46期，培训5000多人，全国范围内培训7万多人。具有中级以上职称的哲学社会科学教学科研人员近40万人，其中有高级职称的人员10多万人，专职研究人员3万多人，涌现出一大批学术大家、领军人物、学科带头人和中青年科研骨干，为哲学社会科学的繁荣发展提供了雄厚的人才支撑。①

中国哲学社会科学面临的重大挑战是如何"走出去"。在中国已经取得很多成就的情况下，如何在学习借鉴人类文明成果的基础上，用中国的学术研究和话语体系解读中国实践、中国道路，概括出新概念、新范畴、新表述，打造具有中国特色、中国风格、中国气派的哲学社会科学学术话语体系，努力做到"中国立场、国际表达"，成为摆在中国哲学社会科学界面前的重大挑战。

四、新闻传媒业的成就

新闻舆论对社会的影响最直接最迅速最广泛。中国共产党历来高

---

① 中国社会科学院党组：《党的十六大以来我国哲学社会科学的繁荣发展》，《求是》2012年第17期。

度重视新闻舆论的导向作用，将新闻舆论视为意识形态工作的重要组成部分。能否掌握新闻舆论的主动权，关系党对意识形态的影响力和控制力，关系党的执政地位，关系党和国家事业的兴衰成败。因此，明确要求：新闻媒体坚持团结鼓劲、正面宣传为主，唱响主旋律，打好主动仗等。在坚持上述指导思想和原则的基础上，进入新世纪后又进一步提出围绕中心，服务大局，贴近实际、贴近生活、贴近群众，"走基层、转作风、改文风"等要求。党的十六大以来，新闻媒体无论就其总量、种类、传播方式和手段而言，还是就其时效性、权威性、公信力、影响力而言，均取得了空前的进步，特别是在唱响主旋律、在突发公共事件的新闻报道和发挥舆论监督作用等方面最为显著。中央有关部门还先后出台了《关于进一步加强和改进舆论监督工作的意见》《突发公共事件新闻报道应急办法》等文件，以指导和规范相关方面的工作。

进入新世纪后，围绕中国共产党成立80周年、90周年，中华人民共和国成立60周年，改革开放30周年，毛泽东诞辰110周年，邓小平诞辰100周年等重大活动，围绕抗击非典、载人航天、北京奥运会、汶川地震、上海世博会等重大事件，围绕党的代表大会和中央全会、人民代表大会和政治协商会议，围绕落实科学发展观、构建社会主义和谐社会的理论和实践，围绕就业、保障性住房建设、医药卫生体制改革、教育改革与发展等民生热点问题，围绕体现时代精神的先进典型人物，围绕保持共产党员先进性教育活动、创先争优活动等，积极地宣传中国共产党的奋斗历程和业绩，宣传改革开放和现代化建设的巨大成就，宣传体现爱国主义精神和改革创新精神的时代模范人物、先进集体，宣传执政党建设的"新的伟大工程"和模范党员干部，等等。可以说，正面宣传为主，唱响主旋律，注重舆论导向，打好主动仗，这些方针得到了充分的贯彻和实施。

时效性是新闻报道的生命线。因此中共中央高度重视重大突发事件的新闻报道，要求在重大问题上不缺位，在关键时刻不失语，抢占舆论制高点。经过摸索，最终形成了"及时准确、公开透明、有序开放、有效管理、正确引导"的原则，为争夺话语权、赢得主动权提供了重要遵循。例如，在应对新疆"七五"事件中，中央主要媒体第一时间发布权威消息，报道最新动态、刊发评论文章，引导国内外舆论，起了重要作用。此外，在防控重大疫情、处置重大食品安全事件和重特大安全生产事故等重大突发事件的报道方面，也大多做到了既尊重群众知情权、满足人们信息需求，又注重疏导群众情绪，有效引导舆论的作用。

舆论监督是新闻媒体的重要社会功能，进入新世纪后，新闻媒体在加强舆论监督，努力做到准确监督、科学监督、依法监督、建设性监督，保障民众的知情权、参与权、表达权、监督权等方面取得明显进步。概括言之，新闻舆论在以下几个方面发挥的监督作用较为明显：一是对违法违规行为的监督，揭露和批评有法不依、执法不严、贪赃枉法等问题，推进依法治国。二是对党和政府的方针政策落实情况的监督，反映民众对党和政府工作的希望和建议，揭露和批评有令不行、有禁不止、阳奉阴违、各行其是等行为，保证政令畅通。三是对社会丑恶现象、不道德行为和不良风气的揭露和批评，推进公民道德建设，弘扬社会正气。四是对食品安全、安全生产的监督，揭露和批评见利忘义的行为，维护民众的健康和生命安全。五是对侵害群众利益行为的监督，对教育、医疗、住房等直接关系民生的重要领域改革的监督，揭露和批评以各种手段和方式，侵害群众利益、违反中央政策的现象和行为，维护民众权益，推进社会公平公正。六是对党纪政纪执行情况的监督，揭露和批评失职渎职、滥用权力、消极腐败等行为，促进廉政建设。

五、文化交流的全面加强

作为中国独立自主的和平外交政策的重要组成部分，对外文化交流始终坚持以增进民众对中国的理解、沟通民众的感情为目的，在文化的交流借鉴与合作发展中，努力向世界真诚、真实地展示一个有着悠久历史和灿烂文化，同时又充满活力、开放自信的中国，一个改革发展、文明进步、倡导建设和谐世界的中国。2002年党的十六大特别是2007年十七大以来，在党和政府的坚强领导下，文化交流工作以中国特色社会主义理论体系为指导，解放思想，开拓创新，不断加快中华文化走向世界的步伐，大力提升中华文化的亲和力和感召力，走出了一条服务全局、放眼世界、与时俱进、科学发展的道路。

党的十六大、十七大、十七届六中全会全面规划了我国对外文化工作的宏伟蓝图，对外文化工作的方向任务进一步明确，对外文化工作的战略地位进一步提高，对外文化工作的科学认识也进一步升华。党的十六大强调要"着眼于世界文化发展的前沿，发扬民族文化的优秀传统，汲取世界各民族的长处，在内容和形式上积极创新，不断增强中国特色社会主义文化的吸引力和感召力"。①十七大强调要"加强对外文化交流，吸收各国优秀文明成果，增强中华文化国际影响力"。②胡锦涛在庆祝中国共产党成立90周年大会上的重要讲话中指出"要着眼于推动中华文化走向世界，形成与我国国际地位相对称的文化软实力，提高中华文化国际影响力"。③党的十七届六中全会进一步强调要"推动中华文化走向世界"和"积极吸收借鉴国外优秀文化成果"。④这一系列重大决策形成了中国共产党在新时期推动中华文化走向世界，促进人类文明进程的战略思考和理论成果，进一步确立了对外文化交流在开创中国特

① 江泽民：《全面建设小康社会，开创中国特色社会主义事业新局面》（2002年11月8日），中共中央文献研究室编：《十六大以来重要文献选编》（上），中央文献出版社2006年版，第29—30页。

② 胡锦涛：《高举中国特色社会主义伟大旗帜，为夺取全面建设小康社会新胜利而奋斗》（2007年10月15日），中共中央文献研究室编：《十七大以来重要文献选编》（上），中央文献出版社2009年版，第28页。

③ 胡锦涛：《在庆祝中国共产党成立90周年大会上的讲话》（2011年7月1日），《胡锦涛文选》第3卷，人民出版社2016年版，第539—540页。

④ 《中共中央关于深化文化体制改革推动社会主义文化大发展大繁荣若干重大问题的决定》（2011年10月18日），中共中央文献研究室编：《十七大以来重要文献选编》（下），中央文献出版社2013年版，第578页。

色社会主义事业，全面建设小康社会中的重要地位和时代意义。

当今世界正经历大发展大变革大调整，国际形势变化深刻复杂，综合国力竞争日趋激烈。文化是一个国家核心竞争力的重要组成部分，在综合国力竞争中的地位和作用越来越突出。向世界全面介绍中国的文化传统、价值理念、发展道路、民族精神，扩大中华文化在国际上的影响力，是提升我国文化软实力和综合国力必然要求，也是占据国际文化竞争制高点，赢得先机和主动的必然要求。大力弘扬中华文化，推动中华文化走向世界，让博大精深的中华文化再现辉煌，并从世界各国优秀文化中汲取营养，对于增强民族凝聚力、创造力和自豪感都具有十分重要的作用。大力开展对外文化贸易，扩大文化产品和服务出口，也是推动文化产业成为国民经济支柱性产业，调整经济结构，转变经济方式，促进国民经济保持平稳较快增长的重要途径。

这一时期的对外文化交流成果丰富，中国成为国际舞台上一道亮丽的风景。"中法文化年""中欧文化对话年""中俄国家年"等50多项中国文化活动在海外的举办，持续推动了中外文化交流热不断升温。欢乐春节、相约北京、亚洲艺术节、中非文化聚焦、阿拉伯艺术节等一批重点文化交流活动覆盖世界100多个国家和地区、吸引数千万海外民众和华人华侨参与，成为对外文化交流的标志性品牌。2008年北京奥运会、2010年上海世博会等更是成为展示中国传统文化底蕴和现代文化风貌的国际舞台。在扩大文化交流的同时，进一步加强对外贸易的政策扶持、产业合作、平台建设和出口模式提升，推动越来越多的中国文化"旗舰"企业和文化产品走向世界舞台。伴随着中国文化"走出去"，不断加大国外优秀文化"请进来"，中外文化彼此交融互鉴，繁荣了社会主义文化事业，满足了人民日益增长的文化需求。

随着国际文化合作日趋活跃，中国在世界上的话语权和影响力亦不断提高。截至2012年，我国已经同149个国家签订政府间文化合作协定和近800个年度文化交流执行计划，与上千个文化组织保持着密切的合作关系，并建立了中俄、中美、中英、中德、中欧、中阿、中非、上合等双边与多边人文合作机制。[1]我国列入联合国教科文组织《人类非物质文化遗产代表作名录》的项目总数达到29项，列入《急需保护名录》的7项。[2]通过与联合国教科文组织等国际机构的合作，我国的世界自然文化遗产、非物质文化遗产、文化多样性得到了更好的保护。近年来我国与欧美、周边和广大发展中国家合作举办的中欧文化高峰论坛等50余场高峰对话活动，进一步推动了文化思想领域的国际对话与高端交流，为我国在世界舞台上赢得了更多的理解、信任和尊重。

此外，对外文化交流平台不断扩大，中国文化近距离地走进了外国公众的生活和内心。随着海外中国文化中心、孔子学院等机构的建设和发展，对外文化传播平台不断扩展。通过高效率、不间断地举办形式多样、丰富多彩的活动，海外中国文化中心把中国文化送到驻在国公众的家门口。不同国家、不同肤色、不同年龄的外国公众走进中国文化中心，透过这一独特的平台和视窗，综合体验东方文化的魅力，亲身感受中国发展的脉动。文化如涓涓细流，以其特有的亲和力、吸引力与感染力，搭建起心灵沟通的桥梁。"相知无远近，万里尚为邻"，文化使我国和世界各国人民的心更加紧密地贴在了一起。

中华文化"走出去"在面临难得历史机遇的同时，也面临一系列严峻挑战：我国文化产业尚处于起步阶段，文化国际传播力、影响力和竞争力有限，西方在舆论话语权等方面占据着绝对优势，世界文化格局不均势状况还未根本扭转。

五千年的传统文化博大精深、源远流长，是中华民族生生不息的智慧结晶。在传统文化基础上继承、创新、发展的当代中国文化是中国现实与民族精神的生动写照，从中国发展道路到和谐世界理念，从思想价

---

① 张贺：《我国已同145个国家签订政府间文化合作协定》，《人民日报》2012年5月15日。

② 谌强：《中国非遗保护与国际合作之路》，《光明日报》2012年5月26日。

值观到文化产品或符号，成为帮助国际社会和各国人民进一步理解当代中国的最佳载体。与时俱进，开拓创新，在思想、文化的交流交锋交融中告诉世界中国人民的所思所想、不懈追求和未来发展。

新世纪以来，国际上数字化、信息化的传播趋势使得我国对外文化传播进一步要走专业化道路，要利用手机、网络电视、数字出版、动漫游戏等高新技术和新媒体抢占新兴文化传播高地。同时，还应继续发挥文化品牌在对外文化交流和对外文化贸易中的引领作用，借助国际知名文化机构和跨国企业的优势，不断加快对外文化交流的国际化步伐。中国文化对外交流更应着重推动人员的交流，通过情感沟通、思想交流和高端对话，"以文化人、以文促情、以文建信"，方能使中华文化真正走向世界，使中国由文化大国变为文化强国。

第五章

新时代文化发展的启航

（2012~2017）

　　党的十八大以来,党和国家经历了极不平凡的五年,发生了历史性变革,取得了历史性成就,进入习近平新时代中国特色社会主义新阶段。以习近平为核心的中共中央提出以"文化自信"为核心的新理念,采取文化发展新举措,推动文化建设取得重大进展,开启了坚持和发展中国特色社会主义文化道路,建设社会主义文化强国,在民族复兴中实现文化复兴的新征程。

第一节　新时代文化发展的新理念

一、"文化自信"与新的文化使命

　　新时代坚持和发展什么样的中国特色社会主义文化,怎样坚持和发展中国特色社会主义文化,是中国共产党面临的重大课题。十八大以来,世界多极化、经济全球化、文化多样化和社会信息化迅速发展,国际格局发生重大变化;中国改革进入全面深化改革的新阶段,经济总量跃居世界第二,正由经济大国向经济强国转变;中国共产党作为世界第一大党,管党治党的形势更加复杂严峻,全面加强党的领导和党的建设的任务更加繁重迫切。在中国特色社会主义进入新时代后,中国共产党需要针对世情、国情、党情的新情况，创造性地推动文化的大发展大繁荣，为夺取"两个一百年"目标的胜利、实现中华民族伟大复兴的中国梦，激发文化自信的强大精神力量。从新时代的历史方位出发，以习近平为核心的中共中央在文化建设实践中，逐渐形成了习近平新时代中国特色社会主义文化思想。

党的十八大是习近平新时代中国特色社会主义文化思想形成的起点。2012年11月召开的十八大，总结了过去五年"文化建设迈上新台阶"的成就，提出了"扎实推进社会主义文化强国建设"的目标，初步阐述了关于文化建设的战略思想：一是文化对于民族复兴的作用，提出实现民族复兴必须推动文化大发展大繁荣，兴起文化建设新高潮，提高国家文化软实力，发挥文化引领风尚、教育人民、服务社会、推动发展的作用。二是建设社会主义文化强国的原则，即坚持走中国特色社会主义文化发展道路。这条道路的基本内涵是坚持文化的"二为"方向，坚持"双百"方针，坚持"三贴近"（贴近实际、贴近生活、贴近群众）原则，推动"两个文明"全面发展，建设面向现代化、面向世界、面向未来的，民族的科学的大众的社会主义文化。三是深化文化体制改革的要求，强调建设文化强国的关键是增强文化创造活力，只有深化文化体制改革，才能解放和发展文化生产力，发扬学术民主、艺术民主，为人民提供广阔文化舞台，让一切文化创造源泉充分涌流，开创全民族文化建设的新局面。四是规划未来文化建设的重点方向，把加强社会主义核心价值体系建设、全面提高公民道德素质、丰富人民精神文化生活、增强文化整体实力和竞争力等四个方面列为文化强国建设的重点。

以党的十八大精神为指导，习近平凭借高度的文化自觉和文化自信，勇于担当新的文化使命，逐渐提出了新时代文化建设的一系列新思想新理念，推动执政党文化思想的创新发展。

增强"文化自信"是新时代文化思想的核心理念。文化自信在党的十八大以前已经提出，十八大进一步强调"树立高度的文化自觉和文化

自信"①。此后，文化自信的内涵更加丰富，地位不断提升，并被纳入关于中国特色社会主义的道路、制度、理论、文化"四个自信"的新政治表述体系，成为体现新时代党关于文化战略地位和作用的核心理念。

党的十八大以来，习近平在不同场合表达了增强文化自信的思想。2013年5月、11月，习近平分别同各界青年代表座谈、考察山东曲阜时，强调了"文化支撑"的作用，提出了"一项没有文化支撑的事业难以持续长久"，"中华民族伟大复兴需要以中华文化发展繁荣为条件"，表达了发展文化的期待。②8月19日，习近平在全国宣传思想工作会议上提出"讲清楚中国特色社会主义植根于中华文化沃土"的命题，表达了对中国传统文化的自信。③2014年2月24日，他主持中央政治局第13次集体学习时，继续从讲清楚中华优秀传统文化的角度，首次提出"增强文化自信和价值观自信"④。10月15日，习近平在文艺工作座谈会上，更为明确地提出"增强文化自觉和文化自信，是坚定道路自信、理论自信、制度自信的题中应有之义。"⑤这是首次把文化自信和此前提出的三个自信联系在一起。

在这以后，习近平形成"四个自信"的新表述。2016年5月17日，习近平在哲学社会科学工作座谈会上，初步论证了"四个自信"的关系，认为"坚定中国特色社会主义道路自信、理论自信、制度自信，说到底

①　《坚定不移沿着中国特色社会主义道路前进，为全面建成小康社会而奋斗》（2012年11月8日），中共中央文献研究室编：《十八大以来重要文献选编》（上），中央文献出版社2014年版，第26页。

②　中共中央文献研究室编：《习近平关于社会主义文化建设论述摘编》，中央文献出版社2017年版，第3—4页。

③　习近平：《把宣传思想工作做得更好》（2013年8月19日），《习近平谈治国理政》，外文出版社2014年版，第156页。

④　习近平：《培育和弘扬社会主义核心价值观》（2014年2月24日），《习近平谈治国理政》，外文出版社2014年版，第164页。

⑤　中共中央文献研究室编：《习近平关于社会主义文化建设论述摘编》，中央文献出版社2017年版，第9页。

是要坚定文化自信。"①7月1日，他在庆祝中国共产党成立95周年大会上，正式提出作为并列关系的"四个自信"。"七一讲话"首先面向全党正式提出"坚持中国特色社会主义道路自信、理论自信、制度自信、文化自信"的新命题，从而把过去单独提出的文化自信与原来形成的"三个自信"并列、衔接，成为"四个自信"的新表述，用以表达中国共产党、中华人民共和国、中华民族"最有理由自信"的立场。其次，解释了文化自信在"四个自信"中的独特作用，即文化自信是"更基础、更广泛、更深厚的自信"，强化了文化对于其他三个自信的深层次的精神力量支撑作用。②2016年11月30日，习近平在中国文联十大、中国作协九大开幕式上，把坚定文化自信进一步提升到"关乎国运兴衰、事关文化安全、事关民族精神独立性的大问题"的高度加以认识。③由此，"文化自信"得到了比较全面意义上的阐发。

作为新理念的文化自信，具有新时代的新特征。首先，它的内涵更加丰富、外延更加宽广，不仅符合文化学的一般定义，而且被新时代赋予新内涵，即它是支撑中华民族实现伟大复兴，引领科学社会主义发展潮流，最终为人类文明发展提供中国经验的具有独特气质的文化形态。这就跳出了单纯从中国共产党和中国社会主义自身的认识框架出发看文化，转而从更为宽广、更为恢宏的中华民族复兴、世界社会主义五百年、人类文明发展的三大历史空间维度认识文化问题，从而丰富了文化认识的向度，提升了文化发展的境界，拓展了文化建设的格局。其次，同社会主义精神文明、中国特色社会主义文化的表述相比，新时代采用"文化自信"重新定义了文化的战略地位和作用，进而形成"四个自信"的政治

---

① 习近平：《加快构建中国特色哲学社会科学》（2016年5月17日），《习近平谈治国理政》第2卷，外文出版社2017年版，第339页。

② 习近平：《不忘初心，继续前进》（2016年7月1日），《习近平谈治国理政》第2卷，外文出版社2017年版，第36页。

③ 习近平：《要有高度的文化自信》（2016年11月30日），《习近平谈治国理政》第2卷，外文出版社2017年版，第349页。

话语体系，体现文化自觉的新高度。

　　承担新的文化使命是新时代文化思想的另一核心理念。中国共产党的初心和使命是为人民谋幸福、为民族谋复兴。新时代中国共产党的历史使命是坚持和发展中国特色社会主义，实现中华民族伟大复兴。自2012年11月29日习近平参观国家博物馆《复兴之路》展览，首次提出"实现中华民族伟大复兴，就是中华民族近代以来最伟大的梦想"后[①]，中华民族伟大复兴中国梦成为指导新时代的战略发展目标和理论创新基柱。从文化发展的角度看，党认识到了文化自信、文化繁荣发展与民族复兴的辩证关系：没有高度的文化自信，没有文化的发荣昌盛，就没有民族复兴；文化自信、文化发展不能脱离民族复兴实践，否则就会成为空中楼阁、镜花水月。因此，新时代党的文化使命就是坚持中国特色社会主义文化发展道路，建设社会主义文化强国，在实现民族伟大复兴中实现文化的繁荣昌盛，即新的文化复兴。正如党的十九大所宣告的那样，"中国共产党从成立之日起，既是中国先进文化的积极引领者和践行者，又是中华优秀传统文化的忠实传承者和弘扬者。当代中国共产党人和中国人民应该而且一定能够担负起新的文化使命，在实践创造中进行文化创造，在历史进步中实现文化进步。"[②]

　　经过五年极不平凡的发展历程，中国共产党以文化自信为统领，以新的文化使命相号召，在坚持文化发展道路、建设文化强国方面的认识得到进一步的发展。2017年10月召开的党的十九大，总结了过去五年的文化建设成就经验，形成了一系列新的思想认识：一是中国特色社会主义文化形成了"三位一体"的新结构，即源自于中华民族五千多年文明历史所孕育的中华优秀传统文化，熔铸于党领导人民在革命、建设、改革中

①　《中国梦，复兴路》（2012年11月29日），中共中央文献研究室编：《十八大以来重要文献选编》（上），中央文献出版社2014年版，第84页。

②　习近平：《决胜全面建成小康社会夺取新时代中国特色社会主义伟大胜利——在中国共产党第十九次全国代表大会上的报告》（2017年10月18日），人民出版社2017年版，第44页。

创造的革命文化和社会主义先进文化；二是发展中国特色社会主义文化的新思路，即以马克思主义为指导，坚守中华文化立场，立足当代中国现实，结合当今时代条件，发展面向现代化、面向世界、面向未来的，民族的科学的大众的社会主义文化，推动社会主义精神文明和物质文明协调发展；坚持为人民服务、为社会主义服务，坚持百花齐放、百家争鸣，坚持创造性转化、创新性发展，不断铸就中华文化新辉煌。三是形成建设文化强国的五项重点工作，即牢牢把握意识形态工作领导权、培育和践行社会主义核心价值观、加强思想道德建设、繁荣发展社会主义文艺、推动文化事业和文化产业的发展。[1]这些文化发展的创新思想，充分体现了党对于文化发展规律的战略思考和科学把握。

作为正处在形成发展过程中的思想，习近平新时代中国特色社会主义文化思想形成了基本框架，包括文化的总目标、总任务、指导思想、基本布局、发展方向、政治保证等基本方面。其中，它的主题是为实现社会主义现代化和民族复兴中国梦提供思想保证和强大精神力量；主线是围绕新时代坚持和发展中国特色社会主义的文化建设；本质是坚持和巩固党的文化领导权，增强文化自信。从中国共产党文化思想发展史来看，它源自中国特色社会主义实践，始于党的十八大，初步形成于党的十九大，并将进一步发展于新时代未来的实践。

二、加强文化体制改革的顶层设计

改革开放是决定当代中国命运的关键一招，也是决定实现"两个一百年"奋斗目标，实现中华民族伟大复兴的关键一招。党的十八大以来，以30多年改革开放的实践为基础，走出了"摸着石头过河"的阶段，逐渐形成了全面深化改革的思想，加强了对于文化体制改革的顶层

---

[1]　习近平：《决胜全面建成小康社会夺取新时代中国特色社会主义伟大胜利——在中国共产党第十九次全国代表大会上的报告》（2017年10月18日），人民出版社2017年版，第41—44页。

设计。

全面深化改革是党的十八大以来提炼形成的改革新主题。2013年，党的十八届三中全会对文化体制改革作出的顶层设计，是紧紧围绕建设社会主义核心价值体系、社会主义文化强国，加快完善文化管理体制和文化生产经营体制，建立健全现代公共文化服务体系、现代文化市场体系，推动社会主义文化大发展大繁荣。会议通过《中共中央关于全面深化改革若干重大问题的决定》，其中关于"推进文化体制机制创新"的内容主要有：一是宏观层面的原则，即坚持社会主义先进文化前进方向，坚持中国特色社会主义文化发展道路，培育和践行社会主义核心价值观，巩固马克思主义在意识形态领域的指导地位，巩固全党全国各族人民团结奋斗的共同思想基础；坚持以人民为中心的工作导向，坚持把社会效益放在首位、社会效益和经济效益相统一，以激发全民族文化创造活力为中心环节，进一步深化文化体制改革。二是中观层面的具体措施，即完善文化管理体制、建立健全现代文化市场体系、构建现代公共文化服务体系和提高文化开放水平等四项内容。《决定》的出台，为文化体制改革的顶层设计做了完整而具体的规划。

2013年12月，中共中央全面深化改革领导小组（简称中央全深改小组）成立，由习近平任组长，负责改革总体设计、统筹协调、整体推进、督促落实，下设经济体制和生态文明体制改革、民主法制领域改革、文化体制改革、社会体制改革、党的建设制度改革、纪律检查体制改革6个专项小组。自成立到2017年9月，中央全深改小组共召开过38次会议，出台360个重大改革方案、1500多项改革措施，其中涉及文化体制改革的有6次，成为文化体制改革的发动机。

2014年2月28日，中央全深改小组第2次会议通过《深化文化体制改革实施方案》，标志着文化体制改革进入全面实施阶段。《实施方案》体现出的改革新思路主要是：一是突出协调推进的要求，文化体制改革是政治经济文化社会生态文明"五位一体"全方位改革的重要内容，在改革的目标思路上注重与其他各领域改革的统筹协同，如与经济体制改革衔接要加强文化市场体系建设，与行政管理体制改革衔接要完善文化管理体制，与社会体制改革衔接要推进公益性文化事业发展；二是突出攻坚克难的要求，文化体制改革正在进入深水区，剩下的多是难啃的硬骨头，在改革的任务设置上，提出了一些涉及深层次矛盾和难点问题的重大任务；三是突出狠抓落实的要求，在工作推进上力求做到具体化、项目化、责任化，共开列出25项、104条重要改革举措及工作项目，并按照2015年、2017年、2020年三个时间节点明确进度要求，确保各项改革任务能落地、见实效。《实施方案》注重了改革的系统性、整体性和协同性，进一步细化了十八届三中全会提出的改革任务，明确了改革的指导思想、目标思路、主要任务和政策保障，为此后文化体制的改革发展规划了路线图、明确了时间表、布置了任务书。

《实施方案》明确了深化文化体制改革需要把握的重大原则。2014年3月11日，中央文化体制改革和发展工作领导小组办公室主任、中宣部副部长孙志军接受新华社记者采访时，对此进行了概括。一是始终做到"四个坚持"，即坚持社会主义先进文化前进方向，坚持中国特色社会主义文化发展道路，坚持以人民为中心的工作导向，坚持把社会效益放在首位、社会效益和经济效益相统一；二是紧扣"一个围绕"，即紧紧围绕建设社会主义核心价值体系、社会主义文化强国；三是着眼"两个巩固"，即巩固马克思主义在意识形态领域的指导地位，巩固全党全国各族人民团结奋斗的共同思想基础；四是突出"一个中心环节"，即以激发全民族文化创造活力为中心环节；五是推动"三个方面工作"，即促进文化事业全面繁荣、文化产业快速发展、优秀传统文化传承弘扬。而文化体制改革的目的，就是为了使中国特色社会主义文化制度更加成熟定型，为了营造有利于多出精品、多出人才的良好环境，为了满足人民群众

日益增长的精神文化需求。①

　　加强顶层设计，需要注重文化体制改革的特殊性。在改革总布局中，文化体制改革既要贯彻全面深化改革的总体要求、共性要求，又要兼顾文化的自身特点、特殊要求。为此，文化体制改革着力统筹四个关系：一是意识形态属性与商品属性的关系。既要把握文化发展规律，突出文化教育人民、引导社会的功能，又要符合市场经济规律，注重通过市场机制实现文化再生产、文化消费和文化传播。二是文化事业和文化产业的关系。文化事业坚持政府主导、财政支持，保障人民基本文化权益；文化产业坚持市场主导、企业主体，满足人民群众多层次多方面多样化的精神文化需求。三是社会效益和经济效益的关系。文化事业、文化产业只是运行方式的差别，而承载的精神内容是一致的。无论是文化事业单位还是文化企业，都要始终把社会效益摆在首位，重视文化创作生产的内容质量和文化内涵，努力实现社会效益与经济效益的有机统一。四是文化传承与文化创新的关系。不忘本来、吸收外来、开辟未来，既要大力弘扬中华优秀传统文化，延续好中国的历史文脉，同时要结合时代要求、借鉴国外优秀文化成果，推陈出新、大胆创新，使中华文化紧跟时代、与时俱进、不断发扬光大。

　　总体来看，文化体制的顶层设计是新时代文化建设的指路明灯。到2017年，文化体制改革取得重大进展，推出300多项改革举措，重点难点改革实现突破，基础性制度框架基本确立。②党的十九大继承了文化体制改革的总体思路，继续深化文化体制改革，完善文化管理体制，加快构建把社会效益放在首位、社会效益和经济效益相统一的体制机制，体现了文化体制改革的连续性和稳定性。

---

①　徐京跃、隋笑飞：《深化文化体制改革任务展望——访中央文化体制改革和发展工作领导小组办公室主任、中宣部副部长孙志军》（2014年3月11日），人民网，http://culture.people.com.cn/n/2014/0311/c1013-24606265.html（访问日期：2018年1月6日）。

②　本书编写组编著：《党的十九大报告辅导读本》，人民出版社2017年版，第43页。

三、加强意识形态工作，维护国家文化安全

意识形态决定文化前进方向和发展道路。党的十八大以来，习近平围绕加强和改进新时代的意识形态工作，提出了一系列新思想。

2013年8月19日，全国宣传思想工作会议召开，习近平系统阐发了加强意识形态工作的思想。首先，确立意识形态在党的工作体系中的地位和作用，阐明经济建设是党的中心工作，意识形态工作是党的一项极端重要的工作，以围绕中心、服务大局为基本职责，两者密切联系、不可分离。能否做好意识形态工作，事关党的前途命运，事关国家长治久安，事关民族凝聚力和向心力。其次，系统回答了远大理想和现实目标、党性和人民性、正面宣传和舆论斗争等宣传思想领域面临的一系列重大问题，要求加强理想信念教育，认清党性和人民性的一致性，坚持以正面宣传为主的同时，在大是大非和政治原则问题上开展舆论斗争，等等。习近平认为，思想舆论领域大致有红色、黑色、灰色"三个地带"，要守住红色地带的主阵地；对主要是负面东西的黑色地带敢于亮剑，压缩其地盘；对灰色地带要大张旗鼓争取，使其转化为红色地带。再者，阐明了宣传思想工作的根本任务就是要巩固马克思主义在意识形态领域的指导地位，巩固全党全国人民团结奋斗的共同思想基础。做好意识形态工作坚持全党动手，严格落实意识形态工作主体责任，加强对意识形态领域重大问题的分析研判，加强对重大战略性任务的统筹指导，宣传思想部门必须守土有责、守土负责、守土尽责。[①]讲话紧紧围绕牢牢把握意识形态工作的领导权、管理权、话语权问题，论述了意识形态工作的极端重要性，提出了加强和改进意识形态工作的基本思路，是指导意识形态建设的纲领性文件。

维护国家文化安全是习近平意识形态思想的重要内容。文化安全分

[①] 中共中央宣传部编：《习近平总书记系列重要讲话读本（2016年版）》，学习出版社、人民出版社2016年版，第195—196页；中共中央文献研究室编：《习近平关于社会主义文化建设论述摘编》，中央文献出版社2017年版，第21—33页。

为传统文化安全和非传统文化安全两类。前者即传统意义上的意识形态领域的安全，指维护一般意义上的社会主义价值观和社会主义的政治思想、法律思想、经济思想、社会思想、教育、艺术、伦理、道德、哲学在国家文化中的主导地位；后者指维护中国的文化消费和生活方式在西方的文化产品和生活方式影响下的安全。2014年4月15日，习近平主持召开中央国家安全委员会第一次会议，强调成立国家安全委员会就是为了适应国家安全的新形势，坚持总体国家安全观，既重视外部安全，又重视内部安全，既重视传统安全，又重视非传统安全，构建集政治安全、国土安全、军事安全、经济安全、文化安全、社会安全、科技安全、信息安全、生态安全、资源安全、核安全等于一体的国家安全体系；既重视发展问题，又重视安全问题，发展是安全的基础，安全是发展的条件；既重视自身安全，又重视共同安全，打造命运共同体。①这个讲话把文化安全列为一项重要内容，体现了习近平对加强意识形态问题的清醒认识。

习近平高度重视开展网络斗争和网络安全，要求把互联网作为加强意识形态工作的重要屏障。互联网对意识形态工作提出重大挑战，已经成为意识形态斗争的主战场。2013年，中国网民有近6亿人，手机网民有4.6亿多人，其中微博用户达到3亿多人。习近平强调掌握网络舆论战场上的主动权，深入开展网络舆论斗争，依法加强网络社会管理，净化网络空间。2014年2月28日，习近平主持召开中央网络安全和信息化领导小组第一次会议，指出网络安全和信息化是一体之两翼、驱动之双轮，做好网上舆论工作是一项长期任务，要创新改进网上宣传，运用网络传播规律，弘扬主旋律，激发正能量，大力培育和践行社会主义核心价值观，

---

① 习近平：《坚持总体国家安全观，走中国特色国家安全道路》（2014年4月15日），《习近平谈治国理政》，外文出版社2014年版，第200—201页。

把握好网上舆论引导的时、度、效，使网络空间清朗起来。①

2015年5月，习近平在中央统战工作会议上，再次谈到互联网是当前宣传思想工作的主阵地，这个阵地我们不去占领，人家就会去占领。针对互联网时代涌现出的包括新媒体从业人员和网络"意见领袖"在内的网络人士，习近平要求把这些人中的代表性人士纳入统战工作视野，建立经常性联系渠道，加强线上互动、线下沟通，引导其政治观点，增进其政治认同。②

2016年4月19日，习近平在网络安全和信息化工作座谈会上，进一步系统论述了建设网络良好生态，发挥网络引导舆论、反映民意的作用。首先，肯定网络具有凝聚共识的作用，希望"网上网下形成同心圆"，要求党政机关和领导干部学会通过网络走群众路线，善于运用网络了解民意、开展工作是新形势下领导干部做好工作的基本功；其次，发挥网络反映民意的作用，主张让互联网成为党同群众交流沟通的新平台，成为开展群众工作的新途径，成为发扬人民民主、接受人民监督的新渠道；再次，加强网络空间治理，强调互联网不是法外之地，坚决制止和打击利用网络开展的不法行为，营造风清气正的网络空间。③

新闻舆论是意识形态工作的重要领域。习近平坚持党管媒体原则不动摇，坚持政治家办报、办刊、办台、办新闻网站，加强马克思主义新闻观教育。2016年2月19日，习近平在党的新闻舆论工作座谈会上，系统阐述了新闻舆论思想。习近平提出新闻舆论工作是党的一项重要工作，必须坚持党的领导，把政治方向摆在第一位，坚持党性原则，坚持马克思主义新闻观，坚持正确舆论导向，坚持正面宣传为主，坚持以人民为

---

① 习近平：《努力把我国建设成为网络强国》（2014年2月27日），《习近平谈治国理政》，外文出版社2014年版，第197—198页。

② 习近平：《坚持和巩固党对意识形态工作的领导》（2015年5月18日—2016年5月17日），《习近平谈治国理政》第2卷，外文出版社2017年版，第325页。

③ 习近平：《建设网络良好生态，发挥网络引导舆论、反映民意的作用》（2016年4月19日），《习近平谈治国理政》第2卷，外文出版社2017年版，第335—337页。

中心的工作导向，尊重新闻传播规律，创新方法手段，加快培养造就一支新闻舆论工作队伍，提高党的新闻舆论传播力、引导力、影响力、公信力，并对新闻舆论工作者提出增强政治家办报意识，在围绕中心、服务大局中找准坐标定位，解决好"为了谁、依靠谁、我是谁"这一根本问题的要求。①

党校是意识形态的重要阵地，关系干部教育的成败。习近平论述了"党校姓党"的重要性。2015年12月11日，他在全国党校工作会议上鲜明提出"党校姓党"，认为坚持"党校姓党"首先是坚持姓"马"姓"共"，要坚定对于马克思主义的信仰和对社会主义的信念；针对意识形态斗争的复杂形势，强调党校不是世外桃源，坚强思想理论研究，敢于发声亮剑，守护这一马克思主义、中国特色社会主义的坚强前沿阵地。②

高校是意识形态的重要阵地，关系到培养社会主义事业的建设者和接班人。2016年12月7日—8日，全国高校思想政治工作会议召开，习近平从加强党对高校的领导、立足办什么样的大学、怎样办大学的战略高度，研究分析了高校思想政治工作面临的形势、存在的问题，深刻阐述了加强和改进高校思想政治工作的重要性紧迫性，就进一步加强和改进高校思想政治工作作出全面部署。习近平提出，高校立身之本在于立德树人，把思想政治工作贯穿教育教学全过程，实现全程育人、全方位育人；高等教育发展的方向是为人民服务、为中国共产党治国理政服务、为巩固和发展中国特色社会主义制度服务、为改革开放和社会主义现代化建设服务；高校是党领导下的高校，是中国特色社会主义高校，必须坚持以马克思主义为指导，全面贯彻党的教育方针；办好我国高等教育，必须坚持党的领导，牢牢掌握党对高校工作的领导权，使高校成

---

① 习近平：《提高党的新闻舆论传播力引导力影响力公信力》（2016年2月19日），《习近平谈治国理政》第2卷，外文出版社2017年版，第331—333页。

② 习近平：《坚持和巩固党对意识形态工作的领导》（2015年5月18日—2016年5月17日），《习近平谈治国理政》第2卷，外文出版社2017年版，第326—327页。

为坚持党的领导的坚强阵地。为此，坚持不懈传播马克思主义科学理论，抓好马克思主义理论教育，为学生一生成长奠定科学的思想基础；坚持不懈培育和弘扬社会主义核心价值观，引导广大师生做社会主义核心价值观的坚定信仰者、积极传播者、模范践行者。这次会议是一次具有开创性意义的重要会议，是高校党的建设历史上的里程碑，充分体现了习近平关于高校思想政治工作的认识，深刻回答了事关高等教育事业发展和高校思想政治工作的一系列重大问题，成为新形势下高校思想政治工作的纲领性文献。

马克思主义是意识形态工作的指导理论。针对如何对待以马克思主义为指导的问题，2016年5月17日，习近平在哲学社会科学工作座谈会上，深刻做出了回答。在哲学社会科学领域，在社会上，存在一些对马克思主义的模糊甚至错误的认识，如马克思主义已经过时了，不能指导中国的现在；马克思主义是意识形态说教，不具有学理性和系统性，等等。在有的领域，马克思主义被边缘化、空泛化、标签化，在一些学科中"失语"、教材中"失踪"、论坛上"失声"。习近平从上述问题出发，强调马克思主义至今仍然显示出科学思想的伟力，依然占据着真理和道义的制高点，哲学社会科学工作者要自觉坚持以马克思主义为指导，自觉把中国特色社会主义理论体系贯穿研究和教学全过程，转化为清醒的理论自觉、坚定的政治信念、科学的思维方法。

习近平围绕意识形态工作的上述重要讲话，从新形势下意识工作领域的挑战和问题出发，从全局和战略高度分析了加强和改进意识形态工作的重要意义，深刻回答了意识形态建设的一系列方向性、全局性、战略性的重大问题，系统阐述了牢牢把握意识形态工作领导权的立场、观点和方法，把中国共产党对于意识形态工作的规律性认识提升到新的高度，是中国特色社会主义意识形态理论的重大创新成果，为做好新形势下的意识形态工作，建立新时代社会主义意识形态发挥了指导作用。

四、增强文化软实力，构建国际话语权

软实力是衡量一个国家综合国力和现代化程度的重要元素，指一个国家依靠政治制度的吸引力、文化价值的感召力和国民形象的亲和力等释放出来的无形影响力。[①]文化是软实力的重要来源，文化软实力集中体现一个国家基于文化而具有的凝聚力和生命力，以及由此产生的吸引力和影响力。回顾古今中外的历史，任何一个大国的发展历程，既是政治、经济、军事等硬实力发展的过程，也是文化、意识形态、制度、生活方式等软实力提高的过程。对于谋求民族复兴的中国共产党而言，文化软实力建设的意义更为重大。

新世纪以来，伴随对文化战略地位的认识深化，中国共产党逐渐把"文化软实力"纳入文化思想的表述中。十七大首次在党代会报告中论述"提高国家文化软实力"。党的十八大以来，习近平把提高文化软实力，增强中国文化的国际话语权纳入实现民族复兴大业的格局中定位认识。习近平指出，提高文化软实力，关系中国在世界文化格局中的定位，关系中国国际地位和国际影响，关系"两个一百年"奋斗目标和中华民族复兴的中国梦的实现。

2013年12月30日，习近平主持中央政治局第12次集体学习，主题就是"提高国家文化软实力研究"，对如何提高国家文化软实力做出系统论述。围绕如何提升国家文化软实力，习近平提出了四点认识：

第一，夯实国家文化软实力的根基。提高国家文化软实力要"形于中"而"发于外"。习近平从坚持中国特色社会主义文化发展道路，深化文化体制改革，开展社会主义核心价值体系学习教育，开展理想信念教育，弘扬民族精神和时代精神，推动文化事业全面繁荣、文化产业快

---

① 　"软实力"，又称"软国力"、"软力量"、"软权力"，由美国哈佛大学教授约瑟夫•奈提出。他将综合国力分为硬实力与软实力两种形态，前者指支配性实力，包括基本资源（如土地面积、人口、自然资源）、军事力量、经济力量和科技力量等，后者则分为国家的凝聚力、文化被普遍认同的程度和参与国际机构的程度等。

速发展。习近平认为，夯实根基的一项很重要的工作就是从思想道德抓起，从社会风气抓起，从每一个人抓起。继承和弘扬中国人民在长期实践中培育和形成的传统美德，坚持马克思主义道德观、坚持社会主义道德观，努力实现中华传统美德的创造性转化、创新性发展，引导人们向往和追求讲道德、尊道德、守道德的生活，让13亿人都成为中华美德、中华文化的主体。

第二，传播当代中国价值观念。当代中国价值理念，就是中国特色社会主义价值观念，代表中国先进文化的前进方向。习近平认为，中国已经成功走出一条中国特色社会主义道路，实践证明其道路、理论体系、制度是成功的。加强提炼和阐释，拓展对外传播平台和载体，把当代中国价值观念贯穿于国际交流和传播方方面面。中国梦是中华民族团结奋斗的最大公约数，要把中国梦的宣传和阐释，与当代中国价值观念紧密结合起来，从哲理、历史、文化、社会、生活等方面深入阐释中国梦，不要空喊口号，不能庸俗化。注重从历史层面、国家层面、个人层面、全球层面等方面讲清楚、说明白，使中国梦成为传播当代中国价值观念的生动载体。

第三，展示中华文化独特魅力。中华传统优秀文化是中国最深厚的文化软实力。基于五千多年文明的历史传统，习近平强调要使中华民族最基本的文化基因与当代文化相适应、与现代社会相协调，以人们喜闻乐见、具有广泛参与性的方式推广开来，把跨越时空、跨越国度、富有永恒魅力、具有当代价值的文化精神弘扬起来，把继承优秀传统文化又弘扬时代精神、立足本国又面向世界的当代中国文化创新成果传播出去。习近平要求系统梳理传统文化资源，让文物、遗产、文字都活起来。倡导以理服人，以文服人，以德服人，提高对外文化交流水平，完善人文交流机制，创新人文交流方式，综合运用大众传播、群体传播、人际传播等多种方式展示中华文化魅力。注重塑造国家形象，重点展示中国的文明大国形象、东方大国形象、负责任大国形象、社会主义大国形象。

第四，提高国际话语权。加强国际传播能力建设，精心构建对外话语体系，发挥好新兴媒体作用，增强对外话语的创造力、感召力、公信力，讲好中国故事，传播好中国声音，阐释好中国特色。习近平主张，加大对中国人民和中华民族的优秀文化和光荣历史的正面宣传力度，通过学校教育、理论研究、历史研究、影视作品、文学作品等多种形式，加强爱国主义、集体主义、社会主义教育，引导中国人民树立和坚定正确的历史观、民族观、国家观、文化观，增强做中国人的骨气和底气。①习近平关于文化软实力建设的基本思想经由上述讲话得到系统反映，在以后的有关讲话中得到进一步的发展。

关于文化软实力建设的重点。2014年2月24日，习近平进一步把核心价值观界定为"文化软实力的灵魂、文化软实力建设的重点"，认为这是决定文化性质和方向的最深层次要素。一个国家的软实力，从根本上说，取决于其核心价值观的生命力、凝聚力、感召力。②这样，培育和弘扬社会主义核心价值观就被列为文化软实力建设的重点。

关于国际话语权。2016年5月17日，习近平在哲学社会科学座谈会上，提出"发挥我国哲学社会科学作用，要注意加强话语体系建设。在解读中国实践、构建中国理论上，我们应该最有发言权。""要善于提炼标识性概念，打造易于为国际社会所理解和接受的新概念、新范畴、新表述，引导国际学术界展开研究和讨论。"③12月29日，习近平致《大辞海》出版暨《辞海》第1版面世80周年的贺信中，写道"坚定文化自信，坚持改革创新，打造传世精品，通过不断实施高质量的重大文化工程，为培育和践行社会主义核心价值观、增强国家文化软实力、建设社会主义

① 习近平：《提高国家文化软实力》（2013年12月30日），《习近平谈治国理政》，外文出版社2014年版，第160—162页。

② 习近平：《培育和弘扬社会主义核心价值观》（2014年2月24日），《习近平谈治国理政》，外文出版社2014年版，第163页。

③ 习近平：《加快构建中国特色哲学社会科学》（2016年5月17日），《习近平谈治国理政》第2卷，外文出版社2017年版，第346页。

文化强国作出新的更大的贡献！"①

　　关于讲好中国故事。伴随大国地位的提升，国际社会日益关注中国，希望了解中国发展的奥秘。同时，国际社会对中国还存在一些误解乃至敌视，"中国威胁论""中国崩溃论"等论调不绝于耳。习近平从纷繁复杂的国际形势出发，把讲好中国故事、传播好中国声音，向世界展示一个真实、立体、全面的中国列为文化软实力建设的重要内容。

　　首先，讲好中国故事，需要树立强烈的文化自信。习近平鲜明地指出，我们有本事做好中国的事情，还没有本事讲好中国故事？我们应该有这个信心。符合国情的中国特色社会主义道路不能走偏，中国5000多年没有断流的文化更不能丢掉。增强文化自信，是讲好中国故事的底色和底气。

　　其次，讲好中国故事，需要解决"挨骂"问题。落后就要挨打，贫穷就要挨饿，失语就要挨骂。国际舆论格局总体上是西强我弱，中国的话语体系尚未建立，不少方面还没有话语权，甚至处于"无语"或"失语"状态，中国的发展优势和综合国力还没有转化为话语优势。鉴于此，习近平认为要着力推进国际传播能力建设，创新对外宣传方式，精心构筑对外化一体系，创新对外话语表达，打造融通中外的新概念新范畴新表述，把我们想讲的和国外受众想听的结合起来，努力争取国际话语权，增强文化传播亲和力。要多用外国民众听得到、听得懂、听得进的途径和方式，传播中华文化，阐发中国精神，展现中国风貌，让世界对中国多一份理解、多一份支持。

　　再次，讲好中国故事，需要积极主动、久久为功。要促进国际社会了解和接受中国，就要主动把中国的想法表达清楚，让正确的声音先入为主，盖过种种负面舆论和奇谈怪论。要讲好中国特色社会主义的故事，讲好中国梦的故事，讲好中国人的故事，讲好中华优秀文化的故事，讲

---

① 习近平：《习近平致〈大辞海〉出版暨〈辞海〉第一版面世80周年的贺信》，《光明日报》2016年12月30日。

好中国和平发展的故事。结合当代中国实际与时俱进，多讲21世纪的马克思主义、新时代的马克思主义。习近平强调，讲好中国故事是全党的事，各个部门、各条战线都要讲。要加强统筹协调，整合各类资源，推动内宣外宣一体发展，奏响交响乐、唱响大合唱，把中国故事讲得愈来愈精彩，让中国声音愈来愈洪亮。[①]

第二节　新时代文化发展的新举措

一、全面深化文化体制改革

党的十八大以来，全面深化改革蹄疾步稳。在中共中央的领导下，在中央全面深化改革领导小组、中央文化体制改革和发展工作领导小组的统筹推动下，文化体制改革开创新局面。

2013年11月，党的十八届三中全会通过《中共中央关于全面深化改革若干重大问题的决定》，具体提出了四项文化体制改革的要求。

第一，完善文化管理体制。按照政企分开、政事分开原则，推动政府部门由办文化向管文化转变，推动党政部门与其所属的文化企事业单位进一步理顺关系。建立党委和政府监管国有文化资产的管理机构，实行管人管事管资产管导向相统一。健全坚持正确舆论导向的体制机制。

第二，建立健全现代文化市场体系。完善文化市场准入和退出机制，鼓励各类市场主体公平竞争、优胜劣汰，促进文化资源在全国范围内流动。继续推进国有经营性文化单位转企改制，加快公司制、股份制改造。对按规定转制的重要国有传媒企业探索实行特殊管理股制度。推动文化企业跨地区、跨行业、跨所有制兼并重组，提高文化产业规模化、集约化、专业化水平。鼓励非公有制文化企业发展，降低社会资本进

① 中共中央宣传部编：《习近平总书记系列重要讲话读本（2016年版）》，学习出版社、人民出版社2016年版，第209—211页。

入门槛。

第三，构建现代公共文化服务体系。建立公共文化服务体系建设协调机制，统筹服务设施网络建设，促进基本公共文化服务标准化、均等化。建立群众评价和反馈机制，推动文化惠民项目与群众文化需求有效对接。整合基层宣传文化、党员教育、科学普及、体育健身等设施，建设综合性文化服务中心。明确不同文化事业单位功能定位，建立法人治理结构，完善绩效考核机制。引入竞争机制，推动公共文化服务社会化发展。

第四，提高文化开放水平。坚持政府主导、企业主体、市场运作、社会参与，扩大对外文化交流，加强国际传播能力和对外话语体系建设，推动中华文化走向世界。理顺内宣外宣体制，支持重点媒体面向国内国际发展。培育外向型文化企业，支持文化企业到境外开拓市场。鼓励社会组织、中资机构等参与孔子学院和海外文化中心建设，承担人文交流项目。积极吸收借鉴国外一切优秀文化成果，引进有利于中国文化发展的人才、技术、经营管理经验。切实维护国家文化安全。[①]

按照《决定》的路线图，2014年是全面深化改革的破冰元年，构建了重大决策机制、统筹协调机制、督办督查机制，通过上百项专项改革方案。经由中央全深改小组的统筹规划，文化体制改革以2014年2月通过的《深化文化体制改革实施方案》为起点，不断深入推进。3月24日—25日，全国文化体制改革工作会议召开，强调明确目标方向，增强责任担当，加快完善文化管理体制和生产经营机制，促进基本公共文化服务标准化、均等化，提高文化产业规模化、集约化、专业化水平，重视和发展民族民间文化，提高文化开放水平，努力实现中央确定的改革任务。会议把抓落实作为深化文化体制改革的工作重点。12月2日，中央全深改小组

---

① 《中共中央关于全面深化改革若干重大问题的决定》（2013年11月12日），中共中央文献研究室编：《十八大以来重要文献选编》（上），中央文献出版社2014年版，第533—535页。

第7次会议通过了《关于加快构建现代公共文化服务体系的意见》，要求把现代公共文化服务体系建设作为一项民心工程，坚持政府主导、社会参与、共建共享，统筹城乡和区域文化均等化发展，加快形成覆盖城乡、便捷高效、保基本、促公平的现代公共文化服务体系。

根据2014年的工作要点，文化系统启动实施80多项改革任务，主要有三个方面：一是积极推进的改革任务，包括基本完成省级新闻出版、广播电影电视部门的整合，依法减少和规范文化行政审批，推进国有经营性文化单位转企改制，建立公共文化服务体系建设协调机制，加强现代文化市场体系建设等。二是稳妥推进的试点任务，包括传媒企业实行特殊管理股制度试点，公共图书馆、博物馆、文化馆、科技馆等组建理事会试点，基层综合性文化服务中心建设试点等。三是研究制定的政策文件，包括制定构建现代公共文化服务体系的意见，明确国家基本公共文化服务标准和指标体系，出台支持经营性文化事业单位转企改制和文化企业发展政策的实施细则，制定促进电影发展的经济政策，以及扶持地方戏曲发展、实体书店发展政策等。截至2014年5月，文化部原有13项行政许可审批项目中，已取消或下放了9项；国家新闻出版广电总局在新机构"三定"规定中，取消或下放了29项行政管理职责。

2015年是全面深化改革的全面施工建设年，改革在经济、政治、社会、文化、生态、对外开放等各方面各领域全面展开。7月1日，中央全深改小组第14次会议《关于推动国有文化企业把社会效益放在首位、实现社会效益和经济效益相统一的指导意见》，进一步落实和完善文化经济政策，加强文化市场监管，不断优化国有文化企业健康发展的环境条件。9月，中共中央办公厅、国务院办公厅印发了《关于推动国有文化企业把社会效益放在首位、实现社会效益和经济效益相统一的指导意见》，把实现"双效统一"作为制度固化于企业发展过程中，为形成体现文化企业特点、符合现代企业制度要求的资产组织形式和经营管理模式奠定了坚实基础。

　　到2015年年底，文化体制改革取得初步成果。以简政放权为最大特点的新一轮改革，加快转变文化行政部门职能，发挥了市场和政府的作用，建立健全了文化市场体系，鼓励各类市场主体公平竞争、优胜劣汰，促进文化资源在全国范围内流动，文化产业迎来了资本市场的春天。文化产业占GDP的比重从2010年的2.75%升至2014年的3.76%。体育、旅游、影视动漫等产业不断升温。全国电影票房达到440.69亿元，同比增幅高达48.7%，是2011年以来票房涨幅最大的一年。旅游产业对GDP综合贡献已经超10%。文化企业并购重组取得显著进展，企业并购已经达到166起，并购规模近1500亿元，同比增长50%。在公共文化服务方面，"文化民生"风生水起，日益完善的公共文化服务体系正在更广更深地惠及人民群众。内蒙古实施"数字文化走进蒙古包"工程，惠及农牧民10万余人；安徽"农民文化乐园"根据群众意愿，统一采购文艺演出送到村；浙江建成农村文化礼堂3000多家，打造农村文化综合体。[①]

　　2016年是全面深化改革的主体框架搭建年，改革的四梁八柱、主体框架基本确立。7月22日，中央全深改小组第26次会议通过《关于加强文化领域行业组织建设的指导意见》，引导行业组织在服务文化企事业单位、服务广大文化工作者、服务行业发展、丰富群众文化生活等方面，更好发挥自身功能和独特优势，激发全社会文化创造活力。8月30日，中央全深改小组第27次会议通过《关于公共文化设施开展学雷锋志愿服务的实施意见》，稳步推进公共文化设施志愿服务站点建设，吸引志愿者参与文化志愿服务，发展壮大学雷锋志愿服务队伍，加强志愿服务保障和支持。11月1日，中央全深改小组第29次会议通过《关于进一步加强和改进中华文化走出去工作的指导意见》，旨在创新内容形式和体制机制，拓展渠道平台，创新方法手段，增强中华文化亲和力、感染力、吸引

---

① 李慧：《十八大以来文化建设和文化体制改革综述》（2016年1月5日），新华网，http://news.xinhuanet.com/politics/2016-01/05/c_128597909.htm（访问日期：2018年1月6日）。

力、竞争力，向世界推介更多具有中国特色、体现中国精神、蕴藏中国智慧的优秀文化。

2017年是全面深化改革纵深推进的关键年，中共中央强调主要负责同志抓改革落实，重点领域和关键环节取得突破，文化体制改革取得重大进展。文化体制改革把构建社会效益、经济效益"两效统一"的体制机制作为制度设计的关键环节和考核评价的重要标准，综合施策、强力推进：一是加强顶层设计，中共中央办公厅、国务院办公厅首次以中央文件形式印发了两效统一的指导意见，进一步明确了总体要求和政策措施。二是建立有文化特色的现代企业制度，推动企业的经营理念、治理结构、机构设置和绩效考核机制的改革。三是完善文化管理体制，建立管人、管事、管资产、管导向有机统一的国有文化资产管理体制，出台社会效益考核的具体办法，加强文化市场的管理，营造良好的外部环境。四是明确文化经济政策，积极建立相关的文化经济政策，完善引导、激励、扶持、补偿机制，让文化企业在市场经济环境中做优做强做大。①

至2017年，文化体制改革的一些举措得到落实，效果呈现。2015年1月，中共中央办公厅、国务院办公厅印发《关于加快构建现代公共文化服务体系的意见》和《国家基本公共文化服务指导标准》，对构建现代公共文化服务体系作出了全面部署。截至2017年，全国所有省（区、市）均制定印发了实施意见和实施标准。2015年5月，国务院办公厅转发文化部、财政部、新闻出版广电总局、体育总局《关于做好政府向社会力量购买公共文化服务工作的意见》中，明确要求将购买公共文化服务资金列入各级政府的财政预算，逐步加大现有财政资金向社会力量购买公共文化服务的投入力度。截至2017年夏，各地安排用于购买公共文化服务的资金超过20亿元。从广播电视事业改革来看，广电总局取消和下放了22

---

① 孙志军：《文化领域改革主体框架的"四梁八柱"基本形成》（2017年10月20日），新华网，http://news.xinhuanet.com/politics/19cpcnc/2017-10/20/c_129723628.htm（访问日期：2018年1月6日）。

项行政审批事项，取消了13项中央指定由地方实施的行政审批事项和全部的非行政审批事项、中介服务事项，释放了各类市场主体活力。央视网多终端全媒体覆盖的用户已经超过了10亿。①

至2017年10月党的十九大召开前，文化领域"四梁八柱"性质的改革主体框架基本形成。文化体制改革的重大突破表现在：先后出台了两效统一、媒体融合发展、高端智库建设、文艺评奖改革、扶持戏曲和影视业发展等70余个文件和有关政策，理顺了内外宣体制、互联网管理体制，积极推动建立国有文化资产管理体制，建立有文化特色的现代企业制度，组织开展了文化领域一系列重大改革试点，搭建起中国特色社会主义文化制度的"梁"和"柱"。②

二、培育和践行社会主义核心价值观

任何一个社会，都存在多种多样的价值观念和价值取向。在一个社会的价值观念体系中，核心价值观居于主流地位、发挥指导作用，是与经济基础和上层建筑相适应并能形成最广泛社会共识的价值观。核心价值观在一定社会的文化中是起中轴作用的，是决定文化性质和方向的最深层次要素，是一个国家的重要稳定器。习近平指出："人类社会发展的历史表明，对一个民族、一个国家来说，最持久、最深层的力量是全社会共同认可的核心价值观。"③不同的民族、不同国家，产生的核心价值观各有特点。一个民族、一个国家的核心价值观必须同这个民族、这个国家的历史文化相契合，同这个国家、这个民族需要解决的时代问题相

---

① 张宏森：《三措施发力从新闻出版广播影视业大国迈进强国》（2017年10月20日），新华网，http://news.xinhuanet.com/politics/19cpcnc/2017-10/20/c_129723700.htm（访问日期：2018年1月9日）。

② 孙志军：《文化领域改革主体框架的"四梁八柱"基本形成》（2017年10月20日），新华网，http://news.xinhuanet.com/politics/19cpcnc/2017-10/20/c_129723628.htm（访问日期：2018年1月6日）。

③ 中共中央宣传部编：《习近平总书记系列重要讲话读本（2016年版）》，学习出版社、人民出版社2016年版，第189页。

适应。

社会主义核心价值观建设，源自社会主义核心价值体系。2006年10月，党的十六届六中全会通过《中共中央关于构建社会主义和谐社会若干重大问题的决定》，首次提出"建设社会主义核心价值体系"这一重大命题和战略任务。其基本内容有四个方面，即马克思主义指导思想、中国特色社会主义共同理想、以爱国主义为核心的民族精神和以改革创新为核心的时代精神、社会主义荣辱观。2011年10月，党的十七届六中全会把核心价值体系看作"兴国之魂"。党的十八大一方面重申社会主义核心价值体系是兴国之魂，强调它决定中国特色社会主义发展方向，另一方面从社会主义核心价值体系中提炼概括出来简明扼要的24个字组成的社会主义核心价值观。党的十八大提出"积极培育和践行社会主义核心价值观"①，可见是把它视作社会主义核心价值体系建设的现实着力点，对社会主义核心价值体系建设的新部署、新要求。

社会主义核心价值观把国家、社会、公民三个层次的价值要求融为一体，深入回答了要建设什么样的国家、建设什么样的社会、培育什么样的公民的重大问题。从24个字的表述来看，富强、民主、文明、和谐是国家层面的价值目标，自由、平等、公正、法治是社会层面的价值取向，爱国、敬业、诚信、友善是公民个人层面的价值准则。

党的十八大以来，习近平把培育和弘扬社会主义核心价值观作为凝魂聚气、强基固本的基础工程来抓，以夯实中国特色社会主义的思想道德基础。2013年4月28日，习近平在同全国劳模代表座谈时，提到"自觉践行社会主义核心价值观，发扬我国工人阶级的伟大品格，用先进思想、模范行动影响和带动全社会，不断为中国精神注入新能量，始终做

---

① 　胡锦涛：《坚定不移沿着中国特色社会主义道路前进，为全面建成小康社会而奋斗》（2012年11月8日），中共中央文献研究室编：《十八大以来重要文献选编》（上），中央文献出版社2014年版，第25页。

弘扬中国精神的楷模。"①5月4日，习近平就在同各界优秀青年代表座谈时的讲话中，针对青年提出"自觉树立和践行社会主义核心价值观，带头倡导良好社会风气。要加强思想道德修养，自觉弘扬爱国主义、集体主义、社会主义思想，积极倡导社会公德、职业道德、家庭美德。要牢记'从善如登，从恶如崩'的道理，始终保持积极的人生态度、良好的道德品质、健康的生活情趣。要倡导社会文明新风，带头学雷锋，积极参加志愿服务，主动承担社会责任，热诚关爱他人，多做扶贫济困、扶弱助残的实事好事，以实际行动促进社会进步。"②

2014年2—5月，习近平集中提出培育和弘扬社会主义核心价值观的问题。2月24日，党的十八届中央政治局第13次集体学习的主题就是培养和弘扬社会主义核心价值观，习近平针对全社会提出了要求。5月4日，习近平利用五四青年节之际，在北京大学师生座谈会上发表讲话，针对大学生集中阐述了核心价值观的重要意义和历史传承，尤其解释了核心价值观对青年的重要意义。不久，习近平在上海针对领导干部讲了核心价值观的问题。5月30日，习近平在六一儿童节即将来临之际，在北京海淀区民族小学师生座谈会上讲话，针对少年儿童提出了从小培育和践行核心价值观的问题。

习近平重视青少年在社会主义核心价值观建设的突出作用。习近平提出"我为什么要对青年讲社会主义核心价值观这个问题？"原因就在于"青年的价值取向决定了未来整个社会的价值取向，而青年又处在价值观形成和确立的时期，抓好这一时期的价值观养成十分重要。""人生的扣子从一开始就扣好。""青年要从现在做起、从自己做起，使社会主义核心价值观成为自己的基本遵循，并身体力行大力将其推广到全社

① 《习近平总书记系列讲话精神学习读本》课题组编：《习近平总书记系列讲话精神学习读本》，中共中央党校出版社2013年版，第57页。

② 习近平：《在同各界优秀青年代表座谈时的讲话》（2013年5月4日），中共中央文献研究室编：《十八大以来重要文献选编》（上），中央文献出版社2014年版，第281页。

会去。"①针对少年儿童，习近平指出，"任何一个思想观念，要在全社会树立起来并长期发挥作用，就要从少年儿童抓起。"②

习近平重视党的领袖和革命先烈在核心价值观建设中的模范作用。习近平认为，社会主义核心价值观体现了古圣先贤的思想，体现了仁人志士的夙愿，体现了革命先烈的理想，也寄托着全国各族人民对美好生活的向往。2014年8月20日，习近平在纪念邓小平诞辰110周年座谈会上的讲话上，通过对革命先烈的缅怀，阐述了共产党人践行核心价值观的要求和重要意义。习近平强调，"共产党人拥有人格力量，才能无愧于自己的称号，才能赢得人民赞誉。我们要学习邓小平同志公而忘私、无私无畏的博大胸怀，加强党性修养，严于律己、宽以待人，正确对待组织，正确对待同志，正确对待自己，正确对待权力，积极践行社会主义核心价值观，为党和人民事业赤诚奉献，以身作则推动营造风清气正的党风、政风和社会风气。"③

习近平重视家庭家教家风对于核心价值观的意义。2015年2月17日，在2015年春节团拜会上，习近平指出："我们都要重视家庭建设，注重家庭、注重家教、注重家风，紧密结合培育和弘扬社会主义核心价值观，发扬光大中华民族传统家庭美德，促进家庭和睦，促进亲人相亲相爱，促进下一代健康成长，促进老年人老有所养，使千千万万个家庭成为国家发展、民族进步、社会和谐的重要基点。"④2016年12月12日，习近平在会见第一届全国文明家庭代表时，强调了家庭文明建设的重要

---

① 习近平：《青年要自觉践行社会主义核心价值观》（2014年5月4日），《习近平谈治国理政》，外文出版社2014年版，第172页。

② 习近平：《从小积极培育和践行社会主义核心价值观》（2014年5月30日），《习近平谈治国理政》，外文出版社2014年版，第181页。

③ 习近平：《在纪念邓小平同志诞辰一百一十周年座谈会上的讲话》（2014年8月20日），中共中央文献研究室编：《十八大以来重要文献选编》（中），中央文献出版社2016年版，第35页。

④ 习近平：《在2015年春节团拜会上的讲话》（2015年2月17日），《光明日报》2015年2月18日。

意义，进一步论述了注重家庭、注重家教、注重家风的问题，要求"推动形成爱国爱家、相亲相爱、向上向善、共建共享的社会主义家庭文明新风尚"[①]。

习近平的上述系列讲话，明确了培育和践行社会主义核心价值观的基本思路，针对包括青年、领导干部、少年儿童等在内的全社会，综合发挥教育引导、舆论宣传、文化熏陶、行为实践、制度保障等多方面的作用，使社会主义核心价值观内化于心、外化于行。其主要思路是：

第一，以教育引导为基础，区分层次、突出重点。一是充分发挥榜样的力量。广大党员干部要带头学习和弘扬社会主义核心价值观，用自己的模范行为和高尚人格感召群众、带动群众。二是从娃娃抓起，从学校抓起。少年儿童要从小学习做人，记住要求、心有榜样、从小做起、接受帮助，扣好人生第一粒扣子，争当学习和实践社会主义核心价值观的小模范。广大青年要勤学、修德、明辨、笃实，身体力行社会主义核心价值观。广大教师要把社会主义核心价值观的基本内容和要求渗透到学校教育教学之中，用自己的学识、阅历、经验点燃学生对真善美的向往，使社会主义核心价值观的种子在祖国下一代心中生根发芽，真正培育起来。三是做到春风化雨，润物无声。运用各类文化形式，生动具体地表现社会主义核心价值观，用栩栩如生的作品形象地告诉人们什么是应该肯定和赞扬的，什么是必须反对和否定的。

第二，立足中华传统优秀文化，突出道德价值作用。中华文明是筑牢核心价值观的根本。中华传统优秀文化是中华民族的基因，植根于中国人的内心，潜移默化地影响中国人的思想方式和行为方式。道德模范是有形的正能量，是鲜活的价值观，是道德实践的榜样。传统美德、社会公德、职业道德、家庭美德、个人品德建设，激发人们形成正确的价值观念。培育和践行社会主义核心价值观要从中吸收丰富营养，利用好丰

[①] 习近平：《注重家庭，注重家教，注重家风》（2016年12月12日），《习近平谈治国理政》第2卷，外文出版社2017年版，第356页。

富思想道德资源，使其成为涵养社会主义核心价值观的重要源泉。

第三，弘扬爱国主义精神，增强核心价值观的认同感。在社会主义核心价值观中，最深层、最根本、最永恒的是爱国主义。必须把爱国主义作为永恒主题，贯穿国民教育和精神文明建设全过程，坚持爱国主义和社会主义相统一，维护祖国统一和民族团结，尊重和传承中华历史文化，增强中华民族的归属感和认同感。

第四，融入生活，在落细、落小、落实上下功夫。培育和践行社会主义核心价值观，要与人们日常生活紧密联系起来，使人们在实践中感知它、领悟它。习近平强调，要使核心价值观的影响像空气一样无所不在、无时不有，按照社会主义核心价值观的基本要求，健全各行各业规章制度，完善市民公约、乡规民约、学生守则等行为准则，使之成为人们日常工作生活的基本遵循。建立和规范礼仪制度，组织开展形式多样的纪念庆典活动，传播主流价值，增强人们的认同感和归属感。把社会主义核心价值观的要求融入各种精神文明创建活动之中，利用各种时机和场合，形成有利于培育和弘扬社会主义核心价值观的生活情景和社会氛围。①

以习近平的上述思想为遵循，社会主义核心价值观得到加强。2013年12月23日，中共中央办公厅印发《关于培育和践行社会主义核心价值观的意见》，要求把核心价值观融入国民教育全过程，落实到经济发展实践和社会治理中，加强社会主义核心价值观宣传教育，开展涵养社会主义核心价值观的实践活动，加强对培育和践行社会主义核心价值观的组织领导。《意见》的出台，进一步凝聚了全党全国各族人民的思想，为进一步维护社会主义核心价值观的培养和践行提供了新的途径。2014年10月17日，中共教育部党组、共青团中央发布《关于在各级各类学校推动培育和践行社会主义核心价值观长效机制建设的意见》，要求推动社会

---

① 中共中央宣传部编：《习近平总书记系列重要讲话读本（2016年版）》，学习出版社、人民出版社2016年版，第192页。

主义核心价值观融入教育教学、融入社会实践、融入文化育人、融入制度建设、推进社会主义核心价值观研究传播。有关部门还出台了一些与社会主义核心价值观相配套的法律法规。经过全方位开展，社会主义核心价值观以教育、制度、法律、文化等为抓手和平台，得到全面加强。

三、发展完善文化布局

党的十八大以来，中国特色社会主义文化形成了中华优秀传统文化、革命文化和社会主义先进文化的"三位一体"结构。中华优秀传统文化源自中华民族五千多年的文明历史，构成中国特色社会主义文化的"根和魂"；革命文化来自于中国共产党革命的历史，构成中国特色社会主义文化的来源和基础；社会主义先进文化产生于社会主义建设伟大实践，是中国特色社会主义文化的本质和发展方向。在文化建设的实践中，习近平和中共中央统筹三种文化形态的辩证关系，把继承和弘扬中华优秀传统文化、坚持和运用革命文化和发展社会主义先进文化融为一体，推动中国特色社会主义文化布局更加丰富完善。

（一）继承和弘扬中华优秀传统文化

中华传统文化是中华民族历史上道德传承、各种文化思想、精神观念形态的总体，是中国数千年历史传承中延绵不断的政治、经济、思想、艺术等各类物质和非物质文化的总和。中华传统优秀文化是中华传统文化的精华，是中华民族的"根"和"魂"。党的十八大提出"建设优秀传统文化传承体系，弘扬中华优秀传统文化"的要求。十八大以后，习近平高度重视传承和弘扬中华优秀传统文化，并将其作为治国理政的重要思想文化资源，反复强调中华优秀传统文化是中华民族的突出优势，中华民族伟大复兴需要以中华文化发展繁荣为条件，必须结合新的时代条件传承和弘扬好中华优秀传统文化。

习近平认为，民族文化"是一个民族区别于其他民族的独特标识。

要加强对中华优秀传统文化的挖掘和阐发，努力实现中华传统美德的创造性转化、创新性发展，把跨越时空、超越国度、富有永恒魅力、具有当代价值的文化精神弘扬起来，把继承优秀传统文化又弘扬时代精神、立足本国又面向世界的当代中国文化创新成果传播出去。"①

历史上，山东是中华文化的重要发祥地，孔子及其创立的儒学长期被视为传统文化的代名词。2013年11月26日，习近平到山东曲阜孔府考察，并同有关专家学者代表座谈，表示中华民族有着源远流长的传统文化，也一定能创造中华文化新的辉煌，提出研究孔子和儒家思想要坚持历史唯物主义立场，坚持古为今用，去粗取精，去伪存真，因势利导，深化研究，使其在新的时代条件下发挥积极作用。习近平视察曲阜之行，强烈释放了执政党继承和弘扬中华优秀传统文化的信号，在海内外迅速引起强烈关注。

2014年5月4日，习近平在北京大学师生座谈会上的讲话中，进一步论证了弘扬中华优秀传统文化的内容和重要地位。习近平指出："中华文明绵延数千年，有其独特的价值体系。中华优秀传统文化已经成为中华民族的基因，植根在中国人内心，潜移默化影响着中国人的思想方式和行为方式。""我们生而为中国人，最根本的是我们有中国人的独特精神世界，有百姓日用而不觉的价值观。我们提倡的社会主义核心价值观，就充分体现了对中华优秀传统文化的传承和升华。"②习近平举例论证了有时代价值的优秀传统文化，如"民惟邦本""天人合一""己所不欲，勿施于人""出入相友，守望相助"，等等，指出，"一个民族、一个国家，必须知道自己是谁，是从哪里来的，要到哪里去，想明白了、

---

① 习近平：《不断提高运用中国特色社会主义制度有效治理国家的能力》（2014年2月17日），《习近平谈治国理政》，外文出版社2014年版，第106页。

② 习近平：《青年要自觉践行社会主义核心价值观》（2014年5月4日），中共中央文献研究室编：《十八大以来重要文献选编》（中），中央文献出版社2016年版，第5页。

想对了，就要坚定不移朝着目标前进。"①这个讲话，把作为社会主义先进文化重要内核的核心价值观与中华传统优秀文化联系在一起，指明前者对于后者的传承和升华的关系，表达了党弘扬中华优秀传统文化的坚定立场。

此后，习近平在十余次重要讲话中，从祖国统一、党的作风建设、哲学社会科学研究、文艺创作等多种角度，阐述了中华优秀传统文化对于治国理政的重要作用。2014年9月24日，习近平在纪念孔子诞辰2565周年国际学术研讨会上，提出了"努力实现传统文化的创造性转化、创新性发展，使之与现实文化相融相通，共同服务以文化人的时代任务"②。12月20日，习近平在庆祝澳门回归祖国15周年大会暨澳门特别行政区第四届政府就职典礼上，将弘扬传统文化与维护国家统一，增强爱国情感联系在一起，以中华优秀传统文化为精神纽带，号召"牢牢把握澳门同祖国紧密相连的命运前程，加深民族自豪感和爱国爱澳情怀。"③2016年1月13日，他在党的十八届中央纪律检查委员会第6次全体会议上，将传统文化与党的建设和国家治理联系起来，强调"抓作风建设要返璞归真、固本培元，在加强党性修养的同时，弘扬中华优秀传统文化。"④同年5月17日，他在哲学社会科学工作座谈会上，指明"中华优秀传统文化的资源，这是中国特色哲学社会科学发展十分宝贵、不可多得的资源。"⑤这次座谈会还对传统文化的弘扬和利用做了具体的

① 习近平：《青年要自觉践行社会主义核心价值观》（2014年5月4日），中共中央文献研究室编：《十八大以来重要文献选编》（中），中央文献出版社2016年版，第5页。
② 习近平：《努力实现传统文化创造性转化、创新性发展》（2014年9月24日），《习近平谈治国理政》第2卷，外文出版社2017年版，第313页。
③ 习近平：《在庆祝澳门回归祖国15周年大会暨澳门特别行政区第四届政府就职典礼上的讲话》，《南方日报》2014年12月21日。
④ 《中国共产党第十八届中央纪律检查委员会第六次全体会议公报》，《人民日报》2016年1月15日。
⑤ 习近平：《加快构建中国特色哲学社会科学》（2016年5月17日），《习近平谈治国理政》第2卷，外文出版社2017年版，第339页。

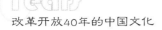

论述，认为应当把中华民族最基本的文化基因与当代文化相适应、与现代社会相协调，推动中华文明创造性转化、创新性发展；围绕中国和世界发展面临的重大问题，着力提出能够体现中国立场、中国智慧、中国价值的理念、主张、方案。

从上述有关讲话来看，习近平在对传统文化的认识上形成了一系列独创性的观点，主要内容有：一是充分肯定中华民族为人类文明进步作出了重大贡献，中华文化是中华民族最根本的精神基因，中华传统优秀文化是中国特色社会主义文化的重要组成部分。二是以科学态度对待传统文化，中华传统优秀文化是中国和中华民族传承和发展的根本，坚持古为今用、推陈出新。对待传统文化，既不能片面地将讲厚古薄今，也不能片面地讲厚今薄古，更不能采取全盘接受或者全盘抛弃的绝对主义态度。三是传承和弘扬传统文化的思想精华。讲清楚传统优秀文化的历史渊源、发展脉络、基本走向，讲清楚中华文化的独特创造、价值理念、鲜明特色，增强文化自信。系统梳理传统文化资源，深入挖掘和阐发中华优秀传统文化的当代价值，大力宣传中华民族的优秀文化和光荣历史。四是对传统文化进行创造性转化、创新性发展。引导中华优秀传统文化与社会主义市场经济、民主政治、先进文化、社会治理相协调适应。创造性转化，是按照时代特点和要求，对那些至今仍有借鉴价值的内涵和陈旧的表现形式加以改造，赋予新的时代内涵和现代表达形式，激活其生命力。创造性发展，是按照时代的新进步新发展，对中华优秀传统文化的内涵加以补充、拓展、完善，增强其影响力和感召力。坚持从本国本民族实际出发，学习借鉴各国文化优秀成果，坚持取长补短、兼收并蓄，在不断汲取各种文明养分中丰富发展中华文化。

以习近平的上述思想为指导，继承和弘扬中华优秀传统文化被纳入国家规划。2013年3月17日，十二届全国人大第一次会议通过《关于2012年国民经济和社会发展计划执行情况与2013年国民经济和社会发展计划的决议》，将传承中华优秀传统文化与继续实施国家文化和自然遗产保护设施建设专项结合在一起。2016年3月16日，审批通过的"十三五"规划纲要把传承优秀传统文化列为专门一项规划目标，具体列举了六项内容：一是构建中华优秀传统文化传承体系，实现传统文化创造性转化和创新性发展；二是广泛开展优秀传统文化普及活动并纳入国民教育，继承五四运动以来的革命文化传统；三是大力推行和规范使用国家语言文字；四是加强文物保护利用，杜绝破坏性开发和不当经营；五是加强非物质文化遗产保护与传承，振兴传统工艺，传承发展传统戏曲；六是发展民族民间文化，扶持民间文化社团组织发展。2017年3月15日，十二届全国人大第五次会议通过《关于2016年中央和地方预算执行情况与2017年中央和地方预算的决议》，把传统文化发展的支出列入预算，并增加了"十三五"纲要没有的"中华传统文化传承发展工程""中华文化走出去"的新内容。

　　实施中华优秀传统文化传承发展工程，是加强优秀文化建设的重要举措。2017年1月25日，中共中央办公厅、国务院办公厅印发了《关于实施中华优秀传统文化传承发展工程的意见》，首次以中央文件的形式专题阐述中华优秀传统文化传承发展问题。《意见》系统阐述了传承中华优秀传统文化的重要意义、指导思想、基本原则、总体目标，重点传承传统文化的核心思想理念、中华传统美德、中华人文精神；将传承传统文化的任务归纳为深入阐发文化精髓、贯穿国民教育始终、保护传承文化遗产、滋养文艺创作、融入生产生活、加大宣传教育力度、推动中外文化交流互鉴等7项；将加强组织领导、政策保障、文化法治环境建设、充分调动全社会积极性创造性作为组织实施和保障措施；将进一步分析和解决如何看待优秀传统文化的地位作用，如何阐释其核心内容以及如何传承弘扬等问题；加强党对文化工作的领导，加强顶层设计，推动中华优秀传统文化传承发展走上积极健康、规范有序的轨道。6月27日，全国人大常务委员会通过《关于批准2016年中央决算的决议》，指出在实施中华优秀传统文化传承发展工程中，已经支持了1791个国家重点文物保护项

目和674个国家级非物质文化遗产代表性项目的建设。

目前，这一工程已在许多领域取得成果。2017年5月2日，湖南省计划实施五项少数民族传统文化传承发展工程，包涵少数民族文化园、少数民族文化博物馆等民族标识性文化工程；组织参加全国少数民族文艺会演等特色民族文化品牌保护工程及其他民族文化遗产保护和传承工程、少数民族文艺创作精品工程、少数民族体育健身工程等，保护、传承、研究、发展中华优秀民间艺术，弘扬优秀传统文化，推动民间文艺，尤其是少数民族传统文艺繁荣发展。5月7日，传承发展工程国家级重点项目《全国党政干部传统文化学习丛书》和《全国领导干部国学教育系列教材》发行启动仪式，在江苏省南京市举行。国家社科基金教育学重点课题《中华优秀传统文化教育研究》课题组在成立后，共研发700册各学段专业化教材，填补了我国传统文化学科教学资源空白。9月8日，北京市"社会主义核心价值观与中华优秀传统文化"中小学幼儿园教师公共必修课启动会在北京师范大学辅仁校区召开。该公共必修课程由传统文化经典、传统文化教育通识、传统文化经史导读和传统技艺等模块构成，促使弘扬和传承中华优秀传统文化深入基础教育领域。根据北京市的要求，"十三五"期间，北京市中小学幼儿园教师将完成40学时的该课程内容的学习，到2020年底完成全市中小学幼儿园教师全员培训。

（二）坚持和运用革命文化

党的十八大以来，习近平坚持和运用中国共产党的革命文化，着力发挥其作为治国理政的重要文化资源的作用。2016年，习近平在"七一讲话"中正式把革命文化和中华优秀传统文化和社会主义先进文化并列。党的十九大延续这一提法，明确阐述为"中国特色社会主义文化，源自于中华民族五千多年文明历史所孕育的中华优秀传统文化，熔铸于党领导人民在革命、建设、改革中创造的革命文化和社会主义先进文化，植根于中国特色社会主义伟大实践。"①这样，中国共产党历史上形成的革命文化被单列一项，纳入中国特色社会主义文化结构，成为新的文化格局中的重要组成部分。

习近平阐发革命文化问题的重要切入口，是关于学习党史国史的系列重要论述。革命文化是在党史国史上形成的，党史国史是孕育革命文化的历史空间，学习党史国史是继承革命文化的核心内容。早在2010年7月召开的全国党史工作会议上，担任中央政治局常委、分管党史工作的习近平就明确提出了"党史姓党"的重要论断。党的十八大以来，习近平从不同角度多次发表了学习党史国史的系列重要论述，强调要把红色资源利用好、把红色传统发扬好、把红色基因传承好。

一是强调党史是必修课。2013年6月25日，习近平主持十八届中央政治局第7次集体学习，强调"历史是最好的教科书"，学习党史、国史是坚持和发展中国特色社会主义、把党和国家各项事业继续推向前进的必修课；"这门功课不仅必修，而且必须修好"；要继续加强对党史、国史的学习，在对历史的深入思考中做好现实工作、更好走向未来，不断交出坚持和发展中国特色社会主义的合格答卷。中央政治局在进行第7次集体学习前，认真学习了《中国共产党历史》第二卷和《中国共产党简史》，为全党作出了表率。

二是强调历史是最好的老师和教科书。习近平在不同场合多次强调，党的历史蕴含着丰富的治党治国治军经验和智慧，是一笔宝贵的政治财富，从中可以汲取智慧和力量。2015年8月23日，习近平致信在山东济南召开的第22届国际历史科学大会，强调"历史是人类最好的老师"，中国有着5000多年连续发展的文明史，观察历史的中国是观察当代的中国的一个重要角度。不了解中国历史和文化，尤其是不了解近代以来的中

---

① 习近平：《决胜全面建成小康社会　夺取新时代中国特色社会主义伟大胜利——在中国共产党第十九次全国代表大会上的报告》（2017年10月18日），人民出版社2017年版，第41页。

国历史和文化,就很难全面把握当代中国的社会状况,很难全面把握当代中国人民的抱负和梦想,很难全面把握中国人民选择的发展道路。中国人民正在为实现中华民族伟大复兴的中国梦而奋斗,需要从历史中汲取智慧,需要博采各国文明之长。

三是强调中国革命历史是最好的营养剂。习近平指出,知史爱党、知史爱国。党的历史不仅记录党的奋斗历史,也承载着中国共产党人的伟大精神。2013年7月11日,他在河北西柏坡纪念馆考察时,提出中国革命历史是最好的营养剂。他深情地讲到,每次来到井冈山、延安、西柏坡等革命圣地,都是一种精神上、思想上的洗礼,都能受到党的性质和宗旨的生动教育,因而也更加坚定我们的公仆意识和为民情怀。多重温这些伟大历史,心中就会增加很多正能量。习近平强调,一些人之所以理想渺茫、信仰动摇,很重要的原因是不懂历史,不知道历史是怎么走过来的、要怎样走下去,也就不知道自己过去哪些做对了,今后应该怎样做才对。这些重要论述,阐明了学习运用党史与坚守共产党人精神家园之间的关系,体现了党史文化在坚定理想信念、培育和弘扬社会主义核心价值观中的独特地位作用。

四是强调历史是最好的清醒剂。针对苏联解体,习近平指出苏联解体、东欧剧变,就是从否定共产党的历史、否定社会主义建设的历史打开缺口的,这是共产党人应该永远铭记的历史教训。针对日本军国主义发动的侵华战争,习近平强调,纵观世界历史,依靠武力对外侵略扩张最终都是要失败的,这是历史规律。忘记历史就意味着背叛,否认罪责就意味着重犯。这些重要论述,阐明了学习运用革命文化与党性锤炼、保持清醒头脑、反对开历史倒车等新的历史斗争的关系,体现了革命文化在有效应对意识形态领域挑战中的独特地位作用。此外,习近平还从推进国家治理体系和治理能力现代化的角度,从深入推进党风廉政建设和反腐败斗争的角度,从提升领导干部素质和能力的角度,强调不仅要学习研究党的历史,总结党在长期实践中积累的成功经验,还要对中国历史和传统文化、对世界历史进行深入学习和了解，积极借鉴一切优秀文化和宝贵遗产。

五是坚持党性原则和人民中心论，旗帜鲜明地抵制和反对历史虚无主义。习近平指出，党性原则是学习研究党史的根本政治要求。历史就是历史，历史不能任意选择，一个民族的历史就是一个民族安身立命的基础。要牢固树立正确历史观，既不能割断历史，也不能虚无历史。不论发生过什么波折和曲折，不论出现过什么苦难和困难，中华民族五千多年的文明史，中国人民近代以来170多年的斗争史，中国共产党90多年的奋斗史，中华人民共和国60多年的发展史，都是人民书写的历史。[1]针对国内外敌对势力往往拿中国革命史、新中国历史来做文章，竭尽攻击、丑化、污蔑之能事的做法，习近平一针见血地指出历史虚无主义的要害在于从根本上否定马克思主义指导地位和中国走向社会主义的历史必然性，否定中国共产党的领导。要警惕和抵制历史虚无主义的影响，坚决抵制、反对党史问题上存在的错误观点和错误倾向。[2]围绕如何正确对待党在前进道路上经历的失误和曲折，习近平强调应着重分析当时所处的社会环境，深入剖析产生问题的社会根源、历史根源和思想根源，研究防止重犯的办法、措施和制度。习近平还对党史上一些重大问题作出深刻阐述，为全党正确对待党的历史作出了榜样、指明了方向。比如，他指出改革开放前和改革开放后"这两个历史时期本质上都是我们党领导人民进行社会主义建设的实践探索"，虽然在进行社会主义建设的思想指导、方针政策、实际工作上有很大差别，但"不能用改革开放后的历史时期否定改革开放前的历史时期，也不能用改革开放前的历史时期否定改革开放后的历史时期"。这一重要论述，为全面地、联系地、辩证地看

---

[1] 习近平：《在纪念毛泽东同志诞辰一百二十周年座谈会上的讲话》（2013年12月26日），中共中央文献研究室编：《十八大以来重要文献选编》（上），中央文献出版社2014年版，第694页。

[2] 中共中央党史研究室编：《历史是最好的教科书——学习习近平同志关于党的历史的重要论述》，中共党史出版社2014年版，第8页。

待改革开放前和改革开放后两个历史时期乃至整个党的历史，具有重要的指导意义。

加强党史宣传教育，是传承红色基因的重要渠道。习近平反复强调加强党史宣传教育，要求以党员领导干部和青少年为重点做好党史学习教育，编写高质量的党史教材和党史读物，创新党史宣传教育的形式和方法，增强说服力、吸引力、感染力。强调坚持正面宣传为主，坚决抵制和回应党史问题上的错误观点和错误倾向。2011年，中组部、中宣部、中央文献研究室、中央党史研究室、教育部、共青团中央联合发出《关于在党员、干部、群众和青少年中开展中共党史学习教育的通知》，决定在党员、干部、群众和青少年中开展党史的学习教育。2013年6月25日，教育部办公厅、中央党史研究室办公厅决定联合设立8个"高等学校中国共产党革命精神与文化资源研究中心"，纳入高等学校人文社会科学重点研究基地建设计划。研究中心的设立促进了高校革命文化教学的进程，为学习研究宣传好中国共产党的历史和革命文化，挖掘中国共产党丰富的革命文化资源，促进革命文化的传承创新，推进社会主义核心价值体系建设做出了积极的影响。10月14日，共青团中央办公厅印发《关于发挥全国青少年井冈山革命传统教育基地作用加强青少年和团干部教育培训工作的意见》，要求建成以革命传统教育、理想信念教育、基本国情教育、时代精神教育等构建教学体系，把培养中国特色社会主义事业建设者和接班人作为根本任务。高举理想信念的旗帜，帮助广大青少年树立远大理想，坚定走中国特色社会主义道路的人生信念。

革命文化还被纳入党风廉政建设，服务于全面从严治党。2012年，中纪委向党的十八大的工作报告中，提出把廉政文化建设纳入社会主义文化建设总体布局，广泛深入开展廉政文化创建活动。[①]2013年，中

---

① 《中共中央纪律检查委员会向党的第十八次全国代表大会的工作报告》（2012年11月14日），中共中央文献研究室编：《十八大以来重要文献选编》（上），中央文献出版社2014年版，第63页。

共中央关于印发《建立健全惩治和预防腐败体系二〇一三——二〇一七年工作规划》的通知，强调加强廉政文化建设，积极借鉴我国历史上优秀廉政文化。[1]这年4月19日，习近平主持十八届中央政治局第5次集体学习时，提出坚持发扬党在反腐倡廉建设长期实践中积累的成功经验，积极借鉴中国历史上优秀廉政文化，强调"运用历史智慧推进反腐倡廉建设"。[2]

革命文化是部队文化建设的重要内容，为新时代的强军梦提供精神力量保证。2013年修订的《军队基层文化建设规定》将"弘扬民族优秀文化传统、革命文化传统和我军优良文化传统"作为加强基层军队文化建设的指导原则之一。1929年召开的古田会议是党和军队历史上的里程碑，回答解决了新型人民军队建设的一系列重大问题，确立了从思想上建党和从政治上建军的原则。为弘扬古田精神，2014年11月1日，全军政治工作会议在古田召开，进一步继承了革命传统。会议开始前，习近平特别在会议中心一层大厅观看了"红色印记——红军标语展示"，了解革命文化在党史军史上的重要作用。全军政治工作会议的召开，目的是希望全军重温古田会议精神，再次表明在新的历史条件下"党指挥枪"这一根本原则，为人民军队适应新的历史变革指明了方向。

举行重大党史纪念活动，是坚持和运用革命文化的重要形式和载体。党的十八大以来，每逢重大历史纪念活动，习近平坚持从大局出发，高度重视、统筹把握、隆重举行、亲自出席。这类涉及党史的领袖人物和重大会议、重要事件的纪念活动主要有：纪念毛泽东诞辰120周年（2013年12月）、邓小平诞辰110周年（2014年8月）、陈云诞辰110周年（2015年6月）、纪念孙中山诞辰150周年（2016年11月）、朱德诞辰130

---

[1]　《中共中央关于印发〈建立健全惩治和预防腐败体系二〇一三——二〇一七年工作规划〉的通知》（2013年12月20日），中共中央文献研究室编：《十八大以来重要文献选编》（上），中央文献出版社2014年版，第649页。

[2]　习近平：《运用历史智慧推进反腐倡廉建设》（2013年4月19日），《习近平谈治国理政》，外文出版社2014年版，第390页。

周年（2016年11月），纪念遵义会议80周年（2015年1月）、长征胜利80周年（2016年10月）、中国抗战胜利70周年（2015年9月）等。习近平强调，举办纪念活动的目的，就是要结合今天正在进行的社会主义现代化建设实际，大力弘扬党的光荣传统和优良作风，承前启后、继往开来，把老一辈无产阶级革命家开创的、一代一代共产党人和全国人民接续奋斗的伟大事业不断推向前进。为此，他要求建立和规范一些礼仪制度，组织开展形式多样的纪念庆典活动，传播主流价值，增强人们的认同感和归属感。

以纪念中国抗日战争胜利70周年纪念活动为例。2014年2月27日，十二届全国人大常委会第七次会议经表决通过，将9月3日确定为中国人民抗日战争胜利纪念日。2015年9月3日，是中国第二个法定的"中国人民抗日战争胜利纪念日"，也是首个决定放假的抗战胜利纪念日。为隆重纪念中国人民抗日战争暨世界反法西斯战争胜利70周年，活动的主题是"铭记历史、缅怀先烈、珍爱和平、开创未来"。当天组织了天安门阅兵，是新中国历史上第15次大阅兵，是进入21世纪以来第二次大阅兵，同时也是第一次在非国庆节举行的大阅兵。对抗日战争的纪念，有助于认真地反思抗战历史的得失，看清民族复兴的来路与去路。

再如纪念红军长征胜利80周年。2016年10月21日，纪念红军长征胜利80周年大会在人民大会堂召开。习近平在会议上强调，"人无精神则不立，国无精神则不强。精神是一个民族赖以长久生存的灵魂，唯有精神上达到一定的高度，这个民族才能在历史的洪流中屹立不倒、奋勇向前。伟大长征精神，作为中国共产党人红色基因和精神族谱的重要组成部分，已经深深融入中华民族的血脉和灵魂，成为社会主义核心价值观的丰富滋养，成为鼓舞和激励中国人民不断攻坚克难、从胜利走向胜利的强大精神动力。"[1]同时，中宣部组织开展了"重走长征路"主题采访

---

① 习近平：《弘扬伟大长征精神，走好今天的长征路》（2016年10月21日），《习近平谈治国理政》第2卷，外文出版社2017年版，第47页。

活动。从9月7日在江西瑞金启动，至10月中旬在宁夏固原结束。对长征和长征精神的纪念活动，为传承和弘扬红色革命文化，提高全党全国各族人民的奋斗意识，增强民族自信心和自豪感和爱国主义情感起到了重要的作用。

纪念建党活动是弘扬革命文化的重头戏。2016年7月1日，庆祝中国共产党成立95周年大会在北京人民大会堂举行，习近平强调"不忘初心，继续前进。""我们党已经走过了95年的历程，但我们要永远保持建党时中国共产党人的奋斗精神，永远保持对人民的赤子之心。一切向前走，都不能忘记走过的路；走得再远、走到再光辉的未来，也不能忘记走过的过去，不能忘记为什么出发。面向未来，面对挑战，全党同志一定要不忘初心、继续前进。"[①]习近平发表的"七一讲话"正式把革命文化纳入中国特色社会主义文化框架内，对于继承革命文化发挥了推动作用。2017年10月31日，在党的十九大胜利闭幕一周之际，习近平率政治局常委瞻仰上海一大纪念馆，赴浙江嘉兴瞻仰南湖红船，重温入党誓词，强调不忘初心、牢记使命，指出"上海党的一大会址、嘉兴南湖红船是我们党梦想起航的地方。我们党从这里诞生，从这里出征，从这里走向全国执政。这里是我们党的根脉。"习近平总书记带领中共中央政治局常委专程赶赴上海、嘉兴，沿着早期共产党人的足迹，探寻中共精神密码的举动，彰显了革命文化对于新时代开拓党和国家工作新局面的精神动力作用。

习近平提出并阐释的"红船精神"，是反映革命文化的重要体现。2005年6月21日，时任浙江省委书记的习近平在光明日报发表文章《弘扬"红船精神"走在时代前列》，首次提出并阐释了"红船精神"，认为"红船精神"是"党的先进性之源"，阐述了中国共产党的源头精

---

① 习近平：《不忘初心，继续前进》（2016年7月1日），《习近平谈治国理政》第2卷，外文出版社2017年版，第32页。

神。①2017年10月31日，习近平等中央政治局常委集体赴浙江嘉兴瞻仰南湖红船后，"红船精神"得到进一步的宣传和弘扬。12月4日，在浙江嘉兴召开弘扬"红船精神"座谈会，中共中央政治局常委、中央书记处书记王沪宁出席会议并讲话。他表示，习近平总书记提出并阐释了"红船精神"的深刻内涵和时代价值，并在瞻仰南湖红船时强调要结合时代特点大力弘扬"红船精神"，让"红船精神"永放光芒。"红船精神"集中体现了中国共产党的建党精神，是中国革命精神之源，昭示着中国共产党人的初心。它所承载的首创精神、奋斗精神、奉献精神，是激励党顽强奋斗、不断发展壮大的精神动力，是立党兴党、执政兴国的宝贵精神财富，也是新时代坚持和发展中国特色社会主义的坚强精神支撑，要在走好新时代的长征路上，不断赋予其新的时代内涵、绽放新的时代光芒。此后，"红船精神"在全国得到进一步的弘扬。教育部中国特色社会主义理论体系研究中心、高等学校中国共产党革命精神与文化资源研究中心、教育部高等学校社会科学发展研究中心和嘉兴学院联合举办了"'红船精神'与习近平新时代中国特色社会主义思想"学术研讨会，来自中央党史研究室、北京大学、清华大学、中国人民大学、北京师范大学、复旦大学、上海交通大学、武汉大学等高校及浙江省和嘉兴市有关单位的50余位专家学者参加会议，要求弘扬"红船精神"，发挥党史资政育人功能，坚定中国特色社会主义文化自信。

运用新闻出版广播电视媒体，传播革命文化是党的十八大以来文化宣传的重要内容。2015年3月26日，中共中央宣传部，国家新闻出版广电总局发布《关于做好2015年主题出版工作的通知》，主张出版工作注重发掘革命文化、红色文化的宝贵资源，推出一批红色文化出版物，使党的优良传统和作风成为鼓舞人民前行的强大精神力量。2017年6月2日，国家新闻出版广电总局发布文件《网络视听节目必须坚决摒弃无底线娱

---

① 习近平：《弘扬"红船精神"走在时代前列》，《光明日报》2005年6月21日。

乐》，其中尤其强调了革命文化在网络视听节目中的作用，主张要大力弘扬革命文化和社会主义先进文化，弘扬以爱国主义为核心的民族精神和以改革创新为核心的时代精神，歌唱祖国、赞美英雄、讴歌时代，引导人们树立和坚持正确的历史观、民族观、国家观、文化观，坚决抵制各种诋毁主流思想和主流价值的内容，坚决反对歪曲历史、美化反动、调侃崇高、否定英模的错误倾向。6月30日，中国网络视听节目服务协会常务理事会2017年第一次会议通过的《网络视听节目内容审核通则》将"大力弘扬革命文化"纳入互联网电视服务的导向要求。甘肃省运用新兴媒体，创办开通"甘肃党史网"，倡导用手机、微博传送红色经典和红色短信，尝试用动漫的艺术形式开发党史题材，拍摄制作了《哈达铺》《陇原火种》《两当兵变》《陕甘星火》等专题纪录影片，以影视作品特殊的感染力，促进了革命文化的传播。

革命文化遗址遗迹和纪念场馆，是坚持和运用革命文化的重要载体。2016年10月11日，国家文物局发布《关于促进文物合理利用的若干意见》，对革命文物的宣传与利用做了专门规定，《意见》要求加强革命文物展示利用。加大资金投入，制定革命文物专项规划，统筹革命文物保护利用。加大建设力度，支持革命文物丰富的地区依托革命旧址兴建博物馆、纪念馆、陈列馆，挖掘革命文物价值，改造提升陈列展览。加大合作力度，支持革命博物馆、纪念馆、陈列馆与党政机关、企事业单位、驻地部队、城乡社区、教育机构建立共建共享机制，结合重大历史事件、重要历史人物纪念活动以及重要节庆、红色旅游等，通过主题活动、专题研讨、互动教学等多种形式，丰富革命文物、革命历史、革命文化展示利用方法，拓展教育传播渠道，大力弘扬革命传统。自2010年至2013年，甘肃省大力推进党史纪念场馆建设，规划建设的70个红色纪念馆已建成59个，全省14个市州都已形成各具特色的红色纪念馆。该省还以建设华夏文明传承创新区为契机，深入挖掘全省革命遗址遗迹、爱国主义教育基地、党史教育基地、红色旅游资源，推动红色革命文化与旅游资源深入融合、协调联动，发挥革命文化的社会效益和经济效益。[①]

第三节　新时代文化发展的新成就

一、意识形态建设的巩固和加强

党的十八大以来，以习近平为核心的中共中央立足党和国家发展的大局，围绕牢牢把握意识形态工作领导权这一重大战略部署，不断巩固马克思主义在意识形态领域的指导地位，巩固全党全国人民团结奋斗的共同思想基础。

五年来，党对意识形态工作的领导得到全面加强。十八大以来，习近平高度重视意识形态工作，反复强调意识形态工作一刻也不能放松和削弱，并就意识形态领域的方向性、根本性、全局性重大问题作出一系列重要论述和重大部署，指导和推动意识形态工作开创了崭新局面。宣传思想文化部门贯彻落实中央精神，各级党委（组）坚持党要管党，把党管意识形态列为本职工作，全面落实意识形态工作责任制，切实履行了把握正确方向、部署指导工作、加强督促检查、抓好队伍建设等重要责任。"东西南北中，党政军民学，党是领导一切的"。伴随全面加强党的领导和党的建设，意识形态工作在党政机关、企事业单位、两新组织等各方面各领域实现了全覆盖。各级党委宣传部、意识形态工作相关部门和单位结合各自实际，把意识形态工作责任细化、实化、具体化，使其成为一种刚性约束。党还把意识形态工作纳入各级领导班子、领导干部考核评价之中，研究探索实行问责追究的具体办法。

五年来，意识形态阵地得到进一步的巩固和加强。意识形态领域并

[①] 杨之忠：《党史研究要注重成果转化》，中共中央党史研究室编：《历史是最好的教科书——学习习近平同志关于党的历史的重要论述》，中共党史出版社2014年版，第194页。

不平静，形势复杂严峻，各种较量和斗争依然激烈尖锐。各级宣传思想部门充分认识到意识形态问题的长期性和复杂性，坚持守土有责、守土负责、守土尽责，在复杂的国际国内形势下，适应意识形态工作的社会环境和现实条件的深刻变化，不断巩固和加强意识形态阵地。宣传思想工作者特别是领导干部增强"四个意识"，敢于"亮剑""发声"，意识形态工作科学化规范化水平得到显著提高。针对西方宪政民主、"普世价值"、新自由主义、历史虚无主义等错误思潮的干扰，针对歪曲党的路线方针政策、歪曲党史国史所制造的噪音杂音，宣传思想部门旗帜鲜明予以批判，巩固发展了健康向上的主流舆论。从汇编出版《资本主义怎么了》《西式民主怎么了》等读物，帮助干部群众深刻认识资本主义制度和西式民主的弊端，修订出版《六个"为什么"——对几个重大问题的回答》，进一步深化对有关重大问题的阐释引导，到结合纪念抗战胜利70周年、纪念长征胜利80周年等重要时间节点，组织刊发重头理论文章、开设理论对话及述评等栏目、推送网络文章，对错误思潮"举旗亮剑"的行动提升马克思主义的影响力、说服力和战斗力。针对意识形态工作的薄弱环节和问题多发易发领域，重点加强了对小报小刊、高校课堂、讲座论坛、民办社科机构等的管理，加强对非法出版物、假报刊、假记者的整治。互联网建设和管理得到加强，主旋律、正能量得到弘扬，网络传播秩序得到有效治理，网络生态得到净化，网络空间更加清朗。

五年来，马克思主义在意识形态领域的指导地位更加鲜明。针对马克思主义一元化指导思想面临多样化社会思潮的挑战日益凸显，大力推动马克思主义中国化时代化大众化，加强马克思主义理论研究和建设，使中国特色社会主义和中国梦深入人心。中共中央重点打造了马克思主义理论研究和建设工程、中国特色社会主义理论体系研究中心、马克思主义学院、报刊网络理论宣传等理论工作平台，发挥好国家社科基金项目的引导作用，不断推出了有深度、有说服力的研究成果。其中，自2004年启动的马克思主义理论研究和建设工程是巩固马克思主义在意识形

态领域指导地位的基础工程。五年间，工程专家积极参与中央宣讲团的工作，当好理论助手，贡献智力支持，举行141场报告会、220多场互动活动，覆盖直接听众141万人、间接听众7400多万人。2013年、2015年，工程专家两次对高校思政课教材和教学大纲进行全面修订，让习近平总书记系列重要讲话精神和治国理政新理念新思想新战略深入教师和学生的心灵。连续举办42期高校思政课骨干教师研修班，培训学员近5000人，评选推出一批"最美思政课教师"。①

重点马克思主义学院建设是党的十八大以来意识形态工作的创新举措。2015年10月，中宣部、教育部联合印发《普通高校思想政治理论课建设体系创新计划》，提出实施全国重点马克思主义学院工程，目前共建设21所全国重点马克思主义学院。第一批全国重点马克思主义学院有北京大学、清华大学、中国人民大学、南开大学、吉林大学、复旦大学、山东大学、武汉大学、兰州大学等9所高校。2017年3月，第二批全国重点马克思主义学院有四川大学、北京师范大学、西安交通大学、南京大学、浙江大学、中山大学等12所高校。重点马院建设的开展，使马克思主义学院在全国马克思主义宣传教育研究方面的理论平台支撑作用得到彰显。

五年来，党的理论创新全面推进，形成新成果。十八大以来，以习近平为核心的中共中央围绕新时代坚持和发展什么样的中国特色社会主义、怎样坚持和发展中国特色社会主义这个重大时代课题，以全新的视野深化对共产党执政规律、社会主义建设规律、人类社会发展规律的认识，进行艰辛理论探索，取得重大理论创新成果，创立了新时代中国特色社会主义思想，开辟了马克思主义新境界，开辟了中国特色社会主义

---

① 新华社记者黄小希、施雨岑、荣启涵：《助力复兴伟业　烛照强国梦想——党的十八大以来推进马克思主义理论研究和建设工程纪实》（2017年10月10日），新华网，http://news.xinhuanet.com/politics/2017-10/10/c_1121782244.htm（访问日期：2018年1月8日）。

的新境界，开辟了治国理政、管党治党新境界。这一思想包括新时代坚持和发展中国特色社会主义的总目标、总任务、总体布局、战略布局和发展方向、发展方式、发展动力、战略步骤、外部条件、政治保证等基本问题，并且根据新的实践对经济、政治、法治、科技、文化、教育、民生、民族、宗教、社会、生态文明、国家安全、国防和军队、"一国两制"和祖国统一、统一战线、外交、党的建设等各方面作出理论分析和政策指导，构成了系统完备、逻辑严密、内在统一的科学体系。它是对马克思列宁主义、毛泽东思想、邓小平理论、"三个代表"重要思想、科学发展观的继承和发展，是马克思主义中国化最新成果，是党和人民实践经验和集体智慧的结晶，是中国特色社会主义理论体系的重要组成部分，是全党全国人民为实现中华民族伟大复兴而奋斗的行动指南。经由党的十九大把它写入党章，确立为全党的指导思想后，全国掀起学习贯彻习近平新时代中国特色社会主义思想的热潮。

2017年12月，为进一步深化习近平新时代中国特色社会主义思想的研究阐释，经中共中央批准，10家习近平新时代中国特色社会主义思想研究中心（院），在中央党校、教育部、中国社会科学院、国防大学、北京市、上海市、广东省、北京大学、清华大学和中国人民大学成立。这10家研究中心（院）都有雄厚的研究实力和很强的研究队伍，必将在研究宣传阐释习近平新时代中国特色社会主义思想上发挥重要作用。

五年来，加强理论武装坚持不懈，理论宣传普及深入人心。理论指导实践，实践呼唤理论。理论创新每前进一步，理论武装就要跟进一步，推动形成步调一致向前进的强大力量。党的十八大以来，伴随理论创新的发展，中共中央先后提出贯彻学习习近平总书记系列重要讲话精神、习近平总书记治国理政新理念新思想新战略，直至党的十九大宣布并确立习近平新时代中国特色社会主义思想作为全党的指导思想。五年中，理论武装的中心任务就是推动习近平新时代中国特色社会主义思想武装全党、教育人民，深刻体会这一思想的时代背景、科学体系、精神实

质、丰富内涵、实践要求、历史地位，深刻体会贯彻这一思想的马克思主义立场观点方法，深刻体会蕴含其中的坚定信仰理念、鲜明人民立场、强烈历史担当、求真务实作风、勇于创新精神和科学思想方法。针对干部，抓住了领导干部这个关键少数，发挥党委（组）理论中心的作用，发挥各级党校、行政学院、干部学院的作用，推动各级领导干部读原著、学原文、悟原理，做到学而信、学而用、学而行，带动了广大干部群众的学习贯彻。

在理论研究方面，由中央党校常务副校长何毅亭牵头挂帅的马克思主义理论研究与建设工程重大课题"习近平治国理政思想研究"，陆续发表《习近平的核心地位是中共的郑重选择》《马克思主义发展观的中国实践与中国创新》《中国共产党95年来应对危局和困境的伟大实践及历史启示》等百余篇理论文章，在社会上产生重要影响。根据课题研究成果编写的《以习近平同志为核心的党中央治国理政新理念新思想新战略》一书，以30个专题对治国理政新理念新思想新战略进行简明、准确、通俗的解读。①

在理论普及方面，不断提供权威读物，编辑出版的《习近平谈治国理政》《习近平总书记系列重要讲话读本》等书籍受到干部群众的热烈欢迎，也受到海内外的广泛关注，满足了人们学习运用创新理论的需求，也发挥了统一思想、凝聚共识的作用。其中，《习近平谈治国理政》自2014年9月28日问世以来持续热销，截至2015年5月底，该书的全球发行量已突破450万册，其中海外发行40万册。这是改革开放以来国家领导人著作海外发行的最高纪录。《习近平总书记系列重要讲话读本（2016年版）》自2016年出版至2017年10月，发行量超过5600万册。《习近平的

---

① 新华社记者黄小希、施雨岑、荣启涵：《助力复兴伟业　烛照强国梦想——党的十八大以来推进马克思主义理论研究和建设工程纪实》（2017年10月10日），新华网，http://news.xinhuanet.com/politics/2017-10/10/c_1121782244.htm（访问日期：2018年1月8日）。

七年知青岁月》一书自2017年8月出版，不久发行超过300万册。理论读物《马克思靠谱》成为青年人关注的畅销书，它用贴近青年群体的"走心"话语，再现了一个真实立体的马克思，让年轻人"穿越时空"与马克思对话，更加真切地认识到马克思主义对于当今时代的重要意义。

在理论宣讲活动中，自城市至农村，从机关、企业到社区、学校，领导、专家和宣讲骨干，通过对象化、分众化、互动化宣讲活动，把中央精神讲全、讲准、讲透、讲得有意思，一批基层理论宣讲先进集体、先进个人和优秀宣讲报告得到表彰，一大批百姓宣讲"大篷车""小板凳"行进在打通理论宣讲的"最后一公里"上。通过加强理论学习、宣传、教育的制度化建设，深化创新理论研究，开展面向基层群众的理论大众化传播，从党的高级干部到普通干部群众，理论武装深入人心，激发出巨大的物质力量和精神力量。

二、科学教育文艺事业的繁荣发展

五年来，哲学社会科学繁荣发展。2016年5月17日，习近平主持召开哲学社会科学工作座谈会，围绕加快哲学社会科学发展的一系列重大问题发表了重要意见：一是坚持马克思主义在哲学社会科学领域的指导地位，强调以马克思主义为指导是当代中国哲学社会科学区别于其他哲学社会科学的根本标志。二是提出加快构建中国特色哲学社会科学的任务，阐明体现继承性、民族性，体现原创性、时代性，体现系统性、专业性的要求，不断推进学科体系、学术体系、话语体系建设和创新，努力构建一个全方位、全领域、全要素的哲学社会科学体系。四是加强和改善执政党对哲学社会科学工作的领导，要求各级党委把哲学社会科学工作纳入重要议事日程，加强政治领导和工作指导，一手抓繁荣发展、一手抓引导管理。[1]习近平的讲话全面系统地回答了新形势下为什么、怎么

---

[1]　习近平：《加快构建中国特色哲学社会科学》（2016年5月17日），《习近平谈治国理政》第2卷，外文出版社2017年版，第338—345页。

样繁荣发展哲学社会科学等一系列重大的理论性和实践性的问题，成为指导繁荣发展哲学社会科学的纲领性文件，对哲学社会科学研究产生重大影响。

创新成为哲学社会科学研究共同追寻的目标和方向。党的十八大以来，由《中国社会科学》杂志社和全国有关高校联合主办的"马克思哲学论坛"先后开展了马克思主义哲学史研究："经典与当代""马克思主义哲学创新的国际视野""唯物史观视域中的现代性问题""方法论自觉：发展21世纪中国的马克思主义哲学"等创新哲学主题研讨会，深入探讨现代马克思主义哲学的学术话语体系，立足中国实践，以中国问题为导向探讨哲学问题，构建中国特色的哲学体系等内容。

国家哲学社会科学基金为促进哲学社会科学研究，发挥了导向和激励功能。党的十八大以来，仅涉及马克思主义哲学领域的课题指南就有200多项，涵盖了马克思主义哲学经典著作研究、哲学发展史研究、哲学基本理论研究、政治哲学、价值哲学、文化哲学等领域。课题将时代特色与马克思主义哲学的关系，尤其是中国特色社会主义理论和实践与哲学的关系作为研究的主要导向，在哲学在实现中华民族伟大复兴中的地位和作用研究、习近平同志治国理政哲学方法论研究、弘扬中华优秀传统文化与增强国家文化软实力研究、马克思主义意识形态理论与我国意识形态建设研究等方面取得了重要的成绩，使我国马克思主义哲学研究蓬勃发展。

高校是哲学社会科学的主阵地。高校是中国共产党领导下的高校，是中国特色社会主义高校。五年来，高校建设坚持以马克思主义为指导，全面贯彻党的教育方针，坚持不懈传播马克思主义科学理论，抓好马克思主义理论教育；坚持不懈培育和弘扬社会主义核心价值观，引导广大师生做社会主义核心价值观的坚定信仰者、积极传播者、模范践行者；坚持不懈促进高校和谐稳定，培育理性平和的健康心态，加强人文关怀和心理疏导，把高校建设成为安定团结的模范之地；坚持不懈培育优良校风和学风，高校发展做到治理有方、管理到位、风清气正。

以哲学社会科学工作座谈会的召开为契机，哲学社会科学迎来新时代的春天。2017年12月16日，中国艺术研究院举行艺术与人文高等研究院成立大会暨揭牌仪式，预示着新时代人文艺术研究的春天到来。该研究院在文化部的推动下成立，作为跨学科高端研究机构，关切人文精神的回归与重构，通过有效整合中国艺术研究院内外资源，重点研究艺术与人文领域具有普遍性的基本问题、重大问题，推进艺术与人文领域的学术研究和创新。山东大学王学典教授出席大会并受聘为研究员，他以敏锐的意识表示了对人文研究的前景抱持乐观态度，认为新旧时代之间的差异将主要体现在人文追求与人文含量上，习近平新时代中国特色社会主义在相当大的程度上是以人文追求、人文含量的增加为特征，最本质的一个含义是这个时代的一个中心任务是以文明复兴为纲，以信仰重建、精神重建、道德重建、伦理重建、规则重建为重心，而所有这些问题的一个基础就是人文精神、人文主义。如果说郭沫若1978年全国科学大会的书面讲话诠释了改革开放新时期的"科学的春天"，那么随着习近平新时代中国特色社会主义的重心转移，一个新的科学春天将要到来。

五年来，教育事业全面发展。党的十八大以来，中共中央高度重视教育事业，坚持把教育摆在优先发展战略地位，对教育工作作出一系列重大决策部署，扎实实施教育惠民举措，人民群众获得感明显增强，促使教育为社会主义现代化建设提供有力的人力支持和知识贡献。

教育公平状况不断改善，中西部和农村教育明显加强。近五年来，根据中共中央的总体要求，公共财政优先保障教育，国家财政性教育经费占国内生产总值的比例始终保持在4%以上，为教育事业全面发展奠定了基础。2016年，中国学前3年毛入园率为77.4%，小学净入学率为99.9%，初中阶段毛入学率为104.0%。九年义务教育巩固率为93.4%，高中阶段毛入学率为87.5%，高等教育毛入学率为42.7%。从国际可比数据看，

中国国教育普及程度超过中高收入国家平均水平。在加强中西部教育方面，重点改善贫困地区义务教育薄弱学校基本办学条件，实施中西部高等教育振兴计划。覆盖各级各类教育的家庭经济困难学生资助体系形成，2016年受助学生超过9000万人次，农村义务教育学生营养改善计划每年惠及3600万贫困地区学生。残疾人受教育机会不断扩大，进城务工人员随迁子女就学保障和农村留守儿童关爱服务体系进一步完善，促进教育公平取得实实在在的成效。

教育改革开放持续推进，关键领域改革取得重要进展，依法治教开辟新的局面。近五年来，根据中共中央的总体要求，以拓宽终身学习通道为最终目标，深化考试招生制度改革纳入全面深化改革的关键领域，31个省（自治区、直辖市）落实本地区改革实施方案。依法治教全面推进，教育法、高等教育法、民办教育促进法一揽子法律修订完成。完善以章程为统领的学校内部治理结构，深化"放管服"改革，累计取消15项教育行政审批，依法加强督导体系建设，构建政府、学校、社会新型关系有了新进展。同时，中国国已形成全方位、多层次、宽领域的教育对外开放格局，2016年205个国家和地区的40多万人次来华留学，我国成为亚洲最大、全球第三的留学目的国。中外合作办学项目、孔子学院建设顺利开展，我国同不同国家（地区）及国际组织的教育合作交流关系不断巩固，实施共建"一带一路"教育行动，我国教育国际影响力和竞争力日益增强。①

建设世界一流大学和一流学科是中共中央、国务院作出的重大战略决策，对于提升中国教育发展水平、增强国家核心竞争力，实现从高等教育大国到高等教育强国的历史性跨越具有十分重要的意义。1995年、1998年，国家分别实施了"211工程"和"985工程"等建设项目，重点支持部分高校、部分学科的发展，有力推动了高等教育的发展，部分高校

---

① 陈宝生：《优先发展教育事业》，《党的十九大报告辅导读本》，人民出版社2017年版，第337—338页。

实现了跨越式发展，显著缩短了与世界一流大学的差距。在此基础上，中共中央决定实施"双一流"建设计划。2015年8月18日，中共中央全面深化改革领导小组第15次会议审议通过了《统筹推进世界一流大学和一流学科建设总体方案》（以下简称《方案》），是"211工程"和"985工程"等重点建设项目的统筹和完善，是中国高等教育发展史上具有里程碑式的战略举措，成为中国大学教育迈向高水平化的重要指导方针和行动纲领。《方案》提出了"进入世界一流行列"和"进入一流前列"的明确要求，充分体现了中国高等教育发展的自信。

五年来，文艺事业繁荣发展。2014年10月15日，习近平主持召开文艺工作座谈会，深刻阐述了创造性地回答了事关文艺繁荣发展的一系列带有根本性、方向性的重大问题：一是关于文艺和文艺工作的地位作用和重大使命，强调实现中华民族伟大复兴需要中华文化繁荣兴盛，文艺的地位不可替代，文艺工作者大有可为，文艺事业是党和人民的重要事业，文艺战线是党和人民的重要战线；二是关于文艺"为什么人"这一根本问题，指出社会主义文艺从本质上讲是人民的文艺；三是坚持以人民为中心的创作导向，把握人民需要文艺、文艺需要人民、文艺要热爱人民的辩证关系，强调衡量一个时代的文艺成就最终要看作品；四是中国精神是社会主义文艺的灵魂，文艺工作者要高扬社会主义核心价值观的旗帜；五是加强和改进党对文艺工作的领导，紧紧依靠广大文艺工作者，尊重和遵循文艺规律[①]。这个讲话在新的历史条件下做好文艺工作作出了全面部署，成为此后一个时期指导文艺创作的纲领性文件，推动了文艺事业的繁荣发展。

文艺创作活力充分迸发，涌现出一批高质量作品。戏剧《西安事变》《母亲》《祖传秘方》《挑山女人》《探亲公寓》《小镇》《焦裕禄》《我

[①] 习近平：《在文艺工作座谈会上的讲话》（2014年10月15日），中共中央文献研究室编：《十八大以来重要文献选编》（中），中央文献出版社2016年版，第118—139页。

叫马翠花》《临川四梦》《红旗谱》《白毛女》等反映出戏剧创作的活力。在文学领域，长篇小说《江南三部曲》《这边风景》《生命册》《繁花》《黄雀记》，诗歌集《大是大非》《无端泪涌》《骑手和豆浆》《杨克的诗》《天上的日子》《截句》，纪实文学《抗日战争》《拉贝先生》《与魔鬼博弈——留给未来的思考》《台儿庄涅槃》《血色国魂》《另一半二战史：1945·大国博弈》，儿童文学《三只虫草》《红脸儿》《寻找鱼王》《独药师》《渔童》《蜻蜓眼》等优秀文学作品反映了历史与时代的变迁。在文学批评领域，中国作协开创了"中国现代文学馆客座研究员"制度，开办了"鲁迅文学院文学评论人才高研班"，中国文联成立中国文艺评论家协会。[①]在影视领域，电视剧《历史转折中的邓小平》《海棠依旧》《彭德怀元帅》《东北抗日联军》《太行山上》《北平无战事》《温州两家人》《平凡的世界》《琅琊榜》等，电视电影纪录片《将改革进行到底》《永远在路上》《百年潮·中国梦》《筑梦路上》《东方主战场》《使命》《记住乡愁》《大黄山》《二十二》等，电影《建军大业》《狼图腾》《西游记之大圣归来》《战狼》《百团大战》《智取威虎山》等，体现出影视作品创作的活跃。

中国文艺在国际上取得里程碑式的重大成就。2012年10月11日，2012年诺贝尔文学奖在瑞典斯德哥尔摩揭晓，中国作家莫言获奖，成为首个获得诺贝尔文学奖的中国籍作家，获奖理由是"莫言的魔幻现实主义作品融合了民间故事、历史和当代"。至今，莫言的作品已经被翻译成40余种语言，在世界文学中广为传播。2015年8月23日，刘慈欣凭借《三体》获第73届世界科幻大会颁发的雨果奖最佳长篇小说奖，为亚洲首次获奖，让世界了解中国科幻的声音和中国想象的力量。2013年8月20日，曹文轩在新西兰领取国际安徒生奖，这也是中国作家首次获此殊荣。他的作品被译为英、法、德、日、韩等文字，将中国童话带给了世界。中国作

---

① 饶翔：《十八大以来我国文艺创作成就述评》，《光明日报》2017年9月8日。

家荣获上述国际奖项，表明中国文艺正在走向世界文艺舞台的中央，越来越广泛获得了国际文艺界的认同。

三、文化事业和文化产业的蓬勃发展

党的十八大以来，文化体制改革全面深化，文化事业和文化产业蓬勃发展，为人民提供了丰富的精神食粮，激发了全民族文化创造创新活力。文化体制改革不断释放改革红利，文化产业得到快速发展，文化产业规模化、集约化、专业化水平不断提高。同时，文化事业不断发展，加强重大公共文化工程和文化项目建设，完善公共文化服务体系，坚持把社会效益放在首位、社会效益和经济效益相统一的效果得到充分体现。总的来说，文化事业繁荣兴旺、文化产业蓬勃发展，人民群众的文化需求更加丰富、文化获得感显著提升。

五年来，文化体制机制的改革红利充分释放。为提升文化市场的活力，中国不断改善文化市场政策，激发活力，提升监管，使文化产品的质量与效益共同提升。2013年11月12日，党的十八届三中全会会议提出加快完善文化管理体制和文化生产经营机制，建立健全现代公共文化服务体系、现代文化市场体系。2014年2月28日，中共中央全面深化改革领导小组第二次会议审议通过的《深化文化体制改革实施方案》要求，基本完成省级新闻出版、广播电影电视部门的整合，依法减少和规范文化行政审批，推进国有经营性文化单位转企改制；推进传媒企业实行特殊管理股制度试点；制定促进电影发展的经济政策，以及扶持地方戏曲发展、实体书店发展。2014年3月14日，国务院印发《关于推进文化创意和设计服务与相关产业融合发展的若干意见》，《意见》对提升文化市场产品活力和创造力提出了七项要求，即增强创新动力、强化人才培养、壮大市场主体、培育市场需求、引导集约发展、加大财税支持、加强金融服务。此后，政府继续推出有关文件，为文化市场提供新的管理和扶持性政策。为促进文化事业的发展，党的十八大提出加快推进文化惠民工

程,推动公共文化服务设施向社会免费开放;十八届三中全会提出建立健全现代公共文化服务体系;十八届四中全会提出制定公共文化服务保障法。2015年年初,中共中央办公厅、国务院办公厅印发《关于加快构建现代公共文化服务体系的意见》,对现代公共文化服务体系建设进行了顶层设计。在这些精神指引下,各地以标准化、均等化为目标,坚持政府主导、重心下移、共建共享。

为促进文化产业的快速发展,党和政府部门以新的发展理念引领推动文化产业的发展,推进文化供给侧结构性改革,不断提高文化供给质量,推动文化产业转型升级、提质增效;对接新需求,根据人民群众随着经济社会发展日益增长的精神文化需求,不断创新文化内容、形式、手段、方式,把握创作导向,多出精品力作,提升和完善文化服务,积极引导文化消费,促使文化能够健康发展;培育新业态,依托高科技,激发文化创意,体现中华文化基因,积极落实"互联网+"战略和"文化+"行动,培育新型文化业态,激发文化产业发展的内生动力;拓展新市场,着力健全现代文化产业体系和市场体系,创新文化生产经营机制,鼓励和引导社会资本投资文化产业,现在这方面非常活跃,投资的力度也非常大。同时还要大力推进对外文化贸易,拓展文化发展的空间,进而主导引领国内市场、拓展影响国际市场,切实推动文化产业更好更快地发展。

五年来,公共文化服务立足基本国情,着眼于补短板、促平衡。政府制定了《国家基本公共文化服务指导标准》,建立了公共文化网络,使服务可以通达各地、通达基层,如启动"贫困地区民族自治县、边境县村综合文化服务中心覆盖工程""流动文化车工程"和"流动图书车工程"等项目。丰富文化供给,为基层社区提供日益丰富的公共文化资源。靠人才来建设公共文化,着力建设专兼职结合的基层文化队伍,同时先后选派了八万多名优秀文化工作者到边远贫困地区、边疆民族地区和革命老区帮助工作,并实施了"春雨工程""大地情深""阳光工程"等项目，组织大批文化志愿者到农村和边远地区开展志愿服务，每年都有数十万志愿者在基层开展服务。"文化民生"风生水起，日益完善的公共文化服务体系正在更广更深地惠及人民群众，初步建成了包括国家、省、地市、县、乡、村和城市社区在内的六级公共文化服务网络。同时，创新公共文化服务的理念和模式，变政府"端菜"为群众"点菜"，公共文化服务活力进一步增强。[1]

经过国家政策的大力支持，文化事业的发展得到稳定的财政保障。党的十八大以来全国文化事业费增速每年都超过10%。2016年，中央对地方文化工程经费补助中，国家公共文化服务体系示范区、示范项目的资金已达16775万元。[2]2016年，全国文化事业费为770.69亿元，占国家财政总支出的比重达到0.41%。

公共图书建设取得新成就。截至2016年年底，全国公共图书馆从2012年的3076个增至3153个；公共图书馆图书总藏量90163万册，比上年增长7.5%；图书总流通人次66037万，同比增长12.1%，比2012年增长52%；书刊文献外借册次54725万，比2012年增长64.9%。2016年，全年共为读者举办各种活动140033次，增长22.3%；参加人次7138万，增长20.8%。全国人均拥有公共图书馆藏量由2012年的0.51册（件），上升到了2016年的0.65册（件）。在全国公共图书馆图书总藏量最少的西藏，也已经达到177万册。

公共文化服务设施日益健全，群众文化活动日益丰富。2016年年底，全国共有群众文化机构44497个，比上年年末增加206个，2012年是43876个。2016年末全国群众文化机构从业人员18.2万人，比上年年末增加8531人，2012年是15.6万人。2016年，全国群众文化机构（文化馆、综

---

① 李慧：《十八大以来文化建设和文化体制改革综述》（2016年1月5日），新华网，http://news.xinhuanet.com/politics/2016-01/05/c_128597909.htm（访问日期：2018年1月6日）。

② 郑海鸥：《服务网络下沉　文化惠民提升》，《人民日报》2017年8月10日。

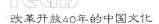

合性文化中心、群众艺术馆、文化站)共举办展览150128个,相比2012年的114774个有较大幅度增长。组织文艺活动次数也由2012年的68.8万次上升至106.5万次,首次突破百万。举办训练班班次由2012年的38.7万次提升至59.1万次。[①] 各地文化部门已经初步建成在乡镇(街道)、村(社区)层面统筹建设集宣传文化、党员教育、科学普及、普法教育、体育健身等多功能于一体的基层综合性文化服务中心。

文化市场十分活跃,文化产业产值逐年增大。2016年年底,文化产业产值从2012年的1.8万亿增加达到3.08万亿元,占GDP比重由2012年的3.48%提升到4.14%,日益成为国民经济的支柱性产业。与科技结合的"互联网+"文化产业在2015年增长2858亿元,年均增速25.9%;文化创意和社会服务业在2015年增长4953亿元,年均增长15.4%。2016年,全国文化产品进出口总额885.2亿美元,其中出口786.6亿美元;文化体育和娱乐业对外直接投资39.2亿美元,较2012年增长18.6倍;国际版权输出不断增加,图书版权贸易逆差逐步缩小。全国文化及相关产业企业数量达297.65万户,注册资本14.29万亿元;全国规模以上文化及相关产业法人单位数从2012年的3.6万家发展到2016年的5万家,实现营业收入80314亿元。[②]

在文化法治建设方面,党的十八大以来,全国人大常委会先后审议通过了《网络安全法》《电影产业促进法》《公共文化服务保障法》《国歌法》以及《关于加强网络信息保护的决定》等4部法律、1部决定。出台和修订了一大批文化行政法规和部门规章,可以说力度大、数量多、效果好。

新闻出版广播影视业取得重大成就。到2017年10月,全国形成具有

---

① 郑海鸥:《服务网络下沉　文化惠民提升》,《人民日报》2017年8月10日。

② 周科:《千帆竞发浪潮涌　百舸争流正逢时——十八大以来我国文化产业发展成就综述》(2017年5月11日),新华网,http://www.xinhuanet.com/2017-05/11/c_1120957907.htm(访问日期:2018年5月6日)。

较强传播力影响力的现代传媒体系，共有图书出版单位584家，报纸出版单位1894家，期刊出版单位10084家，广播电视播出机构2578个，涌现出一批新型融媒体。二是形成规模庞大的内容制作生产体系，2016年全国出版图书近50万种，制作广播节目771万小时、电视节目352万小时，生产电影故事片772部，国产电视剧334部14912集，电视动画片近12万分钟，电视纪录片产量超过1万小时。图书出版量、电视剧动画片、电影故事片产量均居世界前列。三是建成覆盖广泛的现代传输发行覆盖体系，中国拥有世界上规模最大、有线无线卫星等多种技术手段混合覆盖的广播电视传输覆盖网络，广播电视人口综合覆盖率分别达到98.37%、98.88%。中国电影银幕总数到目前已达4.9万块，居世界第一。2016年全国城市影院观影人次达13.72亿。全国出版物发行网点达16.3万处。四是培育了结构完善的产业体系，全国有图书出版、报刊出版、发行和印刷集团126家，电影制片创投单位超过2000家，广播电视节目制作经营机构14389家，上市企业达到了69家。2016年，新闻出版、印刷和发行服务营业收入达到了2.36万亿元，比2012年的1.66万亿元增长了42.17%；广播电视服务业总收入5039.77亿元，比2012年的3268.46亿元增长了54.19%；电影票房2016年达到了492.83亿元，比2012年170.73亿增幅达到了188.66%。[①]中国已经成为世界图书出版第一、电视剧制播第一、电影银幕数第一，电影市场世界领先的国家。

中国文化市场推出了一系列有重大影响的成功作品。2015年暑期，电影《捉妖记》以24亿元票房刷新国产电影票房纪录，以中国传统神怪故事与当代环保理念、高科技电影工业技术相结合进行创作实践；2016年春节，电影《美人鱼》以超过34亿元的票房刷新国产电影票房纪录，喜剧、玄幻与环保的结合，使这部电影既有娱乐意义，又有社会价值；

---

① 张宏森：《我国新闻出版广播影视业已形成四个体系》（2017年10月20日），新华网，http://news.xinhuanet.com/politics/19cpcnc/2017-10/20/c_129723673.htm（访问日期：2018年1月6日）。

2017年暑期，《战狼2》票房超过56亿大幅刷新国产电影票房记录，将爱国主义情怀和格斗动作类电影紧密结合起来，极大地激发了国人的爱国主义情感。《平凡的世界》《鸡毛飞上天》等一批电视剧广受观众好评；《中国诗词大会》《开讲啦》《朗读者》等一大批文化类、公益类创新的节目点亮了电视荧屏。

四、"文化走出去"的新气象

党的十八大以来，伴随中国日益走近世界舞台中央，中国特色社会主义文化自信日益凸显，中华文化的国际地位和国际话语权显著提高，中华文化"走出去"迈出更大步伐，中国文化对外传播呈现新气象。

五年来，中华"文化走出去"得到政策的强力支持。2013年12月，国家艺术基金设立，对在国（境）外开展的艺术活动给予资助。截至2017年年初，基金已经资助在国（境）外开展的传播交流推广项目66项，资助资金总额约1.14亿元。资助"走出去"项目18项，资助资金3807万元；2015年度资助23项，资助资金3918万元；2016年度资助25项，资助资金3754万元。其中，舞台艺术演出项目38项，美术、书法、摄影和工艺美术作品展览项目28项，展演展览总计约400余场，覆盖亚洲、欧洲、美洲、大洋洲等46个国家和地区，参与观众60多万人次。[①]

中国与其他国家与国际组织签订文化合作协定，不断拓宽中华文化走向世界的渠道。党的十八大召开后的五年间，中国和100多个不同地区、不同发展程度的国家或国际组织签订了200余条与文化相关的协定。中国在推广中华文化进入欧洲方面取得一定进展，孔子学院在匈牙利等国家设立。中国通过上海合作组织平台，拓宽中华文化对外传播的渠道。2013年9月，塔吉克斯坦"中国文化日"开幕；2015年7月，吉尔吉斯斯坦"中国文化日"开幕；2016年1月，哈萨克斯坦"中国文化日"开幕；

---

① 《十八大以来中国的文化外交》，中国网，http://news.china.com.cn/world/2017-03/14/content_40454971_2.htm（访问日期：2017年11月1日）。

2016年7月，俄罗斯"中国文化节"开幕式晚会在位于莫斯科的俄罗斯军队中央模范剧院隆重举行；2017年3月，中国文化展在乌兹别克斯坦国家艺术博物馆开幕。

"一带一路"战略进一步拓展了中华"文化走出去"的通道。"一带一路"既是经贸之路，也是文化之路。在文化艺术方面的合作，现在已经建成丝绸之路国际剧院、博物馆联盟，经常性地举办青年汉学家和翻译人才的高级研修班，帮助汉学家和翻译工作者更多地了解中国文化、了解沿线国家的文化，更好地翻译推介彼此的文学影视作品，取得良好效果。在文化贸易方面，着重促进文化产业相互投资，开展动漫游戏产业和文博产业的合作。在文物保护方面，"一带一路"沿线国家历史文明悠久，文物资源非常丰富，中国已经和15个国家开展了合作考古，有1000多件（套）"一带一路"的主题文物在沿线20多个国家展出。目前，中国与"一带一路"沿线国家签订的政府间文化交流合作协定以及相关执行计划已经达到300多项。上合组织、中国与中东欧国家、中国与阿拉伯国家、中国与东盟等框架下的多边文化合作机制已经建立。2015年，中国出台《推动共建丝绸之路经济带和21世纪海上丝绸之路的愿景与行动》。2016年，文化部制订了《文化部"一带一路"文化发展行动计划（2016年—2020年）》。在"一带一路"战略的推动下，文化"走出去"具有日益广阔的发展空间。

中国不断丰富中华文化内容，使各类能展示中国风格、中国力量的文化节目在国际舞台中展示。在文艺方面，2017年10月7日，在瑞士首都伯尔尼举办的"一带一路·遇见中国"文化活动中，不仅上演了舞龙、舞狮、武术、秧歌、藏族舞蹈、旗袍和民族服装秀等节目，还设置了中国书法与绘画、中国书籍及主题图片展、中国美食、中国茶艺、剪纸、趣味游戏、中医、中国语言学习、传统服饰、传统乐器等展台，将中华文化的独特性和多样性展现在瑞士观众面前，得到瑞士各界人士和当地居民2000余人的如潮好评。中国不仅有传统文化在世界文化之林熠熠生辉，还积极组织中国现代科技文化活动。在科技方面，2017年9月17日，第五届北京国际科技电影展在中国电影博物馆开幕，展出了大量的国产优秀科技影片，展示了360°球幕、3D巨幕、4D动感等电影科技，得到了美国、英国、德国等以及欧洲科普活动协会、拉丁美洲及加勒比海地区科学普及联盟项目等多个国家与国际组织的参与和支持，展示了中国近年来的科技文化成果。2016年10月，200多名外国人士（包括30多个国家的驻华大使）参观了"英雄史诗，不朽丰碑——纪念中国工农红军长征胜利80周年主题展览"，"这是全人类的精神财富"成为参观的外国友人说的最多的一句话。①

中华文化的国际影响力显著提升。中国文学在海外取得了越来越多的认同，得到了越来越多的读者的接受和共鸣。莫言获诺贝尔文学奖、曹文轩获国际安徒生奖以及刘慈欣、郝景芳获得世界科幻大会颁发的雨果奖等国际奖项使中国文学的国际地位不断提升。严歌苓等华人作家的作品得到了世界人民的喜爱和传播。中国文学的对外翻译取得重要进展，如贾平凹的《高兴》由瑞典万之书屋出版，毕飞宇的《推拿》由澳大利亚企鹅出版社出版。2013年，中国开展中国当代作品翻译工程的资助项目，已资助3期59个项目，出版26个项目。同时，中国当代少数民族文学作品对外翻译工程已资助4批100个项目，出版49个项目。

中国影视在国际影坛独树一帜。2016年，中国电影海外销售收入38.26亿元，较2015年增长38.09%，巨大的销售额增速背后是海外观众对中国电影的喜爱。一大批"三性统一"、两个效益俱佳的优秀影片得到国际观众的认可和赞誉，目前，中国已经与20个国家签署了合作拍摄电影的协议，电影界开放竞争、合作共赢的局面日益形成。中国的优秀影视剧，如《天将雄师》《西游记之孙悟空三打白骨精》《拆弹专家》《非凡任务》《悟空传》《战狼2》《媳妇的美好时代》《琅琊榜》《甄嬛

---

① 欧阳浩、徐小龙：《"这是全人类的精神财富"——外国友人参观"英雄史诗 不朽丰碑"长征主题展览见闻》，《解放军报》2016年10月11日。

传》《金太狼的幸福生活》《三生三世十里桃花》《锦绣未央》《微微一笑很倾城》在数十个国家播出和上映，取得了非同凡响的好评。2017年，《战狼2》以8.7亿美元的总票房位列全球票房榜第五位，将中国式爱国主义英雄带到世界舞台上，得到了世界观众的认可。与此同时，英国国际传媒集团ITV从中国灿星制作订购了《中国好歌曲》，中国负责节目的国际发行权和英国播出权，这是ITV首次引进中国节目。《中国好歌曲》传到英国，体现了中国综艺节目已经走出单纯吸收国外模式的束缚，开始向外推广中国模式。随着中国对外影视交流的逐渐完善，中国影视文化已经日益成为世界影视文化中格外值得期待的部分。中国力推的"电影走出去"工程使每年在境外举办各种形式的中国电影展（周）50多次，展映国产影片400多部次。每年选送200多部次国产影片参加近百个国际电影节。①

　　总的来说，党的十八大以来，以习近平为核心的中国共产党立足实现"两个一百年"目标和中华民族伟大复兴的中国梦，坚持走中国特色社会主义文化发展道路，建设社会主义文化强国，担负起新的文化使命，在实践创造中进行文化创造，在历史进步中实现文化进步。党的十九大宣布中国进入习近平新时代中国特色社会主义新阶段，以更加主动的文化自觉和更加坚定的文化自信，为文化建设迈向全面现代化绘就新蓝图、规划新航向，必将全面推动中国特色社会主义文化的大发展大繁荣。新时代的中国正向着实现文化复兴的宏伟目标昂首前行。

---

① 　蔡武：《新中国60年对外文化工作发展历程》，《求是》2009年第15期。

结　语

　　自1978年至2018年，中国改革开放以中国共产党开创、坚持和发展中国特色社会主义为主线，创造了不凡历史。中国文化是其中历史发展中的一个重要组成部分。由本卷的回顾来看，从文化角度观察过去40年，中国改革开放具有深沉、深厚、深刻的文化意蕴。

　　改革开放的40年，是中国共产党领导文化建设的40年。中国共产党的领导地位，源自历史选择，来自人民向背，顺应时代大潮。中国共产党的领导是中国特色社会主义最本质的特征，是中国特色社会主义制度的最大优势。中国共产党致力于中华民族伟大复兴，制定社会主义文化强国目标，科学领导文化建设的事务和活动，着力发挥文化的生命力、创造力和感召力。40年来，文化领域的成就和变革，是中国共产党领导的生动反映。中国共产党始终坚持党对文化建设的坚强有力领导，确保了文化建设沿着中国特色社会主义的方向不断向前开拓。

　　改革开放的40年，是中国文化进行自我重塑的40年。改革开放是中国共产党的一场深刻的自我革命，也是中国文化的一场深刻的自我重塑。中国共产党在理论政策、体制机制、建设布局等各领域，全方位地推行了文化领域的改革。中国文化在不断深化改革的过程中向前推进，形成中华优秀传统文化、革命文化、社会主义先进文化的创造性结合、创造性转化和创造性发展，为实现"文化强国"目标奠定了深厚基础。今天，中国文化万象更新，以更加富有时代性的精神气质呈现于世人面前。

改革开放的40年，是中国文化发展成果为全民共享的40年。人民群众是历史的创造者，也是文化的创造者。人民群众需要文化，文化扎根人民群众。中国共产党坚持以人民为中心，紧紧联系群众、组织发动群众、真心服务群众，尊重群众的首创精神，引导、保护和发挥了群众参加文化建设的主动性、积极性和创造性，不断满足人民群众追求更高更好的精神文化需求，推动文化成果为全民共享。文化建设坚持贴近实际、贴近生活、贴近群众，着力加强社会主义核心价值体系建设，着力营造积极健康向上的主流思想舆论，着力推进文化改革发展，巩固全党全国人民团结奋斗的共同思想道德基础，增强中华民族的向心力和凝聚力，更好地保障了人民群众的文化权益。40年来，文化走向社会、走向大众，表达了人民群众的生活、命运和情感，以鲜明的人民性屹立于世。

改革开放的40年，是中国文化重新走向世界的40年。改革开放以来，中国文化从封闭半封闭、僵化陈旧走向了开放、包容和理性，批判地吸收古今中外一切文明成果，不仅能够紧跟全球化时代发展的步伐，重新与世界文化主流接续交融，而且以中国和平发展为依托，日益走进世界文化舞台中央。中国文化不断创新"走出去"模式，成为展现大国气象的软实力。40年来，中国文化的创造成果，不仅反映出社会主义制度的生机和活力，也为人类文明发展贡献了新经验。

展望未来，这一段不平凡的历史，为新时代中国文化的再出发，提供了丰富的借鉴和启示。

新时代的文化建设，必须坚持中国共产党的领导，确保中国特色社会主义文化发展的方向。坚持和加强党的领导，与时俱进地推进理论创新，是中国共产党领导文化建设的优良传统和政治优势。党的十八大以来，以习近平为核心的中共中央高度重视文化建设，牢牢把握意识形态工作的领导权、管理权、话语权，大力培育和践行社会主义核心价值观，

提高全民族思想道德水平,推动文化事业全面繁荣和文化事业快速发展,为实现民族复兴的中国梦提供思想保证、精神力量、道德涵养。党的十九大确立的习近平新时代中国特色社会主义思想是指导新时代文化建设的理论指南和行动纲领。其中的文化思想是指导新时代文化建设的经验总结和理论概括。坚持习近平总书记的领导核心地位和党中央的集中统一领导,坚持运用习近平新时代中国特色社会主义思想武装头脑,是新时代中国特色社会主义文化建设的根本遵循。

新时代的文化建设,需要准确把握当代中国文化发展的坐标系。认识当代中国的文化,离不开源远流长的中国传统文化,也不能与近代欧风美雨浸淫下的近现代文化相隔断,更不能与世界文化的大潮相分离。只有在古今中外的历史坐标系下,当代中国文化的历史方位才能精准地测量。由此,"中"(中国传统文化)、"西"(西方文化)、"马"(马克思主义文化)成为中国共产党认识和处理文化问题的"母题",构成了把握新时代文化发展的三大坐标系。对三者的内涵、地位、作用和关系的认识越理性客观,新时代文化发展的空间越宽广。

新时代的文化建设,需要妥善处理影响文化发展的几对范畴和关系。源自中国特定的国情、制度、体制和文化传统,当代中国文化发展始终面临一系列范畴和关系:学术与政治的关系;坚持"双百"方针与坚持四项基本原则的关系;文化的意识形态属性、商品属性和精神文化价值属性的关系;马克思主义与一般文化形态的关系;改革开放前后两个历史时期文化建设的关系;中国共产党与知识分子的关系;中国文化与世界文化的关系;文化的民族性和文化的全球化的关系,等等。这些范畴和关系对于认识中国文化发展的独特道路具有重要影响,是新时代坚持和发展中国特色社会主义文化需要继续破解的课题。

后　记

今年是中国改革开放40周年。40年来，中国在文化改革方面所取得的成就实难以一本20万字以内的书来进行面面俱到的回顾和分析，因此，本书作者在结构编排和内容选取上进行了必要的技术处理。一方面尽力做到历史叙述的前后一贯性，另一方面也要做到详略得当、重点突出。相信读者在阅读完本书后，能够理解作者的这一番良苦用心。

本书导言、第一、二、五章、结语由中国人民大学马克思主义学院耿化敏副教授撰写，第三、四章由中国人民大学马克思主义学院夏璐老师主撰、耿化敏辅撰。中国人民大学马克思主义学院2014级本科生罗健男同学和2016级硕士生陈偲同学承担了部分章节的文献搜集、初稿撰写和格式编排工作。本书还获允参考了杨凤城教授有关著作。在此一并致谢。

本书是纪念中国改革开放40年的献礼之作，尽管借鉴吸收了学术界现有一些研究成果，却也仅是一部初步勾勒中国文化40年的基本历程、主要成就和经验的"浅作"。囿于著者水平所限，本书存在许多不足，惟有静待未来的精深研究加以补正。

著者谨识

2018年5月

中国人民大学人文楼